余光中传

【修订再版】

A Life of Yu
Kwang-Chung

徐 学◎著

厦门大学出版社　国家一级出版社
XIAMEN UNIVERSITY PRESS　全国百佳图书出版单位

图书在版编目(CIP)数据

余光中传/徐学著. —厦门:厦门大学出版社,2016.5(2018.3 重印)
ISBN 978-7-5615-5395-4

Ⅰ.①余… Ⅱ.①徐… Ⅲ.①余光中-传记 Ⅳ.①K825.6

中国版本图书馆 CIP 数据核字(2016)第 128828 号

出 版 人	郑文礼
责任编辑	王鹭鹏
封面设计	夏　林
责任印制	朱　楷

出版发行	厦门大学出版社
社　　址	厦门市软件园二期望海路 39 号
邮政编码	361008
总 编 办	0592-2182177　0592-2181253(传真)
营销中心	0592-2184458　0592-2181365
网　　址	http://www.xmupress.com
邮　　箱	xmupress@126.com
印　　刷	厦门集大印刷厂

开本	720mm×1000mm　1/16
印张	25
插页	10
字数	477 千字
版次	2016 年 5 月第 1 版
印次	2018 年 3 月第 2 次印刷
定价	68.00 元

厦门大学出版社
微信二维码

厦门大学出版社
微博二维码

· 余光中十岁时与母亲合照（一九三八年摄于上海）

: 余光中与夫人范我存（一九六八年摄于台北）

· 余光中与家人（一九六八年摄于台北厦门街老屋前）

· 余光中与女儿幼珊和佩珊（一九六八年摄于台北厦门街）

：余光中在香港中文大学宿舍书斋（摄于一九七六年）。书架上的照片
为余光中和美国诗人弗罗斯特的合影

- 余光中与徐学（右一）、齐邦媛（右三）、郑明娳（右四）
  （一九九三年摄于香港中文大学邵逸夫堂前）

- 余光中与夫人范我存（一九九五年摄于厦大外文系）

· 余光中阔别母校厦门大学四十六年后再度返校，与徐学、
许志强观赏厦门晓风书屋（一九九五年摄于厦门）

· 余光中与台湾中山大学外文所研究生（摄于一九九七年）

∶ 余光中和外孙飞黄、外孙女姝婷于纽约（摄于二○○○年）

· 余光中与夫人范我存于永春老屋旁荔枝树下（摄于二〇〇三年）

· 余光中与徐学（二〇〇三年摄于福州）

：余光中于重庆嘉陵江畔（摄于二〇〇五年）

· 余光中于重庆博物馆（摄于二〇〇五年）

: 余光中在高雄汉王宾馆前（摄于二〇〇八年）

· 余光中和徐学在台湾中山大学外文所顶楼（摄于二〇〇九年）

∶ 余光中与徐学在高雄澄清湖畔余光中诗碑前（摄于二〇一一年）

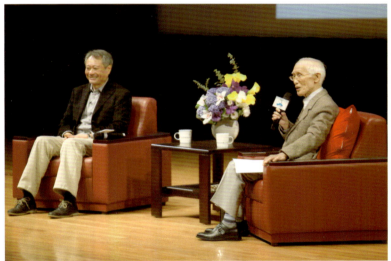

·余光中文学馆奠基仪式（二〇一二年摄于永春）

:余光中与李安对谈（二〇一三年摄于高雄）

・余光中在新落成的余光中文学馆前（二〇一五年摄于永春）

· 余光中与徐学、范我存、张忠进（张忠进为台湾文学馆馆长，二〇一五年摄于泉州）

：余光中利用会议间隙批改学生作业（二〇一四年摄于厦大逸夫楼）

馬年題杜詩贈徐學

房兵曹胡馬

胡馬大宛名　鋒棱瘦骨成
竹批雙耳峻　風入四蹄輕
所向無空闊　真堪托死生
驍騰有如此　萬里可橫行

甲午仲秋于厦大　焦光中

馬年題杜詩贈徐學（徐學提供）

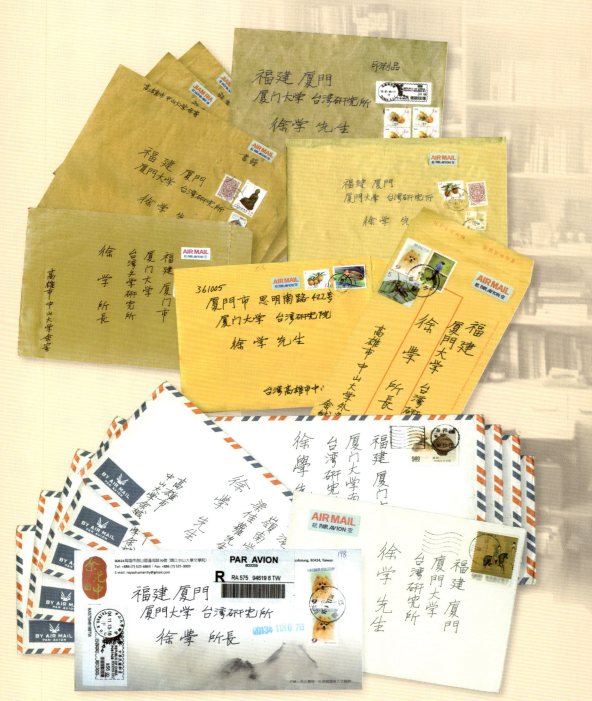

余光中寄给徐学的部分信札（徐学提供）

给厦门特区工人报的读者：

海峡不是一把无情刀,
终会变成一座交流桥。

余光中 1995. 4. 8

台海杂志

台海无風波
两岸成風景

余光中为《厦门特区工人报》《台海杂志》题词（徐学提供）

登鸛雀樓

白日, 已落到山後
黃河, 前浪早入了海
至於後浪, 源自雪水
还有得流呢, 千年萬代
你真要上樓去望遠嗎
就讓我陪着你吧
像穿越電影那样
你帶我去指点盛唐
我帶你, 唉
去回顧二十一世紀

余光中手写诗稿《登鹳雀楼》（徐学提供）

楓橋夜泊

寒山寺被姑蘇城
關在了城外
已經夜半
卻關不住鐘声清遠
盪过水面的空闊
直到夜泊船客的耳边
一怔間,只驚於月落
烏啼,霜満天,幾点
失眠的漁火,对着
同样無寐的楓橋
真被催眠的卻是我們
千年後就着灯光
為何永遠被棠
在一首絕句 的現場
　　　　——癸巳年正月初二

余光中手写诗稿《枫桥夜泊》（徐学提供）

讀八陣圖

大斧劈劈出的
二十個方塊漢字
給你削成了四行
平仄有呼應
虛實更互補
我一入就不再能出
豈不也是
另一種八陣圖
撒豆成兵
布字為陣
大江滔滔
淘不空一首五絕
只留下這些頑石
歲月徒繞着空轉
再挽也不回的石磨
把歷史磨成傳說

余光中手写诗稿《读〈八阵图〉》（徐学提供）

岱宗夫如何

齊國加魯國都放不下
你青綠無際的大排場
（这抽象画簡直放肆）
是谁将造化的神秘
高高私藏在此中
陰陽共一肴,互成朝夕
（立体主義晚一千年）
雲海鼓動滿腔的元氣
縮地仙術在寸心
貪看暮色如何把歸鳥
趕入最遠那樹叢
（鏡頭只移了一下）
就害人把眼眶張痛
總有一天我索性從嶽頂
把这一切峰嶺崗峦
俯瞰成腳底的盆景

余光中手写诗稿《岱宗夫如何》（徐学提供）

下江陵

白帝乍發的一箭
不用拉縴
何需操櫓
驚動兩岸的猿猴
再鼓噪也止不住
海拔陡降怎算得出
動員李可染一排排峭壁
再攔也难阻
管他巫山巫峽
那一串串的典故
李白在船上耶
舵尾側側转转
浪頭起起伏伏
不到雲夢大澤
那氣勢怎煞得住

——2013.6.9

余光中手写诗稿《下江陵》（徐学提供）

浪子回頭

余光中

鼓浪嶼鼓浪而去的浪子
清明節終於有岸可回頭
掉頭一去是風吹黑髮
回首再來已雪滿白頭
一百六十浬這海峽,為何
渡了近半個世紀才到家?
當年過海是三人同渡
今日著陸是一人獨飛
哀哀父母,生我劬勞
一穴双墓,早已安息在台島
只剩我,一把怀古的黑傘
撐着清明寒雨的霏霏
不能去墳頭上香祭告
說,一道海峽像一刀海峽
四十六年成一割,而波分兩岸

余光中手写诗稿《浪子回头》（徐学提供）

旗飄風二色，字有繁簡
書有直排峃橫写，各有各的氣節
不变的仍是廿四個節氣
布穀鳥啼，兩岸是一樣的咕咕
木棉花開，兩岸是一樣的艷艷
一切仍依照神農的曆書
無論在海島峃大陸，春雨綿綿
在杜牧以後或杜牧以前
一樣都沾湿錢紙峃香灰
浪子已老了，唯山河不变
滄海不枯，五老的花崗石不爛
母校的鐘声悠悠不斷，隔著
一排相思樹淡淡的雨霧
從四零年代的盡頭傳未
恍惚在喚我，逃学的舊生
騎着當日年少的跑車
去白牆紅瓦的囊螢樓上課

（此夏末行之后，应空一行，以示分段。）

余光中手写诗稿《浪子回头》（续）（徐学提供）

一陣掌声劈拍,把我在前排
從鐘声的催眠術裏驚醒
主席的介紹詞剛結束
幾百双年輕的美目,我的听象
也是我隔代的学妹和学弟
都炯炯向我聚焦,只等
遲歸的校友,新到的貴賓
上台講他的学術報告
　　　　　　　　——1995. 4. 16

余光中手写诗稿《浪子回头》（续）（徐学提供）

厦门的女兒

—— 谢舒婷

余光中

厦门的女兒就住在
童话大小的岛上
浪花镶边的岛屿
依偎在厦门身旁
也是厦门的娇女

而靠在她的膝下
还有天真的石矶
像小鸡跟着母鸡
传到第三代
就成了厦门的孙女

或许怕童话太轻巧
不敌摇撼的晚潮
便用英雄的石像
用悲剧巍巍的重量
把风波沉沉镇住

余光中手写诗稿《厦门的女儿》（徐学提供）

她在我前面帶路
踏著韻腳的快步
小徑沿著石壁
一頁頁為我掀開
故事生動的插圖

圖裏只見到一角
或半角的白樓紅瓦
用琴声瀟灑
隔著樹陰和斜巷
跟我們捉迷藏

她帶我曲折進入
島嶼蔥蘢的深處
一級又一級天梯
把我帶到了高處
到了，她住的古屋

高比門神的双扉
只透進半扇天色

余光中手写诗稿《厦门的女儿》（续）（徐学提供）

空廓的廳堂上
有一桌民初的什么
在耳語着滄桑

她從炉灶边出来
圓面的石桌忽然
佈满了閩南口味
热騰騰的地瓜粥
是我鄉愁的安慰

但是匆匆的渡輪啊
像傳説的金馬車
原来是南瓜变成
却在碼頭边喊我
説,已到了黄昏

隔着清明的暮寒
回頭是廈門的海岸
燈火已通亮
車塵和市声嚣嚣
正等我重投羅網
　　　——1995.4.5清明節于鼓浪嶼

余光中手写诗稿《厦门的女儿》（续）（徐学提供）

献给，一切

因仓颉文发烫的唇

为方块字锐啸的血

以中文，最美丽的母语

歌哭吟啸的灵魂

——徐学题记

修订再版前言

二〇一五年,在永春,余光中文学馆开幕之际。先生对我说,他的写作计划安排到九十五岁。看着他明亮的眼眸,听着他郑重的语调,我也很兴奋,也想到我的《余光中传》的大事年表还将延续很多年。

现在,大事年表已画上句号,而余光中的研究却刚刚拉开大幕。余光中的艺术道路与人生道路以及二者合一凝结成的生命结晶,是一个巨大的、可供世世代代中国人去发现去感悟的宝藏,我对此深信不疑。

这本传记将是余光中研究起步之际的一块铺路石。它侧重于学术,力争成为余光中研究者案头必备的书。

此次增订主要做了以下工作:一是增补大事年表到二〇一七年十二月。二是增补祖国大陆与台港以余光中创作为题的学位论文篇目。三是附上文章三篇——《五千年这头还挺着一支笔》《二〇一一年〈火中龙吟〉答记者问》《余光中与余光中传》。第一篇带有总结意味,后两篇侧重介绍这本评传成书始末。

二〇一八年一月六日

修订初版前言

本传问世已经十二年了。十多年来，余光中诗文创作和文学翻译依然丰盛，"余光中热"在文坛学界依旧方兴未艾。

十二年来，我与余先生互动颇为密切，信件来往，电话互通，相会于两岸会议，长谈于重庆、高雄、厦门、永春……我还陆陆续续收到余先生寄来的新作十余本。十多年前，写本传后记时，提及"余学"中有许多问题尚未深入或未及涉猎，希望有机会再作修订，可是，我的研究追不上余先生的创作，所以修订版一拖再拖。

本传原名《火中龙吟》，出版多年，有许多朋友和读者前来索取，每次去高校或图书馆做有关余光中创作的演讲，都有听众希望购买，同济大学喻大翔教授四处觅书不得，竟去复印了一本。

考虑到"余光中热"的需求，就将《火中龙吟》增补修订推出，更名为《余光中传》，修订版增加两章。"翻译乃大道"一章，详尽地论证了余光中的翻译观，为便于读者了解余光中的翻译功力，特地把当代多位名家译诗一并列入与余氏之译相对照。"以文为诗　诗文双绝"一章，深入分析了余光中诗歌创作承传中国古典文学中"以文为诗"的方法，发展"适度散文化"的新方法，相信此一方法对当代乃至后代的中国诗坛大有助益。

其他，如余光中的重庆之行和永春之行，余光中与台湾现代民歌的关联都有更多的补充和阐释。余光中大事年表与著译书目也都延伸至二〇一三年。

审视修订版,依然觉得只是勾勒出传主的大略轮廓,要完整、深入、细致地刻画还需努力。最大的欠缺在于我对西方艺术与宗教的学养不足,因此无法透彻阐释传主化解与借鉴西方艺术与宗教(绘画、音乐、诗歌、小说)的成就。我还需更加努力,也希望学界豪杰出手,让余光中研究更上层楼。

二〇〇二年是马年,我的本命年,初版《余光中评传》问世。而今又逢马年,出自对校友余光中的推重,也出自对文化的敬重,厦门大学出版社投入大量人力物力,隆重推出《余光中传》,我将此视为我生命中的机缘与运气,为此,特请余光中先生亲笔书写杜甫《房兵曹胡马》诗一首,现置于书中,用于鞭策自我,不辱使命。

此书的出版,还要感谢许多亲人和友人,特别是永春乡贤、泉州宏裕贸易公司的余秉足先生多年来的支持。

二〇一四年十二月
于厦门大学敬贤楼

初版前言

　　在余光中的文字中快活得几乎不知老之将至，屈指一算，为其笼罩震慑也近二十年了。这么多年来，书架上一直排列，且不断地增添余光中的书，出自大陆、香港和台湾各家出版社。每次打开来，就跌入一个神奇的五彩世界，在那里喃喃沉吟，津津冥想，难于释手。即便不去触摸，也能感到它们就在案头，也就觉得读诗作文，玩味方块字既不落伍，也不寂寞，"守夜人"那一盏灯，就闪射在你的桌上。

　　气度恢宏而又多才多艺的生命是不易描摹的，更何况，余光中的生命和艺术中又交织着那么多民族的历史和文化，忧患和欢乐，耻辱和荣光；为余光中写传的存心，少说也有十年了。每一次提笔，就会想起余光中的《中国结》，仿佛在向我发问：

　　　　你问我会打中国结吗？
　　　　我的回答是苦笑
　　　　你的年纪太小了，太小
　　　　你的红丝线不够长
　　　　怎能把我的
　　　　遥远的童年啊，缭绕
　　　　也太细了，太细
　　　　那样深厚的记忆
　　　　你怎能缚得牢？

是的，一个饱含民族记忆的博大心灵，原是需要有一支强健的笔来表现的啊！

写传的工作搁置了许久，在众多朋友的鼓励和催促下，终于鼓起勇气，拟定了章节，命笔之初，人物栩栩呼之欲出，但要画龙点睛地几句话说出传主，总是难于言传：

一位认真的学者、严格的教师、不苟的翻译家，写起字来，总是一笔一画方方正正；而在腐儒和道学家眼中却是十足的浪子，不道德的文人。

一位喜欢开快车的诗人，喜欢一切高速的节奏，在诗歌中赞美飙车；同时也是瑜伽功的修持者，先后养过十多只小鹦鹉，并为之精心撰写食谱。

他酷嗜民族文化，自幼浸淫其中，发掘弘扬，终身不逾；而批评和剖析自己的民族和国人，比谁都坦白、锐利。

他是浪漫的，写缠绵悱恻的情诗，从不间断，对可爱的女性有用不完的柔情；他又是科学的，搜集古今中外的地图册，钻研大部头的天文书，对地球的画像、世界的脸谱、天象的分布、宇宙的流转十分专业。

他是平易的，民间的，有许多朗朗上口的童诗民谣为证；他又是深奥而神秘的，上知天文下知地理，时常有出神入化的创造。

他并非任何一个教派的信徒，但也不是一个理直气壮的无神论者。总是觉得神境可亲，喜欢瞻仰大教堂，看寺看庙，在那里琢磨一些灵魂的问题。

他喜好在家中静静欣赏地图、画册和唱片，他也更愿意用脚去丈量世界山川。亲人和朋友视之为诙谐的交谈者，他自称是女生宿舍的舍监……

种种矛盾集于一身，而这一切描述都不足以表现出他的全貌，也许我们只能说，凡方块字延伸所及，华语汉文流播之处，一提到余光中,总会引起人们敬佩的眼神和会心的微笑,为了他那向星空看齐的生命,为了他那彻夜不熄的桌灯,为了他一篇篇脍炙人口的诗文,为了他一场场锦心绣口的演讲;或者,仅仅为了他在你的《余光中诗选》上那平直方正一丝不苟的签名,虽然他知道这只是一本盗版书⋯⋯

余光中至今已创作了诗歌近九百首,还有散文、小品两百多篇,约一百万字;评论两百多篇,一百多万字。在这些刚劲优美的文字中,我们可以看到,一个思想透彻的智者,一个作为果敢的勇者,一颗感受敏锐细腻的慧心。虽然少年起便经受动荡、漂泊,而个性却日趋温和厚道,乐天知命,鹤发童颜,老得漂亮,昭示着古老的格言:"厚德载福"。

今天,已经没有多少人会怀疑中国文学殿堂将要为他辟出一席,由于他对自己的民族和人民,始终坚定不移全心拥抱;由于他的诗文论译在艺术上的卓越超拔,增强了方块字的表现力。他的抱负和胸襟构成了他名气的骨干,他的文学艺术是他名气的血肉。他的地位是那么坚固和饱满,在经历过那么多兵荒马乱的年代,见证了太多浮游的情感和短促的艺术流星,有这么一支挺立的笔半个世纪屹立不倒,真是中国人的幸事。

对于自己的诗文将可传世早已深具信心,余光中并不在乎传记,他的态度使我们想起钱默存的话:"假如你吃鸡蛋觉得味道不错,又何必认识那下蛋的母鸡呢?"此话正暗合"作者之死"的西方潮流,从艾略特到罗兰·巴尔特,都认为不需注意诗人,而要注意诗。

然而,中华民族的杰出作家,毕竟多是将生命境界的提升与艺术境界的开拓合二为一的。特别是余光中,就世俗生活而言,他没有梵高般的大难,杜甫般的大波折;但他的心路之曲折、灵魂之磨难一点也不少于古人、前人,源于现代人心灵冲突的加剧,源于百年来中华民族前所未有的屈辱,源于对这种屈辱和苦难的担当。

近代以来的民族屈辱不可避免地斫伤了美丽中文的生机，仓颉无颜，李杜蒙尘，优美方块字累积而成的曾经辉耀星球的文明天空，一度倾颓了崩坍了，就像六十年前，那位敏感恣肆上海才女的忧伤断言，它已经在毁坏中，更大的毁坏还要到来。余光中如同当代女娲，呕心沥血，焚膏继晷，炼方块字为五彩石，让中文世界天空再度矗立再度璀璨：

　　五千年的这一头还亮着一盏灯
　　四十岁后还挺着一支笔
　　……
　　最后的守夜人守最后一盏灯
　　只为撑一幢倾斜的巨影

他的一生就是不断炼石补天的自焚，而他的文学艺术，就是他自焚一生之结晶。因此，要了解我们这位传主，孟夫子"读其书，颂其诗，不知其人可乎"的反问，隔了千年，依然是掷地有声，"知人论世"，不，知人论文，堪为本书之写作宗旨。

因此，本书写作就有了两个重点：一为传，一为评。前者勾勒其生平细节，神情笑貌；后者阐发其创作艺术与创作思想。前者多些情节和趣味，后者着重思辨与定位，二者侧重不同，但力求融合，打通艺术与生活。一面力戒巨细无遗，与艺术创造无关之生活细节，即使有趣也将舍弃；一面避免生硬晦涩，不附注解，少用术语，兼顾可读性与思辨性。这样去面对众多"余迷"交代得过去了吧？

龙，夭矫蟠蜿于几千年的华夏文明史中。在中国人心目中，龙，是阳刚、坚毅而高贵的意象，它不但作为帝皇天子家的威仪表征，也用于描绘仁者智者勃然不灭的圣人气象，更被活用为形容词,冠于一切超拔不凡物事之前——剑之神者号龙泉,马之骏者为龙驹,虾之硕大无朋者,叫它龙虾,人种之历五千年且生生不息活力盎然者,当然是龙的传人了。

本书传主,生于中国龙年,以属龙为荣,更以作为龙的传人自傲一生。其五十年来之诗文无愧五四以来华人吟出的最动听的歌诗。龙吟之龙,做名词,专指中国人的歌吟;做形容词,当指歌之尤绝者。

"正声何微茫,哀怨起骚人",方块字造就的经久不灭的歌谣,极少是清平岁月里的吟风弄草,总是出自烽烟四起烈焰腾腾的忧患困厄之中。

在中国最古老的典籍《易》中,就有这样的发问:"作易者,其有忧患乎?"是的,其有忧患,乃有龙吟——屈原放逐,得赋离骚;史迁受辱,发愤著述;老杜诗、东坡词、汉卿曲、雪芹梦,无不是人生炼狱中烧就的金丹。

本书传主,其生平,其创作,都和火有不解之缘,如同黑格尔在《历史哲学》中所言:"这不死之鸟,终古地为自己预备下火葬的柴堆,它在柴堆上焚死,从劫灰余烬中,又生出活泼的新生命。"对此,本书将专列一章,详加阐述。

生命的力度只有在压力中而显现,困厄与郁结促使诗人反观自我,高扬生命。那一切高昂的龙吟,皆出于火中,成于火中,不朽不灭于火中,只要火种仍在石中、心中,那歌那吟就必定穿行于大地人间,年年岁岁,流淌不息。

目录

中篇（1959—1974）

下篇（1975—2000）

上篇

（1928—1958）

第一章 江南水与火

春天,遂想起
江南,唐诗里的江南,九岁时
采桑叶于其中,捉蜻蜓于其中
(可以从基隆港回去的)
江南
小杜的江南
苏小小的江南
遂想起多莲的湖,多菱的湖
多螃蟹的湖,多湖的江南
……

春天,遂想起遍地垂柳
的江南,想起
太湖滨一渔港,想起
那么多表妹,走过柳堤
……

复活节,不复活的是我的母亲
一个江南小女孩变成的母亲
清明节,母亲在喊我,在圆通寺

喊我,在海峡这边
喊我,在海峡那边
喊,在江南,在江南
多寺的江南,多亭的
江南,多风筝的
江南啊,钟声里
的江南
(站在基隆港,想——想
想回也回不去的)
多燕子的江南

     ——《春天,遂想起》

一九二八年,中国的龙年,海棠叶状的广袤国土依然被列强宰割,日本军国主义尤其穷凶极恶,步步进逼,中华民族忧患深重。

就在这一年五月,北伐军挥师北上山东,遭到日本军队的无理阻挠。明明是中国的国土,日军就是不让中国军队通过。日军强占了济南,残杀中国军民四千多人,国民党战地政务委员会外交公署蔡公时等十七人被割去舌头和耳朵后枪杀。北伐军只能绕道而行。

也是在这一年六月,奉系军阀张作霖因未能满足日本军阀的贪婪胃口,在东北皇姑屯车站被炸死。

这一年秋天,南京栖霞山的枫叶依旧满山燃遍。农历九月,中国人登高的日子。栖霞寺、千佛岩,游人如织。有位普普通通的江南女子,随着登高的游人走下栖霞山后,第二天早晨生下一个男孩,取了个简简单单的名字,叫余光中。

孩子的出生平常顺利,没有什么怪异的天象或奇特的仪式。倒是他呱呱落地的日子,九月初九,在中国历史和民俗的重重包裹之下,有着丰富的含义,隐隐预示或者限定了这个孩子的一生,值得一提。

在中国的年历上,九月初九是重阳节。"九"是阳数,双九重叠,所以是"重阳",又称"重九"。

重九是登高赏花饮酒赋诗的日子。九月本是一年中的黄金时节,"九九艳阳天",云淡山青,秋高气爽,又值丰收季节,橘红橙黄,金桂飘香……无怪乎中国文学史上有那么多和重九相关的佳话:孟嘉落帽,陶令赏菊……有那么多和重九相关的佳句:"遥知兄弟登高处,遍插茱萸少一人";"明年此会知谁健,醉把茱萸仔细看"……

然而,重九又是驱邪避难的日子。魏晋小说《续齐谐记》有这样的故事:恒景跟随高人费长房学道多年。一天,费长房对他说,九月九日,你家会有灾祸。恒景,你得赶快回去,只要依照我的方法行事,便可保你一家大小平安。恒景回到家乡,召集家人。在九月九日这一天,教他们按照师父的话,用红布做成小袋,里面装满茱萸,系在臂上,然后,避于高山,且饮菊花酒。待到傍晚还家,只见家中牛羊鸡犬死了一地,而家人逃过一劫。

余光中的父亲余超英,是福建永春人。永春,历来辖属泉州府。虽然地处闽南山区，却因为临近大海，历代都有许多人过海出洋去讨生活。弱冠之年，余超英也曾一度跟随兄长赴马来亚，拓殖橡胶园。创业之际，也与历代闽南商人一样，热衷教育，先后在马六甲办过育民、益智两所华文学校。回国后，就读于上海春申大学，毕业后回乡，历任永春县教育局局长、福建安溪县县长、国民革命军东路军第二支队副司令等职。后来调任国民政府海外部任常务委员，长期从事侨务工作，充分发挥他熟悉海外关系的长才。余老先生好客豪爽，退休后还担任台北永春同乡会的理事长；他立身处世，就像闽南一带常见的花岗岩——谨严方正。

在幼年余光中的记忆中，父亲总是公务在身，很少在家。余光中总是依偎在母亲的怀中，静静地等待迟归的父亲，直至暮色苍茫。父亲是严厉的，他教余光中古文，大多选择有关历史兴衰和励志立身的文章，也以《古文笔法百篇》为例，为余光中讲解作文之道。和许多旧时的家长一样，他不苟言笑，从来不同余光中一起做儿童喜欢的游戏，但他也不反对儿子读小说曲词——所谓的闲书。余光中记得这样的场景："长夏的午后，吃罢绿豆汤，父亲便躺在竹睡椅上，一卷接一卷地细览他的《纲鉴易知录》，一面叹息盛衰之理，我则畅读旧小说。"

余光中的母亲孙秀君，江苏武进人，出身书香门第。父亲是省立中学教师，哥哥做过教育局局长。她从家乡的师范学校毕业，到永春教书，在那里她做了教育局局长余超英的妻子。不久，便离开永春，和北上任职的丈夫一起到南京。

余光中本来还有一个同父异母的哥哥，但在余光中孩童时就已辞世。因此，儿童时代的余光中总是和母亲相伴，母亲时常带余光中回常州老家。外婆家在武进县（现为武进区）漕桥镇，那是一个大家族，建有六十四间房，大多是四进，有天井，有楼屋；最让童年余光中欢喜的是有三四十个表兄妹。那些表兄妹都喜欢这位能画马画门神的小表弟，众星捧月般地围着他嬉戏——"记得小时候，在江南／秋天拾枫叶，春天养蚕"，余光中在追忆江南的诗中这样写道，可见，余光中的童年并不孤单寂寞。

巴乌斯托夫斯基在《金蔷薇》里有这么一段话："写作，作为一种精神状态，可能产生在少年时，也可能产生在童年时，在写作者还没有写满几本稿纸之前就已经存在了……对生活,对我们周围一切产生诗意的记忆,是童年生活给予我们最大的馈赠。如果一个人在悠长而严肃的岁月中,没有失去这个馈赠,那他就是一个真正的诗人。"

让我们来看一看童年生活对余光中有哪些诗意的馈赠。

家庭环境是儿童个性第一个"塑造工场",儿童个性差异的根源每每可以找到其家庭源头。心理学家的研究证明,父母的职业、个性特征及生活风格,都是儿童心向往之和悄悄模仿的对象,这种"原始影响",是一般人难以摆脱的。

余光中后来常说自己是闽南人,也是江南人,其中就有这种"原始影响"导致的情结。

余光中少儿时,父母曾带他回到父亲的老家——永春桃城镇洋上村,一个群山环抱的葱茏世界。永春,在余光中的童年印象中,是黑白肃穆的,没有江南的色彩缤纷;永春只有阳刚严肃的男性宗亲长辈,江南才有俊逸轻盈的姑姨和姐妹。由此可见,自幼年起,余光中就受到阳刚和阴柔(或者说是男性和女性,理智型和情感型)两种截然不同气质的熏陶和冲击。

传统的观念认为,阳刚的男性和阴柔的女性是不相容的。但心理学的研究逐渐发现,心理品质并非泾渭分明地分为"男性品质"和"女性品质";在心理学的意义上,人都是"两性同体"的。因此,在世界上,绝对纯粹的男性和绝对纯粹的女性都是不存在的。

现代心理学还抛开男女生理上的差异,把人的性格、能力和行为等特征区分为男性特点和女性特点,将这两类特点在个体中所占的比重称为性度。男性特点在某人身上的比重是男性度,女性特点在某人身上的比重叫女性度。进一步的研究还发现,一个男人的男性度极高,或者一个女人的女性度比重超常,都不是个体心理素质的最佳组合。也就是说,性度过分片面发展的人格往往是不稳定的,相反,那些能够比较大幅度摆脱严格性别定型的儿童和成人,往往具有更丰富多样的行为反应和情感活动,心理更稳定。

也许因早早就在闽南、江南的冲击下权衡和选择,对于心理中这两种不同气质的兼容与相辅相成,大学时代的余光中就已有惊人的感悟,在他二十四岁所作《猛虎和蔷薇》里有精辟分析。他说，每个人身上都有男性和女性两种气质，只是比例不同而已。他特别拈出自己非常欣赏的英国诗人萨松的诗句——"我心里有猛虎在细嗅蔷薇"，赞叹这一诗句具体而又微妙地表现出男女两种气质的相对与调和，男性气质为猛虎，女性气质则为蔷薇。

在这篇文章中，余光中写下这样的句子："人生原是战场……有猛虎才能创造慷慨悲歌的英雄事业，涵蕴耿介拔俗的志士胸怀，才能做到孟郊所谓的'镜破不改光，兰死不改香'！同时，人生又是幽谷，有蔷薇才能烛隐显幽，体贴入微；有蔷薇才能看到苍蝇搓脚，蜘蛛吐丝，才能听到暮色潜动，春草萌芽，才能做到'一沙一世界，一花一天国'……完整的人生应该兼有这两种至高的境界。一个人到了这种境界，他能动也能静，能屈也能伸，能微笑也能痛哭，能像二十世纪的人一样的复杂，也能像亚当夏娃一样的纯真。"这些充满青春活力的话语，可以说，既是大学四年级学生余光中对人性的准确剖析，更是未来大诗人余光中对自我的观照和期许。

英国小说家伍尔夫认为，杰出的艺术人格总是半雌半雄的。纯粹男性或纯粹女性的头脑，每每缺乏天才的艺术创造力。她还特别强调说："每个作家，都一定得让自我的雌雄两性先成婚，一定要让自我的脑子躺下来在黑暗中庆祝它们的婚礼。"从早年起，余光中性格中就潜伏着男性与女性的结合和竞争。以后，在他的艺术人格交响乐中，阳刚和阴柔也一直是不断交替的两大主题。在生活和创作中，他能英雄气盛，也能儿女情长，当它们进行完美的交媾，便回旋激荡出飘飘仙乐了。

余光中的父乡永春为山县，戴云山脉绵延全境。一千多年来，永春人就在这青山绿水之间生聚发展，繁衍不息。

这块灵山秀水、四季如春的净土，文人名流驻足忘返。晚唐诗人韩偓，筑室桃林场，客居数年；朱熹数过永春，讲学于环翠亭；明末诗人黄吾野，泛舟夜游桃溪；名僧弘一法师，驻锡"桃源甲刹"普济寺近两年……

县城位于县境东南部的侵蚀盆地，北依巍峨大鹏山，南临悠悠桃溪水，地势旷阔，田畴相望，村落毗连。早春二月，厝前屋后，溪岸山脚，丘陵坡野，湮没在漫漫桃花之中，故有"桃城"美称。

桃城也是文化渊薮、人才辈出之地。永春三绝"桂亭织画""翘松诗词""桃陵书法"皆出自桃城。此地历史上有兵部尚书、将军、探花、大学士，更有实业家、艺术名流：唐大中十一年（857）永春第一个进士盛均，南唐后主李煜诏赠太尉、灵州大都督的留从效，淳熙十六年（1189）端明殿学士、丞相留正，乾隆五十八年（1793）钦点探花周自超……都是乡人津津乐道的人物。

从县城出发，顺着翠屏掩映的小路沿大鹏山驱车蜿蜒而上，十三公里路程就到洋上村。沿着通村公路往东前行，余光中的祖居"坂内堂"就位于村道左侧。

"坂内堂"坐北朝南，背靠玳瑁、铁甲两山，面朝南晋寨，屋后一条溪水如玉带环绕腰间。从远处就可以看到红砖、黛瓦、雕梁、翘脊，典型的闽南古厝建筑结构，至今已经有两百多年的历史了。

闽南多才子，亦多山人。古人云：仁者，安于义理而厚重不迁，有似于山，故乐山。现代闽南大才子林语堂，一生以闽南之山为图腾，他还把人分为有山之人与无山之人，说有山之人总有昂扬、出尘、高蹈之风姿，无山之人则迟滞无趣平庸……此话并不科学，但才子的自我主义是可以原谅，甚至应该鼓励。

余光中一生与海结交，却更与山有缘。中学时代的重庆，四面青山；后来，居台北盆地，山影笼罩；后来，在美国丹佛教书，自称成为落基山的"石囚"；再后来，在香港中文大学，更是以登山为乐，凌波的八仙，覆地的大帽，昂首的飞鹅……十年有青山守护。

但是在陪伴余光中几次回闽南后我知道，诗人余光中生命中最重要的一片山影，出自故乡泉州永春。永春，余光中称之为"磊磊山县"，他作诗《永春芦柑》自道："向山县慷慨的母体/用深根吮吸乳香……"

七岁时，余光中与父母一道，回永春老家洋上村住了半年。六十六年后，七旬诗翁再度回乡——"记忆中的故乡经过六十多年的侵蚀，早已暧暧然呈星云状，只剩下几个停格，根本说不上倒带"。面对永春新城，诗人在《八闽归人》中感叹："原以为会重温褪色的黑白照片，此刻照眼的，却是对准焦点的七彩分虹。"

少小离家，近乡情怯，然而，血脉毕竟无法切断。当余光中再次步入桃城洋上村,来到老屋鼎新堂,看到老屋大门与众不同的朝向,非坐北朝南,而是坐南朝北,他一时不解,站在大门,北向遥望,两里之外,正是峻峭的山色,不禁暗暗惊呼:"峥嵘的三顶拔萃,啊,拔翠而出。"三顶即是泉州之北有名的石齿、玳瑁和铁甲三峰。诗人明白了,后来在文章里,他写道:"难怪先人之庐要朝夕相对,而不愿转头过去,达摩面壁一般偏对南边的近山了。"

诗人悟道,自己与故乡三顶的缘分匪浅,那一峰一岭,"冥冥之中,必定如地下水一般渗入了我童稚的记忆之根,比四川村野的印象更近底层"。

磊磊永春,铁甲与玳瑁渗入诗人的潜意识之中,也激发了余光中对奇峰险石的狂热,他说过,抚石爱玉是玩小石头,登山攀岩才是玩大石头。闽南山影,也呈现于洋上村长大的余光中族叔,扬名世界的山水画家余承尧的画中。余承尧极少为名山大川写生,他的画大都根据少年时对故乡山影的记忆画出。著名画评家何怀硕教授说:"'铁甲'与'石齿'的峻嶒与奇魂,在承尧心目中已成为刻骨铭心的意象,捕捉且玩味领悟这意象,获得了解自然山川奥秘的独家门径。名山大川在他的'铁甲'与'石齿'的意象中得到呼应贯通,不必写生,他心领神会。"

故乡之山,一一化为诗画的题材,也点滴渗入画家、诗人的人格内里,造就了厚重、宽容、坚毅、安详:它像余承尧的画,刚劲且内敛,全无晦暗阴冷,一扫嚣张跋扈,独居四十年,坎坷一生,却从不画枯木寒林,画境笔墨一派平和清新;它也像余光中的字,笃实敦厚而又饱满雄劲,一写就写了八十年,近一千万字,依然一笔一画从不轻飘。

叔侄都汲取了山县的磊磊精华,借助铁甲、玳瑁那质实丰沛的力量,作出了更富于朝气更为雄浑的作品。诗魂画魂皆脱胎于山县,亦附体于山县。

山不在高,有仙则灵。

或者安放于眼中,或者珍藏在心中,文人都需要有一座灵山。需要一座可以和他们的生命相互印证、相互激荡、相互注释的灵山。

夫子要了泰山,因此知道天下之小;李白得了敬亭,孤寂之时,有了相看不厌的知己;东坡参透庐山,横岭侧峰都通达自在……

闽南嶙峋的山石塑造了余光中的志业与风骨。因为有此山影相伴,即便他自峰岭走向海洋,依然能以他端庄如山岩的身姿风采辉耀神州。

然而,童年余光中的生活更多处于蔷薇花香漫溢中,在他九岁以前的记忆中,女性的江南,或者更准确地,多雨多湖多寺庙多燕子和多风筝的苏南吴地是抹不去的色彩。

吴地一般指春秋时代吴国的属地,以紧挨着太湖的苏、锡、常地区为中心地带,这一地区有着悠久的地域文化——吴文化。文化学者认为,在甲骨文和金文中,"吴"的形象如"鱼","吴"字是从以水为生的"鱼"字演化而来的;吴地素有"水乡泽国"之称,水网交错纵横,湖荡星罗棋布;吴人"以船为车,以桥为马",其民居特色为"小桥流水人家"。因此,吴文化可以用水文化来概括。

中国的古人认为,智者乐水,水的流动会使人思维活跃感觉敏锐。中国的古人又认为,水虽然柔弱,却能克刚胜强。中国的古人还认为,有大爱的人就像水一样,即上善若水。

拥有这般水样文化的吴地,哺育了一大批聪颖灵慧、细腻柔和而又乐于创新的文化人。"东南财赋地,江左人文薮"(康熙语),吴地不仅是富甲天下之府,也是人文荟萃之处。据统计,明代八十九科会试中,苏州被录取一千零七十五人,占全部进士总数的百分之四点三;清代一共有文状元一百一十二名,苏州就有二十五名。可见吴地重视教育的传统和丰富不竭的人才资源。

余光中的江南背景吴地色调,除了来自他的童年生活,更多地濡染于母亲、舅舅,还有表妹(范我存,后来成了余夫人)。特别是他的母亲,外表上是一个柔弱的女子,但内心坚强执着。一个年轻女子,多次独自带着幼小的余光中逃难,踏遍万水千山,危难时,总是奋不顾身;在全家团圆的日子,她依然操劳,把自己的一切奉献给家人,年仅五十三岁便与世长辞。她的一生如同涓涓清泉,滋润万物而不争强,心性沉静,处事得体,动静合时。似乎让人感觉不到她的存在,却是亲友的依靠,须臾不可脱离。

余光中一辈子都记得桐油灯下,母亲纳鞋底的身影;记得母亲伫立山头,目送去学校寄读的他渐渐远去;大难临头时,母亲无私无畏的身影,更是铭刻在心!他的二十六个英文字母是母亲口授;他的母语音色以母亲为本;为回报母爱,他以母亲为主题写了十多首诗歌,把其中的一首刻在母亲的墓碑上。他以为，只有诗歌，才是母亲永生的陵寝："保持一种美好形象/防腐，防火，防盗，而且透明。"

第一首悼母诗写于母亲病逝后十天，一九五八年七月十四日，题为《招魂的短笛》。诗人面对落地窗畔新添的小小的骨灰匣，抒发无尽的哀伤，那年，余光中三十岁。后来，六十四岁的余光中又写了《母难日》（三首），其中一首《今生今世》极为感人：

> 今生今世
> 我最忘情的哭声有两次
> 一次，在我生命的开始
> 一次，在你生命的告终
> 第一次，我不会记得，是听你说的
> 第二次，你不会晓得，我说也没用
> 但两次哭声的中间啊
> 有无穷无尽的笑声
> 一遍一遍又一遍
> 回荡了整整三十年
> 你都晓得，我都记得

在七十岁生日的诗歌朗诵会上，余光中再次高诵《母难日》（三首），纪念七十年前那一个登高的日子。

除了文静内敛坚韧不拔临难不惧承传自母亲的性格，余光中在语言方面也从母亲那里受益不少，这就是吴语。

吴语在中国南方的六大方言中堪称古老，它是一种在语音、词汇和修辞上都极具特色的方言，千年以来，产生了许多优秀的诗歌和小说，从《子夜吴歌》一直到《海上花列传》，绵绵不绝……

吴语具有婉转柔媚、珠圆玉润的语音特色。林语堂先生曾把它和北京话相比，认为前者甜蜜轻柔，后者洪亮。语言学家赵元任先生更以常州话为例说明吴语的特点，说它的韵律微妙，诗人可以用来象征言外之意。他说："北风卷地白草折，胡天八月即飞雪。忽如一夜春风来，千树万树梨花开",用常州话念,"头两句收迫促的入声,后两句收平声,这种变化暗示着从冰天雪地到春暖花开的两个世界"。吴语语音特点也带来一些语法上的特色,如为了充分表现绵软悠扬的语音,吴语中的许多形容词后面加上重叠成分,像绿沉沉、亮化化、凉咻咻、空落落、急吼吼、狠霸霸、胖嘟嘟……

余光中不仅能说英语,也略谙西班牙语,更能细微体察和把握吴语、蜀语、粤语、闽南语等多种汉语方言。鲜活的方言的语音语调以及词汇修辞,是这位语言大师的源头活水,这其中,吴语应该是最根本的一种,因为它不仅仅是一种方言,更是母亲的音容笑貌,童年的温馨记忆,是生命的血脉和根基。

大多数杰出的男性文学家的童年,身边都有一位优秀的成熟女性引导,这是中外文学史上常见的现象。孟子、周树人兄弟……他们在少年时代都接受过母亲给予的良好的情感影响;托尔斯泰早年丧母,但塔吉安娜姑姑像母亲一样带大了他;法国沙龙的贵妇人则以她们那个世纪特有的情感方式,哺育了卢梭不安的灵魂……不少杰出作家是在"没有父亲"的状态下长大的,但却很难想象,有哪一位大作家早年处于"母性匮乏"的状态。面对这些伟大的母亲,我们总要想起雨果的话,"女性是脆弱的,而母性是坚强的";想起《浮士德》结尾的口号——"永恒的女性引导人类飞升"。

也许,就文学艺术而言,它的内在品格是更趋向于情感的;也许,就创造主体的心理成长而言,在"心理断乳期"之前,丰润的"母性哺育"是必不可少的,缺乏这最初的滋润,进入艺术创造之后,便会因先天不足而后继乏力。对此,聪明而饱学的王国维也有所感悟,他在《人间词话》中这样说:"生于深宫之中,长于妇人之手,是后主为人君所短处,亦即为词人所长处。"

在江南三月,在吴侬软语,在母亲水一样的柔情浸润包围之中,儿童余光中抽枝展叶,可是,水的温柔还没来得及培植出一株幽雅纷披的江南兰草,火的猛烈已渐渐逼近大江南北。

三十年代,在当年南京市市中心,新街口广场上,矗立着一个巨大的炸弹模型,昭示军民百姓,战争已经迫在眉睫。但是,对于大多数南京市民而言,战争的到来,不是"七七"事变,而是"八一三"淞沪之战。

淞沪之战的第三天,日机开始轰炸南京,四个月以后,一九三七年十二月十三日,日军由中山门、中华门杀入南京城,开始了震惊中外令人发指的南京大屠杀。

余家此时已离开南京,余超英随着中央政府迁往武汉,余光中则和母亲回到常州老家。

躲过了屠城大劫,却不能免去逃难之灾。不久,日寇的铁蹄践踏在太湖四周,余光中静谧的童年提前终结,九岁的余光中忽然长大,他晓得什么是异族入主,什么是亡国苦痛。茱萸的孩子,从此开始了漫长的漂泊生涯。

第一次漂泊自一九三七年底至一九三八年初夏,其中又可分为两个阶段。第一阶段是惊恐万状的逃难,第二阶段是间关万里的寻亲。

逃难的日子有好几个月,母亲带着余光中随着族人,从常州逃往苏皖边境,不想却在高淳县碰上大批日军,就近躲入佛寺,不想日军也在他们躲避的佛寺中驻扎。母子只能相拥在佛寺的香案下,度过惊惧无眠的一夜和一个上午,直到日本骑兵队离开古刹。余光中清晰地保留了那个晚上的恐怖印象——"火光中,凹凸分明,阴影森森,庄严中透出狞怒的佛像。火光抖动,每次都牵动眉间和鼻沟的黑影,于是他的下颚向母亲臂间陷得更深"。

以后,离开佛寺,在太湖附近躲躲藏藏好几个月;最后,搭上运麦的船只,抵达苏州,再从苏州转到上海法租界,寄居在一位长辈的家中。

关于这次逃难,余光中曾经这样描述:"两次世界大战的孩子,抗战的孩子,在太阳旗的阴影下咳嗽的孩子,咳嗽,而且营养不良。南京大屠城的日子,樱花武士的军刀,把诗的江南词的江南砍成血腥的屠场……""向上海,记不清走过多少阡陌,越过多少公路,只记得太湖里沉过船,在苏州发高烧,劫后和桥①的街上,踩满地的瓦砾,尸体和死寂得狗都不叫的月光。"

九死一生地逃到上海,在法租界一个长者家里住了几个月,又接到

─────────────

① 　和桥,在今江苏宜兴市北五十里处。

余超英的来信,说已随国民政府迁往重庆,要他们母子俩到重庆会合。于是,母子俩按照余超英指明的路径,先自上海乘船经香港到安南(现今的越南)的海防港。

到了香港,正是一九三八年的农历新年,母子俩举目无亲,在寒风中挨了一天又上船往安南。

安南当时是法国的殖民地。从海防港登岸入境时,海关的法国官员对中国人十分无礼,逐一搜查,钢笔一一拔去,热水瓶也全都没收,并不说明理由。余光中记得,一个中年男子,在淫威之下,又气又怕,几乎哭了出来。殖民者对中国人的侮辱,自童年起余光中就耳濡目染,在幼小的心灵中埋下了不平和愤慨的种子,朦胧地意识到国家民族的强盛与个人命运紧密相连。

从海防港搭火车经河内过老街沿滇越铁路进入昆明,然后坐长途汽车经过贵阳,越过乌江,翻过娄山关,最后是海棠溪,渡江来到重庆。一路辗转,多番周折,离散了近两年的亲人终得团圆。

当客船穿越台湾海峡,前面是香港,右面是大陆,左面是台湾,在多风的甲板上,母亲指着左边对余光中说,风浪的那一头就是台湾。在余光中幼小的心灵中,怎么也不会想到,这一块大陆两个岛屿会成为他一生挣不脱的心结:大陆如哺育他成长的母亲,他二十一岁时离开她,六十四岁重回——"掉头一去是风吹黑发/回首再来已雪满白头";台湾如同患难与共的妻子,他在那里"从男友变成丈夫再变成父亲,从青涩的讲师变成沧桑的老教授,从投稿的'新秀'变成写序的'前辈'"——"断奶的孩子,我庆幸/断了娭祖,还有妈祖";香港是情人,他和她有十年的缘分——"十年为邻已把我宠惯/惯于那样的激滟与空濛/那样的青睐惯于顾我/顾我,护我,脉脉地厮守着我",他在那里度过了生命中"最安稳,最舒服,最愉快的日子"。

据一九三八年九月号上海《旅行杂志》刊载的《入滇川行程——供旅客们参考》,在当时,按余光中母子的路线,从上海到重庆,至少也要半个月的时间。这是少年余光中有生以来最漫长的旅途了,时间过滤去许多颠沛流离的艰辛,最鲜明的记忆是,第一次乘火车的感觉。

"坐火车最早的记忆是在十岁……滇越铁路与富良江平行,依着横断山脉蹲踞的余势,江水滚滚向南,车轮铿铿向北。也不知越过多少桥,穿过多少山洞。我靠在窗口,看了几百里的桃花映水,真把人看得眼红、眼花。"

第一次乘坐火车的快感,终生不忘。"后来远去外国,越洋过海,坐的却常是飞机,而非火车。飞机虽可想成庄子的逍遥之游,列子的御风之旅,但是出没云间,游行虚碧,变化不多,机窗也太狭小,久之并不耐看。哪像火车的长途,催眠的节奏,多变的风景,从阔窗里看出去,又像是在人间,又像驶出了世外。所以在国外旅行,凡铿铿的双轨能到之处,我总是站在月台——名副其实的'长亭'——上面,等那阳刚之美的火车轰轰隆隆其势不断地踹进站来,来载我去远方。"

后来在香港,电气化的火车代替了旧式火车,余光中还不禁赋诗一首,题为《火车怀古》:"我却更怀念古老的车头/火性子那一尊黑彪彪的悍兽/总是气冲冲犁着地来,锄着地去/顽硕的阴影压歪了大半个月台/吐不尽满腔满腔的浓烟/旧世界的旷野我怀念/它奔时铁蹄重重地踹踏/铮钫的筋骨错磨有声/加速成金属刚烈的拍子/把铿锵拍成慷慨的调子/风来时更扬起狂放的长发/黑飘飘一直拂到腰际/最难忘是出站的时候/车上和站上依依的挥手/要不是它仰天长啸那一声悲怆/一出离情怎会到高潮?"

乘火车的童年记忆之所以值得我们注意,在于它是一种触媒。这种童年的快感,使余光中有了旅行的观念,也早早地对地图产生了一般儿童无法企及的兴趣,更重要的是,大约就是从那时起,旅游成为他生命中的一个关注点,而速度成为他生命中的一种不可抑制的律动。

后来,他一系列脍炙人口的诗文,如《咦呵西部》《登楼赋》《逍遥游》《西螺大桥》《敲打乐》《高速的联想》都回荡着高速铿锵的律动。再后来,在台湾疾驶的火车中,当时还是文艺青年的诗人侯吉谅读了余光中《高速的联想》,心中满是"意外的惊喜",他把这感受写信告诉远在香港的余光中,触动了这位华发早生的教授心中永不衰竭的敲打乐。余光中灵感大发,写下《超马》一诗,赠一切喜欢高速的摩托车骑士。

余光中崇拜速度,他非常欣赏阿拉伯的劳伦斯的传奇人生,欣赏劳伦斯的名言,"速度是人性中第二种古老的兽欲"。余光中说:"可怜的凡人,奔腾不如虎豹,跳跃不如跳蚤,游泳不如旗鱼,负重不如蚂蚁,但是人会创造并驾驭高速的机器,以逸待劳,不但突破自己体能的局限,甚至超迈飞禽走兽。"他在《轮转天下》《记忆像铁轨一样长》《高速的联想》中,更就速度与他的人生历程、文学创作的密切关系详加说明。

人们追求高速,不仅是满足生理上的快感,更是对自然法则的反抗。追求速度的运动员,每打破一项世界纪录,就标志着人类的体能前进一步,神(自然法则)退后一步。余光中那些标举高速的诗文,是对超凡激扬的生命律动的礼赞。

在余光中的童年,虽然有江南温柔的抚摸,有火车铿锵的快感,有逍遥游的幻想,这一切,都是童年生活给予余光中的诗意的馈赠;可是,火与血更是挥之不去的梦魇,它是一种更深刻的馈赠,也不能不发为歌吟。

诗人成长的年代,是家国多难的时代。因此,他反复自称是"茱萸的孩子"。他认为,他们那一代的孩子,在一种隐喻的意义上,都是生在重九这一天,那逃难的日子。登高不为望远,为避难,为了逃一个大劫。

一个登高避难的传说,笼罩着余光中的一生。他说:"每年到了重九,都不由我不想起这美丽而哀愁的传说,更不敢忘记,母难日正是我的民族灵魂深处蠢蠢不安的逃难日。"是的,他的苦难与整个民族的苦难从生命的发端就是紧密绾结无法剥离的。三十四岁生日那一天,他写下这样的诗句:

> 不饮菊花,不佩茱萸,母亲
> 你不曾给我兄弟
> 分我的哀恸和记忆,母亲
>
> 不必登高,中年的我,即使能作
> 赤子的第一声啼
> 你在更高处可能谛听?
>
> 永不忘记,这是你流血的日子
> 你在血管中呼我
> 你输血,你给我血型

你置我于此。灾厄正开始
未来的大劫
非鸡犬能代替，我非桓景

一九七一年，余光中在美国丹佛讲学，那里地高山峻，诗人颇有"一片孤城万仞山"的感觉，身处异国的诗人，想起了多难的故国。他在《落矶大山》一诗中咏叹道：

重九日，从此处下山
走向一个劫后的世界
牛羊死了一地

后来，他找到了解厄避难的方法，不是佩茱萸，饮菊花酒，而是，写诗。

七十岁那年，在一本自选诗集的序言里，他写下这带有总结意味的句子：

重九之为清秋佳节，含有辟邪避难的象征。然则茱萸佩囊，菊酒登高，也无非象征的意思。诗能浩然，自可辟邪，能超然，自可避难。茱萸的孩子说，这便是我的菊酒登高。

第二章 古镇悦来场

陪都的歌声

巴蜀山水

雅俗文化

乡土情怀,川娃子的诙谐,师与友

艺术教育:大自然的洗礼,国文和

英文,天象与地图

艺术个性,早熟不失童心,感性和

知性,凝神结想

又是葡萄架顶悬着累累的夏，
往事竟成串了——
被摘于异乡人微颤的手指，
仍是那怯紫色的酸涩，仍是
那不可企及的浑圆，那不可仰攀的
成熟，与完整，与甜。
……
而灵魂的花岗岩穴里有原始的雕刻，
以最初的怀念凿成。
擎起火把我们发现那被遗忘的
钟乳石与钟乳石，蛛网与蛛网……

而时间的长廊上充满了回音。

———《钟乳石》

四川——峰连岭接的山国,北有剑阁,南有巫峡,环绕包容它的子民在一个大盆地里。"不管战争在外面有多狞恶,里面却像母亲的子宫一样安全。"

正是这湿润、温暖而柔软的大盆地孕育了未来的大诗人。

余光中后来深情地回忆道:"他永远忘不了在四川的那几年。丰硕而慈祥的四川,山如摇篮水如奶,取之不尽,用之不竭。那时他当然不至于那么小,只是在记忆中,总有那种感觉。那是二次大战期间,西半球的天空,东半球的天空,机群比鸟群更多。他在高高的山国上,在宽阔的战争之边缘仍有足够的空间,做一个孩子爱做的梦……"余光中还在诗作中写道:"是枕是床/温暖一如四川。"对于诗人,四川就是母亲的子宫,儿时的摇篮,成年后的床与枕。

一九三七年十一月,国民政府自武汉迁至重庆,就职于国民政府海外部的余超英也同时来渝。一九三八年五月,余光中随母来到重庆与父亲会合。

一九四〇年,国民政府明令重庆为"陪都",重庆成为战时中国的政治中心和文化中心。东南沿海党政机关、工厂,还有许多大书店、报社、杂志社、剧团、学校(国立中央大学、国立复旦大学、私立武昌中华大学等十余所大学和多所中学)……许多追随政府铁心抗日的志士仁人,间关万里,辗转来渝,山城人口从三十余万人激增至七十三万人。

这些新移民被长江上游的四川人称为"下江人"。战乱使他们从舒适的小天地走出来,参与全民族的生死抗战。于是,八年离乱,不复仅仅是几家的颠沛,几户的流离,它更是中华民族壮烈赴难的永恒记忆。

开始,余光中一家住在城内。过了没多久,为躲避日本军机的轰炸,政府机关纷纷移驻郊外,海外部机关也搬到距重庆市区二十公里的小镇——江北县悦来场(现今为江北区悦来镇)。

四川一带的小镇叫什么"场"的很多。"场"其实就是市场、集市。每逢初一、十五,四乡八村,各行各业,都赶到集市上来,摆摊交易。川人称为"赶场"。悦来场就是这样的小镇。四十年代,全镇只有一条小街,五分钟可以从头走到尾。镇虽小,却有一个古色古香的名字——悦来,出自《论语》"近者悦,远者来"。余光中就在这里住了七年,起初与父母在悦来场镇北五公里处的朱家祠堂，不久，考进从南京迁来的青年会中学，学校安置在朱家祠堂十里外，余光中做了寄宿学生。

重庆是抗战时期遭受日本军机轰炸次数最多、规模最大、持续时间最长、死伤损失最为惨烈的中国城市。一九三九年五月三日至四日，日机炸死三千九百九十一人，炸伤二千三百二十三人。一九四一年六月五日，有近万人为躲避轰炸，在重庆大隧道内因挤压或洞内窒息而死。日寇这些罪行，少年余光中耳闻目睹，成为永远不能愈合的伤口，六十年后

他仍记忆犹新："抗战的两大惨案，发生时我都靠近现场。南京大屠杀时，母亲正带着九岁的我随族人在苏皖边境的高淳县，也就是在敌军先头部队的前面，惊骇逃亡。重庆大轰炸时，我和母亲也近在二十公里外的悦来场，一片烟火烧艳了南天。"

抗战时的重庆，虽有贪官奸商，前方吃紧，后方紧吃；但更多的是民族高扬的激情，献款劳军的大游行，催人泪下的街头演出，万人齐唱的悲壮歌谣……这些记忆牢牢攫住了少年余光中，跟随他一直从四川，而南京，而厦门，到了台湾——"二十年前来这岛上的，是一个激情昂扬的青年，眉上睫上发上，犹飘扬大陆带来的烽火从沈阳一直燎到衡阳，他的心跳和脉搏，犹应和抗战遍地的歌声嘉陵江的涛声长江滔滔入海浪淘历史的江声"。他时常在梦中，从长江逆泳而上——"泳向上游向天府之邦／向少年向一首热歌在抗战时代／唱沸少年的血在胸膛"。

六十年代初，余光中曾一度迷恋于古典的静谧，芙蓉的凄美，但就是在那样的时刻，在莲池畔的七夕，他还是抑制不住地写下"今夕是七夕，但地上的七夕没有鹊桥，地上的七夕在卢沟桥上"（《莲恋莲》）。七十年代，他重拾论战之笔，怒斥胡兰成歪曲抗日的《山河岁月》并庄严声明："对我这一代的中国人而言，抗战是永难忘怀的国难，其为经验，强烈而且惨痛，另一方面，全国军民一心一德同仇敌忾的精神，却又令人壮怀激烈感奋莫名。"八十年代，他给《联合报·副刊》"纪念抗战五十周年征文"撰写导言《为抗战招魂》，号召作家写出"民族大义的阳刚之声"，"以长城为墙的大壁画，以长江为弦的大悲歌"。

对于余光中，家国情怀不仅来自血与火的时代，也来自民族伟大悠久的文化，来自脚下的乡土和身边的百姓。

　　四川历来是人文荟萃之地,有道是"天下诗人皆入蜀,蜀中风物尽入诗"。特别是那浩浩长江——"长江从蜀来,日夜东南奔"(陆游诗),那峥嵘的岩壁礁石,那汹涌起伏的波涛,孕育了多少诗才,多少辞章!

　　李白仗剑去国,吟诵着"仍怜故乡水,万里送行舟";一曲《蜀道难》,博得谪仙人的美名;晚年更有快节奏的《早发白帝城》。杜甫自陕入川,蜀中十年,是他创作生涯中最灿烂的岁月,"少陵诗,得蜀山水扬眉;蜀山水,得少陵诗吐气";对着长江,他描绘了"众水会涪万,瞿塘争一门"、"高江急峡雷霆斗,古木苍藤日月昏"的浩荡场面。刘禹锡在江上寄托了谪客的悲愤,留下竹枝词的清新。白居易行经"苍苍两崖间,阔狭容一苇"的三峡,借"路穿天地险,人续古今愁",暗寓仕途的风波。早夭的天才李贺,笔下有瑰丽的巫山——"瑶姬一去一千年,丁香筇竹啼老猿"……

　　长江,也回荡着多少民众的辛酸歌谣:"滟滪大如马,瞿塘不可下;滟滪大如牛,瞿塘不可流……","巴东三峡巫峡长,猿鸣三声泪沾裳"——江面上响着船工的谣曲,渔人的悲歌;"嫁得瞿塘贾,朝朝误妾期。早知潮有信,嫁与弄潮儿"——水波里涌动着商妇的哀怨歌女的悲酸……

　　自古道:"有山无水不秀,有水无山不壮",或者用余光中的话来说,"山的坚毅如果没有水的灵活来对照,那气象便单调而逊色了"。重庆,兼有壮美与秀美。它是山城,近人张之洞有诗咏重庆曰"名城危踞层岩上,鹰瞵鹗视雄三巴";它又可说是江城,两江环抱,三面临水,长江滔滔而下,嘉陵江绕城西北,突入长江,两江合流,龙腾虎跃,江声如战鼓,如军阵,震荡人心。

　　此地自古民风耿直剽悍,与山水陶冶相关。近代以来,山城更谱写了许多不屈不挠的篇章——它培养了以《革命军》作者邹容为代表的一批烈士,它是辛亥革命可歌可泣的策源地。重庆也有它秀美的一面,那就是它的雾和雨了。山城日晴夜雨,深秋冬季多雾,处于雾重庆,眼前似雾非雾,似雨非雨,雾中带雨,雨中带雾,云雾缭绕,变幻莫测,不免有"雾失楼台,月迷津渡"之感。李商隐《夜雨寄北》"君问归期未有期,巴山夜雨涨秋池。何当共剪西窗烛,却话巴山夜雨时",两处用到"夜雨";近人张恨水抗战时亦避难重庆,他对重庆之雾有更真切的描绘:"雾可分黑白两种。白者蓊涌如云,凝结较浓,十步之外,渺不见物。然天晓弥漫,午则渐消，残雾升空，遂成昙阴。故在是日，可偶得夕阳之一瞥。黑者遮盖天地，颇似昼晦。近视之，楼阁烟笼，远视之，山川夜失，终朝阴郁，不辨旦暮。雾结过久，辄变为烟雨，烟雨不散，更降为巨霖……"

面对长江回荡久远的辞章歌赋，一代又一代迁客骚人的足履屐痕，加上父母、舅舅和老师的谆谆教海，少年余光中在这江边吟诵古人的诗词歌赋，声声入耳，备感亲切，古代典籍不是"恶性补习"的材料，而成为催生春草的绵绵细雨，它深深吸引着余光中。他不满足于国文课本，"而是自己动手去找各种选集，向其中进一步选择自己钟情的作者；每天也是曼声吟诵，一任其音调沦肌浃髓，化为我自己的脉搏心律"。他最钟情的古典作家是苏东坡。他后来说，觉得和李白做朋友没有安全感，杜甫又未免过于严肃，东坡洒脱而不油滑，忠厚却不呆板，一生持有对宇宙万物的不竭的好奇，忧患之中泰然自若。虽然，其中有戏言的成分，但这种喜好也颇能预示余光中未来的处世态度和创作风格。

四川，让人兴会淋漓，引人作文赋诗。流风余绪，深入民间，久而久之成了一个民俗丰富的天府，特别是重庆，在中国的典籍中，"巴人"和"下里"本是民间大众歌谣，后来成为通俗文化的代名词，这"巴"便是重庆古代的少数民族，也是重庆最早的名称。

余光中后来回忆说："巴蜀文风颇盛，民间素来重视旧学，可谓弦歌不辍。我的四川同学家里常见线装藏书，有的可能还是珍本，不免拿来校中炫耀，乃得奇书共赏。"有书，有同学相互切磋，余光中读了许多古代小说，《三国演义》《水浒传》《西游记》《聊斋志异》《封神演义》《七侠五义》《包公案》《西厢记》《平山冷燕》等，甚至描写武则天宫闱秽史的禁书……余光中认为："读中国的旧小说，至少有两大好处。一是可以认识旧社会的民情风土、市井江湖，为儒道释俗化的三教文化作一注脚；另一则是在文言与白话之间搭一桥梁，俾在两岸自由来往"，"旧小说与民谣、地方戏之类，却为市井与江湖的文化所寄，上至骚人墨客，下至走卒贩夫，广为雅俗共赏。身为中国人而不识关公、包公、武松、薛仁贵、孙悟空、林黛玉，是不可思议的。如果说庄、骚、李、杜、韩、柳、欧、苏是古典之范，则西游、水浒、三国、红楼正是民俗之根，有如圆规，缺其一脚必难成其圆"。

在旧小说中，余光中尤其喜欢《三国演义》，他读得"最入神也最仔细"，"连草船借箭那一段的《大雾迷江赋》也读了好几遍"。《三国演义》中诸葛亮那"鞠躬尽瘁，死而后已"的精神，"知其不可而为之"的执着，还有杜甫诗歌对蜀相武侯的歌吟，深深地打动了这个脚着草鞋乌发平头的少年。当时，他也居蜀中，无美食锦衣，上的是石灰板壁加盖茅草屋顶的学堂，睡的是冬寒夏热臭虫成堆的通铺……

然而，就是在这样的艰难时世中，他健康而快乐地成长起来了，以至他多年以后，还总是企慕着这一段岁月，把它视为一种理想境界。在乘机驾车遍游世界，饱览山光水色之后，他还是这样说，蜀山蜀水，全在石板路或土径上从容领略，然而，此生所见一切青山碧水，总以一步步走过的最感亲切。他也多次对青年学子说，如果能够让他自主选择生存的时空，他不会选择当今最富有的发达国家，如瑞典、荷兰，因为那里的许多人没有了奋斗的目标；他会选择在四川追随诸葛亮奋斗，在艰难中争取美好的明天。这绝不是卖老的说教或文人的浪漫，而是生活的准则坚守的信念。余光中的一生，并不贪图安逸，总是开辟拓展；他谢绝过优厚的美国教职，回到台湾；他可以留在台北，却选择高雄……

入川不久，余光中就成了"川娃子"，一口巴腔蜀调，可以乱真。这口川语，以后成为他的一种乡音，用来和表妹说笑话，用来对蓝星诗友邓禹平、覃子豪谈诗艺，用来向巴金、流沙河通心曲，用来为《扬子江船夫曲》《罗二娃子》增音色①……

余光中以蜀人为荣，在《戏李白》一诗中，他对他的先贤，不，乡贤，李白说："有一条黄河，你已够热闹的了/大江，就让给苏家那乡弟吧/天下二分/都归了蜀人/你踞龙门/他领赤壁。"

余光中说："蜀者，属也。在我少年记忆的深处，我早已是蜀人。"

是的，一个人的故乡并不一定是他的籍贯所在，也不必然是他的出生地，而应该是他少年时代生活和成长的地方，在那里，他的性格、志向从萌芽到成形，因此，成长的地方才是真正意义上的故乡。

余光中生在南京，抗战时期随父母到重庆，在乡下读中学，从十岁的

---

① 　余光中早期所作《扬子江船夫曲》小注中特别标明"用四川音朗诵"。《罗二娃子》自注："罗二娃子是四川话罗家老二的意思。这首诗最好用四川话来朗诵。"

儿童变为十七岁的青年，战时乡村生活使他亲近大自然，了解乡土中国。抗战胜利后，他与表妹（后成了他的夫人）相遇，一见面就以地地道道的川语交谈。六十年过去了，夫妻俩在家还保持这习惯。余光中说，我早已是蜀人，在记忆最深处，悦来场那一片僻壤全属我一人。

二〇〇五年十月十九日，我陪余光中到重庆，行程紧凑，除了开记者招待会，大学讲演，参观博物馆，会见文友等必有节目之外，重头戏是余光中再归悦来场。我问余光中，古今中外的大作家有没有人把自己六十年前的少年生活写到作品中？因为在我的记忆中，李杜、白居易都不曾有过。余光中说："这需要有两个条件，必须活得长，必须赶上太平盛世。"我点头称是，但以为还有第三个条件，必须对故乡有着强烈而执着的情感，才能不辞辛劳，以高龄重回故土，并以历经沧桑和岁月沉淀依然饱满的智慧与情感，浓墨重彩抒发少年情怀。

重庆六天，我目睹了一位乡愁诗人如何圆他的乡愁梦。

余光中的《乡愁》脍炙人口，有次武汉召开余光中创作研讨会，有位留学德国的华人教师起立，未曾言语先哽咽，她说留学前读过《乡愁》，没有强烈的感受，到了异国他乡，乡愁转浓，再读这首诗，突然抑制不住地悲从中来，才知道为什么这首诗能撼动海内外无数华人的心。此次重回重庆，余光中刚从机场出来就被认出，矮矮的个子、睿智的双眼、花白的头发，多次在大陆电视上亮相，于是识者马上吟诵《乡愁》来欢迎诗人。陪余光中夫妇游历重庆古镇瓷器口时，我们三人突然被一群小学生包围，他们认出了余光中，开始七嘴八舌争先恐后地念起《乡愁》。在大学演讲时也有学生提问《乡愁》是怎么写成的。余光中说："写《乡愁》只花了二十分钟，但是这情感在我心中已酝酿了二十年。《乡愁》有很多写实成分，第一段：'小时候/乡愁是一枚小小的邮票/我在这头/母亲在那头。'邮票是写实，那时寄宿于学校，离家十几里山路，有时周末没回家，就写信与母亲联系。第二段：'长大后/乡愁是一张窄窄的船票/我在这头/新娘在那头。'我新婚不久，便出国留学，也从美国坐船回基隆（我私下问余先生，为什么是船票，而不是机票、车票，他说船票有古典意味，像童谣"摇啊摇，摇到外婆桥"比较适合这首诗的风格，机票和车票太现代了。船票同时又对应了后面"浅浅的海峡"）。第三段：'后来啊/乡愁是一方矮矮的坟墓/我在外头/母亲啊在里头.'母亲去世后就放在矮矮的坟墓里,所以这也是写实。"有学生问:《乡愁》写了小时候、长大后、现在,没有写未来,为什么没有写未来? 可不可以连接上未来的一段? 余光中立刻吟出:"未来啊,乡愁是一座长长的桥,我来这头,你去那头。"余光中回答很快,体现出他这十几年来往返两岸的深思熟虑。

重回悦来场是余光中多年不遇的情感高潮。接待方事前已找到余光中与家人曾经住过的朱家祠堂,也找到余光中中学旧址和几位余光中的中学同学。中学所在现已划归重庆渝北区。

汽车从重庆市区出发走了三十多里,然后走半小时山路。山路有的是用青石板铺成,有的完全是黄泥土路。重庆的秋季雨多晴少,经常是雾茫茫的,余光中说,这让他回想起童年,镜头也是雾茫茫、恍恍惚惚的。年近八十,余先生的身体算是不错的,但我们还是担心他和夫人走山路吃不消,更担心他不小心滑倒。我总是在他身边扶着他,但是有时小路只能一人独行,无法并排,我就只能在他前面或后面小心翼翼地看着他。当地百姓准备了两架滑竿,请余光中夫妇坐上去抬着走,范女士坐了上去,余光中却坚持要步行,我以为他害怕抬的人脚滑会把他摔下去,上前恳请,余光中解释说,我是以朝圣的心情回故乡的,我要一步一步走上去。我才明白他的坚持,也想起他散文中的一段话:"游历了大半个世界,有时坐火车,有时搭飞机,有时自己开车,走过多少名山大川著名都市,但我在四川的青石板上一步一步走过的路才是最亲切的。"

后来,余光中在文章里仔细描写了他此时的澎湃心潮:

　　时光的迷雾岂能一拨就开? 苏武回头不过十九年,陆游再遇也仅四十年,而过了六十载呢,岂能奢求母校与故居依旧,痴痴地等一个少年回家? 旧址是找到了,但是屋舍已经拆了改建,连老树也未能逃过斧锯。所幸长寿的人还留下一些,犹可见证我劫后归来的幼稚前身。

　　……浓绿的树荫下,石阶宽阔,顺着坡势斜落向江边。连日秋雨,阶石和草坡还没有收干,泥味和水汽沉瀣一体,唤醒记忆深处蠢蠢的嗅觉。青苔满布在石砌的短栏上,阴郁一如当年。最难忘的是坡底滔滔的江水，一路迂回从秦中流来，到此江阔水盛，已成下游，流势却仍湍急，与我少年的脉搏呼应……

终于大家让我独自面对江水，冥想过去悠悠的岁月。那时，我的父亲和母亲不但健在，甚至年轻。那时，我有许多小同学、小玩伴，食则同桌，睡则连床，上课时坐在同一条长板凳上，六十年后我还能说出十几个人的名字，甚至绰号。江水静静地流着，在我面前闪闪逝去的，是水光呢还是时光呢？对岸的山色在眼前还是在梦里？水平线上是一排密实方正的巨岩，有三层楼高，更上面迤逦不断的是竹林连着竹林，翠影疏处掩映着灰瓦人家。河太阔了，听不出有无狗叫。一切浑茫的记忆，顿时对准了焦点。那时夜里，间歇的是犬吠，不断的是江声……

到了镇上，同学前来迎接，大家七嘴八舌，忘情忆旧，返老还童般地重聚，引来满街的镇民围观，余光中拥着女同学朱伯清的肩头，回头用川话向观众嚷道："你们晓不晓得，六十年前她还是美女！"大家一阵哄笑，又簇拥到一家茶馆里去坐定。十个初中同学，加起来近八百岁了，围住四方的木桌，用传统的盖碗冲浓郁的沱茶，气氛非常怀古。余光中浸沉在久别乍聚的喜悦之中，往事一幕半景，交叠杂错，忽明忽灭，欲显又隐，匆促间很难理清头绪。他想，十个初中同学如果悠然久坐树下，对着茶香袅袅，水田汪汪，追述共同度过的少年，相信回溯时光之旅，定能深入上游，更加尽兴。但是村民围观，儿童嬉笑，加上数码相机眨眨又闪闪，兴奋而混乱的重逢，忽然又要分手了。尤其是远来的同学，还得赶回家去，于是就在当年共数朝夕的旧地，再度分手。此生再聚，就算蜀道不难，世道不乱，但高龄如此，海峡如彼，恐怕是渺乎其茫了吧？

六十年前的房子早已被拆毁，居住地边上的几棵大银杏树和黄桷树也被砍掉了，但是老同学们指指点点，还依稀可以想见旧时风貌。童年玩伴年近古稀，挽着余光中的手，并肩而行，说道："我还记得你，你当时不是一个嫌贫爱富之人。"余光中说："我也不是富人，我是一个小难民，我记得当时叫我们下江人，就是脚底下的人。"乡亲都很感慨，说，悦来场的风水很好，出了大作家。余光中用地道的乡音说："回到这里，想到古诗'少小离家老大回,乡音无改鬓毛衰',你们看我真的是鬓毛衰了,但是我的乡音未改,今天这一屋子的人,除了几位老同学,是我来得最早,我来这里你们还没有来呢!今天你们叫我余老先生,我当时在这里还是小朋友,捉青蛙、挖地瓜什么事情都做。我来这里是来凭吊少年时代的记忆,也是和母亲共同生活过的记忆。当时点桐油灯,母亲灯下为我扎鞋底,我灯下吟诵古诗。"

悦来镇镇长请赐墨宝,余光中一笔一笔郑重写下:

> 六十年的岁月走遍了天涯海角,无论路有多长,嘉陵永恒的江声,终于唤我回到记忆起点的悦来场。

余光中对我说,这一场的盛情、真情,够我用几年几月,够解我六十年乡愁而有余。

认识余光中多年,更多见到的是他严谨中的幽默,少见到他如此兴奋,午餐喝得满脸通红,他拿着当地自酿的米酒,一桌挨一桌地去敬酒,一一打听老同学的近况,和他们拥抱合影,留下他们的地址,答应回去一定把新书寄给他们。

再度上车,去凭吊最后一站——朱家祠堂,余光中少年时的旧居。

祠堂独踞嘉陵江边一座小山丘顶上,俯瞰一里外江水滔滔,从坡底的沙洲浩荡过境,气势雄豪。当年,余超英老先生在重庆上班,机关疏散下乡,母亲就带余光中住在祠堂的最后一进。宽大的四合院子,两侧的厢房都有二楼,住了余超英好几家同事,鸡犬相闻,颇不寂寞。一住就是七年。那是余光中第一次和一大群小朋友朝夕嬉戏在一座大杂院里,大门的门槛一尺高,跨进去时大家都还是小把戏,再跨来离别它时,已经变成大孩子了。

从所住祠堂走路去寄宿的青年会中学,大约有十里路,大半是爬坡。先是小径蟠蜿,一路下到江边。然后沿着平岸,逍遥踏沙而行。一时江声盈耳,波光迎目,悦来场远远在望,不久就俯临坡顶,于是拾级上阶,穿过牌坊,走出镇口,再爬五里坡道,就看见校前的水田了。

就这么,从十二岁到十八岁,一个江南的孩子在巴山蜀水里从容长

大,吸巴山的地气,听蜀水的涛声,被大盆地的风云雨露所鼓舞、滋润。那七年中,余光中慢慢地成长,他文章里这样写:

> 像一株橘树,与四季同其节奏,步履不出江北县的范围。四围山色围我在蕊心,一层又一层的青翠剥之不尽,但我并不觉得是被囚,因为嘉陵江日夜在过境,提醒我,上游的涓滴是秦山派来,下游的洪流是追汇长江,应召赴海。总有一天战争要结束,我也要乘此江水,顺流东下,甚至到海,甚至出洋。世界在外面,在下面等着你呢,嘉陵江说。

> 所以那几年我一点也不感寂寞。嘉陵江永远在过境,却永远过不完。他什么也没说,可是我听到了许多。尤其在夜里,万籁俱寂,深沉的他的男低音,就从山下一直传到我耳畔,摇撼我敬畏的心神。他的喉音流入我血管,鼓动我诗的脉搏。

> 从前那少年在那山国的盆地,曾渴望有一天能走出山来。但出川愈久,离川愈远,他要回川的思念就愈强。他要回来再看那沛然的江流,再听那无尽的江声,因为那江水可以见证,那是他和母亲最亲近的岁月。日后他写的《乡愁》一诗"小时候/乡愁是一枚小小的邮票/我在这头/母亲在那头",正是当初他寄宿在学校,怀念母亲在朱氏宗祠的心情。

在一座村舍的前院车停了下来,我们终于到了朱家祠堂的故址。四顾只见三五瓦屋,灰瓦层叠如浪,一直斜覆到屋檐上,悬着瓦当。一行行的瓦漕,低调的暗淡之中有怀古的温馨。粗糙的墙壁用杂石和红土砌成,梁木从屋内伸出,架着晾衣的竹竿。这是萧利权的住家,三代同堂。

近邻闻讯而至,都挤来我们面前欢迎远客,听到余光中夫妻流利的川话,数说当年的琐细经历,村人更感亲切。余光中对大家嚷道:"我哪用你们欢迎呢,你们根本还没有出世,我早就来悦来场了。我欢迎你们还差不多!"

大家哄笑起来,更围得拢些。看得出,一张张笑得尽兴的面孔,对余光中地道的重庆话十分惊喜,对他感念四川不远千里来探望也很领情。

"你的爸爸叫余超英,你妈妈人很好。"老邻居萧利权的眼睛牵动着鱼尾皱纹,满含笑意,余光中没有准备会有这么一句,惊讶加上感动,一时无从接嘴。

"余先生也待我很好,"萧利权又对余夫人说,"我是附近人家的小孩,常来祠堂张望。看见下江人的小孩玩在一起,家境比较好,文化水平比较高,非常羡慕。余先生那时是小孩头,领着大家一起耍,对我们并不见外,总是让我参加。"

"那时我们从下江来,你们还叫我们'脚底下的人'呢!"余夫人笑道,"都是小鬼头啦,一耍就熟了,谁还分什么下江、上江啊。你看余先生跟我,一直到现在,这么老了,夫妻之间还讲四川话!"

余夫人仰望灰沉沉的屋顶,直赞檐际云纹的瓦当古色斑斓,令人怀旧。我领会余夫人的喜好,也知道余光中对老屋的深情,就建议村人拿下一块相赠,余光中接过瓦片,流出泪来,要夫人收了下来。

后来瓦片带过了海来,置于余家客厅的柜顶。余光中在《片瓦渡海》中写道:"苔霉隐隐,似乎还带着嘉陵江边的雨气。毕竟,逝去的童年依依,还留下美丽的物证。"

离开朱家祠堂时,余光中在山顶的路头停下,此路盘盘出谷,绕过邻丘,没于坡后。更远处水光明媚,便是嘉陵江了。

此刻余光中站的地方,正是六十多年前母亲常站的山头。星期天的下午,余光中拎起布包动身回校,母亲照例送他跨出祠堂的高槛,越过黄葛树荫的土坪,然后就站在这坡径的起头,望着他孤独的背影渐远渐低,随山转折,时隐时现,终于被远坡遮没。就在坡回路转之际,余光中总会回头仰望,只见母亲的身影孤立在山顶,衬着云天,余光中依依向她挥手,她也立刻挥手回应。母子连心,这一刻永烙不磨。余光中转过身去赶路,背心还留着母爱眼神的余温。余光中在文章里回忆:"我走到远处回头看她,独立天外,宛如一块'望子石',最后我们离川,也是从这石板路下山去的。"

离别前一天,举办了余光中诗歌朗诵会,朗诵者用川语朗诵了余光中写四川的许多诗歌,其中有《扬子江船夫曲》,当朗诵者读到那川江号子时,下面的听众就用乡音齐声应和,"嗨哟,嗨哟"的号子在礼堂里此起彼伏，回荡不息。

悦来场的景物和人情，早在余光中重回之前就于心中和笔下不时涌出。

在余光中的散文中，有五十年前朱家祠堂清晰的印象——"整座瓦屋盖在嘉陵江东岸连绵丘陵的一个山顶，俯视江水从万山丛中滚滚南来，上游辞陕甘，穿剑阁，虽然千回百转，不得畅流，但一到合川，果然汇合众川浩荡而下，到了朱家祠堂俯瞰的山脚，一大段河身尽在眼底，流势壮阔可观。那滔滔的水声日夜不停，在空山的深夜尤其动听。遇到雨后水涨，浊浪汹汹，江面就更奔放，像急于去投奔长江的母怀"。

这江声，在余光中的诗中成为常见的意象，如《白玉苦瓜》诗集中的《大江东去》：

> 恰似母亲的手指，孩时
> 呵痒轻轻，那样的触觉
> 大江东去，千唇千靥是母亲
> 舔，我轻轻，吻，我轻轻
> 亲亲，我赤裸之身
> ……
> 滚不尽的水声
> 胜者败败者胜高低同样是浪潮
> 浮亦永恒沉亦永恒
> 顺是永恒逆是永恒
> 俯泳仰泳都必须追随
> 大江东去，枕下终夜是江声
> 侧左，滔滔在左耳
> 侧右，滔滔在右颊
> 侧侧转转
> 挥刀不断
> 失眠的人头枕三峡
> 一夜轰轰听大江东去

在散文中,有他孺慕一生的母校青年会中学的风光——"校园在悦来场的东南,附近地势平旷。大门朝西,对着嘉陵江的方向,门前水光映天,是大片的稻田。农忙季节,村人弯腰插秧,曼声忘情地唱起歌谣,此呼彼应,十分热闹。阴雨天远处会传来布谷咕咕,时起时歇,那喉音柔婉,低沉而带诱惑,令人分心,像情人在远方轻喊着谁"。

春天的稻田,插秧的歌谣,布谷声和春雨声的交织……也每每是余光中诗文的乡愁画面:

> 他永远记得那山国高高的春天。嘉陵江在千嶂万嶂里寻路向南,好听的水声日夜流着,吵得好静好好听,像在说:"我好忙,扬子江在山那边等我,猿鸟在三峡,风帆在武昌,运橘柑的船在洞庭,等我,海在远方。"春天来时总那样冒失而猛烈,使人大吃一惊。怎么一下子田里喷出那许多菜花,黄得好放肆,香得好恼人,满田的蜂蝶忙得像加班。邻村的野狗成群结队跑来追求他们的阿花,害得又羞又气的大人挥舞扫帚去打散它们。细雨霏霏的日子,雨气幻成白雾,从林木蓊郁的谷中冉冉蒸起。杜鹃的啼声里有凉凉的湿意,一声比一声急,连少年的心都给它拧得紧紧的好难受。

余光中也常常要怀念"山国里,那些曾经用川语摆龙门阵甚至吵架的故人",在新大陆校园,"他用单筒的记忆,回顾小时候的那些暑假,当夏季懒洋洋地长着,肥硕而迟钝如一只南瓜,而他,悠闲如一只蝉。那些椰荫下的,槐荫下的,黄桷树荫下的暑假。读童话,读神话,读天方夜谭的暑假……那时,他有许多'重要'的同学,上课同桌,睡觉同床,记过时,同一张布告,诅咒时,以彼此的母亲为对象",这些故人中年纪最小的一位应该是罗二娃子。有《罗二娃子》一诗为证,此诗写于一九七二年,是中年人的童年记忆,下面节选几段:

> 罗二娃子他家就在牛角溪的对岸
> 那年夏天涨大水,断了木桥
> 我跟罗二娃子

　　只好隔水大喊

　　……

　　罗二娃子喊,他家的花娘娘

　　上星期生了一窝小狗

　　我喊,我那只宝贝蟋蟀死了

　　什么时候你再帮我捉一只?

　　"水一退我就过来!

　　我送你一只小花狗!"

　　……

　　"再见! 再见!"

　　罗二娃子一阵子挥手

　　就变成夜的一部分了

　　后来再没有见到罗二娃子

　　我跟家里就离开了四川

　　童年,就锁进那盆地里

　　在最生动最强烈的梦里,现在

　　仍然看见他,罗二娃子

　　浮浮沉沉向我游来,挥动双臂

　　诗中不见技巧和丽辞,只有一片不可抑制的真情。

　　故人中还有可敬的老师和可爱的同学,教国文的陈梦佳先生、戴伯琼先生和教英文的孙良骥先生,学长袁可嘉……最亲密的是同学吴显恕。吴显恕是当地富家子弟,但并无纨绔恶习。常常从家里搬出藏书,与余光中共赏。课余他们总是一起坐在台阶上读小说和曲词。余光中记得,吴显恕带来一本厚重的《英汉大辞典》,让余光中大开眼界,余光中回忆:"我当众考问班上的几位高材生:'英文最长的字是什么?'大家搜尽枯肠,有人大叫一声说:'有了,extraterritoriality!'我慢吞吞摇了摇头说:'不对,是 floccinaucinihilipilification!'说罢便摊开那本《英汉大辞典》,郑重指证。从此我挟洋自重,无事端端会把那部番邦秘笈夹在腋下,施施然走过校园,幻觉自己的博学颇有分量。"

　　显然,少年余光中已颇有几分川人的诙谐,吴显恕那种川人特有的幽默诙谐或多或少地影响了余光中。事隔五十年,余光中仍然清晰地记得,他"说的四川俚语最逗我发噱。在隆重而无趣的场合,例如纪念周会上,那么肃静无声,他会侧向我耳边幽幽传来一句戏言,戳破台上大言炎炎的谬处,令我要努力咬唇忍笑"。

　　多年后,余光中对付无趣的会议仍然是幽他一默,不过,手法却余出于吴而胜于吴了,他在《开你的大头会》中夫子自道:"其实会场内的枯坐久撑,也不是全然不可排遣的。万物静观,皆成妙趣,观人若能入妙,更饶奇趣。我终于发现,那位主席对自己的袖子有一种,应该是不自觉的,紧张心结,总觉得那袖口妨碍了他,所以每隔十分钟左右,会忍不住突兀地把双臂朝前猛一伸直,使手腕暂解长袖之束。那动作突发突收,敢说同事们都视而不见。我把这独得之秘传授给一位近邻,两人便兴奋地等待,看究竟几分钟会再发作一次。那近邻观出了瘾来,精神陡增……不久,我又发现,主席左边的主管也有个怪招。他一定是对自己的领子有什么不满,想必是妨碍了他的自由,所以,每隔一阵子,总情不自禁要突抽颈筋,迅转下巴,来一个'推畸'(twitch)或'推死他'(twist),把衣领调整一下。"

　　这个时期的生活,对余光中的心理与性格影响深远。余光中虽然有过一个同父异母的哥哥,但他在余光中童年时就过世了。余光中儿时更多地处于独子的生活环境,大家族的规矩,长辈期待殷殷的督责,使他内倾而拘谨;是逃难的经历促使他早早地睁眼看世界,青年会中学的寄宿生活,锻炼了他的生存能力,避免了"多空文而少实用"的儒者之病;亲切的师长和同窗,增强了他的集体归属感。总之,朴素严酷又不失温馨闲逸的少年时代,饶具田园风味的乡居生活,使他的心理开朗健康,得以在以后长长的岁月中,抵挡欧风美雨的侵袭,现代都市的冷漠。

　　我们把余光中和同时代的作家白先勇、张爱玲略加比较,就能够更明显地看清这一点。他们三人同为文学名家,同样出身外文系,出入古今,学贯中西,出手不凡,享誉当代华文文坛。不同的是,由于贵族的背景,白先勇和张爱玲的作品潜伏着更多的忧郁、压抑和阴冷,他们两人酷嗜《红楼梦》——"悲凉之雾,遍布华林",并不是偶然的;而余光中则自民间的刚健朴实出发，一直持有阳刚之气，经过短暂的迷惘与失望后，破茧而出，创作转为乐天、达观和明朗。这种不同的色调可以在三位作家少年时期的生活中略见端倪。

少年余光中，长在大自然中，长在亲人的呵护和督促、师友的关爱与友情里。白先勇和张爱玲则截然不同，他们都在都市中的公馆里度过了他们的少年时期，生活是优裕的，色彩却并不那么明亮。除了家人和佣人，他们极少有机会与外界沟通。这样的生活环境养成他们精致纤巧的趣味，使他们后来能在小说中提供有关公馆内外陈设、服饰、宴游等等的大量细节。然而，这些细节总是透露出悲悼和无可挽回的没落……同样的是，他们两人少年时期的心境是悲凉的，张爱玲先是因为父母的婚变，后来是父亲的羁押和痢疾；白先勇则从八岁到十二岁，因肺病缠身，与人隔绝……孤独与寂寞将本已敏感的心灵琢磨得愈加纤细，他们同样早熟，早早具有同龄人不具备的敏感和内省，还有在无常人生突发祸患中沉淀的莫名悲哀，整整一生挥之不去！

而余光中一辈子都以他的乡土情结为荣。一九七二年，他在《现代诗怎么变》一文说："相对于'洋腔洋调'，我宁取'土头土脑'。此地所谓'土'，是指中国感，不是秀逸高雅的古典中国感，而是实实在在纯纯真真甚至带点稚拙的民间中国感……不装腔作势，不卖弄技巧，不遁世自高，不滥用典故，不效颦西人和古人，不依赖文学的权威。不怕牛粪和毛毛虫，更不愿用什么诗人的高贵感来镇压一般读者，这些，都是'土'的品质。要土，索性就土到底。拿一把外国尺来量中国泥土的时代，已经是过去了。"

一九七二年，著名的《中国现代小说史》的作者，哥伦比亚大学的夏志清教授以"怀国与乡愁"概括余光中的诗歌创作。我认为，其怀其愁，当上溯嘉陵江边的小镇悦来场。悦来场不但培养了余光中深远且激扬的民族节操，也滋养了他淳朴而深厚的乡土情怀。艾略特认为，一个人以往的经验形成他生命的一部分，这种经验往往和他目前正在接受的经验混合迭现。在余光中穿三峡顺流而下的生命长河中，巴山蜀水川人总是挥之不去——抽刀断水水更流，他时时咀嚼着它们，反复地体验着它们，它们伴随着他的生命成长，也将伴随着他的诗文流传。

　　明乎此,我们就能更加清晰地透视余光中——他是时代之子,刚烈且多情:刚烈,出于多难与抗争;多情,因为感恩和包容。他是行吟的诗人,长江上下,海峡西东,长城内外……新大陆他蹒过三十多个州,五大洲他走过四十几个国;他也是乡土的歌手,出自闽南江南,长在悦来场,是闽南土著金陵子弟川娃儿,后来又成为台北街坊、香港山人、高雄西子湾永久居民。他是一个扎根乡土大地有血有肉的中国人。

　　美国小说家福克纳在西点军校演讲时说,爱国无补于文学。这句话一度被广泛引用。家国情怀乡土情结当然是一个大作家的出发点和支撑力,作家身处其中的生长环境是作家不可挣脱的风格,福克纳这话不无片面。但是,爱国也确实不等于文学,伟大的爱国者不等于伟大的文学家,福克纳的话值得注意。

　　因此,在论述了余光中的家国情怀乡土情结之后,我们应该着力于探究他悦来场时期美感机制的雏形。然后,将上述二者结合起来,从中寻找他艺术个性的元素、基因和胚芽。因为,一个诗人的艺术观念、语言特征、意境创造、视角选择、象征运用、节奏安排无不和他早期文学胚芽息息相通,是其早期文学基因的生长、发育和外显。

　　这就不能不对余光中悦来场时期的“艺术教育”做一番回顾和梳理。

　　按照现代心理学的划分,十二岁以前是儿童期,十二至十五岁是少年期,十五至十八岁为青年初期。十岁入川,十七岁出川,余光中正是在四川跨越了儿童期、少年期进入青年阶段。这个时期,正是艺术教育的最佳时期。余光中此时接受了哪些启蒙呢?

　　大自然的洗礼,是少年余光中的必修课。

　　巴山蜀水,江山多娇,余光中爱江,已如上所述;余光中爱山,他一生见山就攀,登临之余,赋为华章。他在《山缘》中说,一生最重要的山缘有三次,四川为首,另两次是丹佛与沙田。他离开四川多年后还记得:“四川的山缘回响着水声,增添了袅袅的情韵。”

　　除了山水,还有和大自然相亲的乡村娃子想得到的各种游戏,比如,放风筝，捉蟋蟀，养小狗，用石片漂水花，①趴在树上，做"树栖族"；风雨之后，到高大的银杏树下，"争捡半圆不扁的美丽白果，好在晚自修时放到桐油灯上去烧烤"……

不单清风明月不用一钱买，而且美食自天而降——中国人"天人合一"的自然观审美观就是这般潜移默化植入少年余光中的心田，他一生亲近山水，喜好自然，不是来自潮流和理念，实在是性之所近，得自少年已沦肌浃髓的应和自然的美感。

国文和英文的启蒙，是少年余光中的基础课。

余光中回忆自己的国文启蒙时说："我的幸运在于中学时代是在纯朴的乡间度过，而家庭背景和学校教育也宜于学习中文。"这适宜学习中文的环境，一是上面说的四川深厚的人文风气；二是功课适度，压力不大，更主要还因为有良师益友。益友便是吴显恕等同学了，良师是戴伯琼先生，一位前清的拔贡；课外研修则由父母和二舅父孙有孚的指导。他们共同采用的教学方法是讲解之余哦哦吟诵。余光中至今依然记得他们各不相同的神情风貌——戴老夫子"摇头晃脑，用川腔吟诵，有金石声"；"父亲诵的是闽南腔，母亲吟的是常州腔"；二舅父"近于吴侬软语，纤秀中透出儒雅"。

古典的情操从乡音的深处召唤少年余光中，每天晚上，余光中都是就着昏黄而摇曳的桐油灯光，一遍又一遍地习诵着诗文。有时低回，有时高亢。在反复吟咏、潜心体悟中，余光中触摸到了我们民族历代志士仁人的铿锵生命，进入了我们民族博大宏伟的精神世界中。余光中认为，他日后诗文中展现出来的儒雅、刚健、坚韧和静观，正以此时的桐油灯下夜读为基石。

少年余光中的中文教育大致为三部分：

一是古典散文。为师长传授，大多数是以知性为主的议论文（余光中从中了解了古典文化和民族精神，同时提高了思考能力与论辩能力，使他不仅多情，而且多智），后来长辈也在余光中的要求下教一些美文，

---

① 余光中写过"对于他，童年的定义是风筝加上舅舅加上狗和蟋蟀"；漂水花，更为余光中视为独家功夫，传于好友及门生，有分别写于一九八四年和一九八八年的两首《漂水花》为证。

如《阿房宫赋》《赤壁赋》《滕王阁序》……

二是古典诗词。老师和长辈未刻意向他灌输。只是他"性之相近，习以为常，可谓无师自通。当然起初也不是真通，只是感性上觉得美……从初中起就喜欢唐诗，到了高中更兼好五代与宋之词"。

三是旧小说。当时四川的中学生流行的课外读物有三类：一为古典文学，主要是旧小说。一为翻译小说，以帝俄小说为主。一为新文学，主要是三十年代白话小说。由于已经从古典诗文的吟诵中培养起对纯正中文的语感，少年余光中对后两类并不太热衷，那翻译小说，因为缺乏"封建文言文"的润滑，生硬得让他读后牙碎舌僵；而大多数新文学又语言贫乏，或激烈呼喊，或滥情做作，无法满足少年渴求的美感。余光中读了许多古代小说，《三国演义》《水浒传》《西游记》《聊斋志异》《封神演义》《七侠五义》《包公案》《西厢记》等。

少年余光中也打下了坚实的英文底子。早在上海法租界避难那半年，余光中插班读小学四年级，就开始读英语了。当时，为了赶上上海学校的英文教学进度，母亲总是先在家中教他；不知是感恩于母亲的苦心，还是忧患之中的发奋图强，余光中对英文学得非常认真。此时，又有幸遇见一位博学而且认真的英语教师——毕业于金陵大学外文系的孙良骥先生，他在青年会中学教了余光中六年，少年余光中"从发音、文法到修辞，受益良多"。到了高二，余光中已经能够自己阅读兰姆的《莎氏乐府本事》这样的英文原著了。

余光中喜欢吟诵："几乎，每天我都要朗读一小时英文作品，顺着悠扬的节奏体会其中的情操与意境……"

And up and down the people go
Gazing where the lilies blow...

他从吟诵中立刻直觉这首丁尼生的诗是好诗。

对中国古诗的长期吟咏，更发展出余光中独有的方式——"曼吟回唱，一波三折，余韵不绝，跟长辈比较单调的诵法全然相异"。古诗的吟诵，成为余光中与古人乃至古典文化的沟通方式，多年来，每逢独处寂寰,或是高速长途独自驾车,或是异国落单的风朝雪夜,他总是纵情朗吟,"顿觉太白、东坡就在肘边,一股豪气上通唐宋"。古诗吟诵,成为余光中解忧的最佳方法。古诗吟诵,也是余光中教学和演讲时的感性教育,不论当众吟诵的是英诗还是中国古诗,总是"吟声一断,掌声立起,从无例外"。

观天象和绘地图,是少年余光中的艺术自修课,或者说是他自己觅得的高级娱乐。

也许是旧小说中高人的影响,也许是少年都有的遥远而神奇的幻想,余光中喜欢夜观天象。乡间夏夜,繁星闪烁,余光中总要痴痴地看上半天;好穷根究底的他不满足于凭空浮想,在闹书荒的乡间,好不容易借到一本《天文学入门》,便用了几个晚上,在摇曳的桐油灯下把它全部抄录。这天文学的小册子,说的是与地球相距不知多少光年的事,却并不严肃呆板,表现出人类童年期丰富而无羁的想象力,让少年余光中读得如醉如痴。

天文学这一爱好,到余光中大学时代已臻专精——在《老人和大海》一书的"译者序"中,余光中指出,海明威这部经典之作里,有天文学的错误。小说中写老人在九月的上半夜望见莱吉尔这颗星,莱吉尔中文名叫参宿七,它不可能出现在美国九月的夜空。海明威这一硬伤,撞开了余光中天文知识的闸门,一时忘了写的是译序,旁征博引,滔滔不绝,引证的不仅有坚实的天文学知识,还有美国诗人弗罗斯特和小说家华顿作品中的北美冬天夜空的描写。

天文学的爱好和余光中的文学生涯融为一体,齐头并进。六十年代,他发表组诗《天狼星》,在组诗的发端,有一篇类似缘起的短文——《天狼星的户籍》,详尽地列举了和天狼星有关的各种天文学资料,可以看出,爱好天文学正是余光中这气势恢宏的组诗不可或缺的创作触媒。与此同时,余光中还发表《诗人与天文》一文,这是一篇浓缩的诗歌天文关系史,文中历历列举十余位古今中外诗人,一一指陈其天文学嗜好及诗作中的天象和星光。八十年代中期,他写《何以解忧》称吟诗、翻译、天文癖、旅游是自己驱烦解忧的最佳良方。他告诉我们,太阳系在宇宙中,不但是寒门小族,而且是居无定所的游牧民族,而我们世世代代扎根的地球老家,不过是漂泊太空的蕞尔浪子。神游天外,了解天文,略窥宇宙之大,转笑此身之小,蝇头蚁足的些微得失,会变得毫无意义;仰观星空之大,总令人心胸旷达。

几十年来,余光中诗歌中吟星啸月观天咏日之作源源不绝,如诗歌《木星冲》《飞行的向日葵》,特别值得注意的是一九八五年写的长诗《欢呼哈雷》。余光中的天文学嗜好终生不逾。现今在高雄,因为大气污染,清澈星空难得一见,偶尔突然发现夜空中的木星或火星,余光中便会兴奋地打电话叫友人观看。

绘地图,是余光中的独家功夫。中学时代,他"最美丽最宝贵的家当"是一本世界地图册。周末,他总在嘉陵江边,坐一方白净的冷石,与喧嚣而又寂寞的江水声为伴,展图神游——如鸥巡着水的世界,云游着鹰瞰着大地……在这样的时刻,他有一种君临,甚至神临一切的快感。

幼时余光中就有绘画天分,后来他能写出那么多中肯的画评并非偶然。在他后期的游记中,他偶尔还会素描几笔,让出版社配作插图。早在中学时代,余光中的画才就派上用场了,他画了许许多多地图,他所知道和熟记的竟然超过地理老师。当女同学央求他代做地理作业时,他从不拒绝,就像名作家不拒绝为读者签名。只是他每每如造物主一般要再造世界,比如青海的一个湖泊被他的神力朝北推移了一百公里,辽宁的海岸线在大连附近凭空添上一个港湾……作业交上去连老师也没发现,这更增加了他的快感。

他最喜欢画外国地图,"国界最纷繁海岸最弯曲的欧洲,他百览不厌。多湖的芬兰,多岛的希腊,多雪多峰的瑞士,多花多牛多运河的荷兰,这些他全喜欢。但最使他沉迷的,是意大利,因为它优雅的海岸线和音乐一样的地名,因为威尼斯和罗马,恺撒和朱丽叶,那坡利,莫西拿,萨地尼亚"。一有空他就端详地图,他的心境,是企慕,是向往,是对于一种不可名状的新经验的追求。那种向往之情是纯粹的,为向往而向往。

在地图上神游并非少年的游戏,而是许多智者的高级娱乐。中国古代诗文中早就有"逍遥游""卧游""神游八极"的佳话。外国哲人也不乏同好,如当代智利诗人聂鲁达就乐此不疲。他是外交家、社会活动家,时常可到四处旅游,他也是不可救药的地图迷。在生活自述中他描绘了自己神游地图的乐趣——坐在树下,身边卧着爱犬,抽着烟斗,就可以在摊开的地图上待个半天。

　　神游乃至亲手绘制地图，显示出余光中的早熟。他的回忆中有这么一个故事：初三那年，校园里来了个卖旧书刊的小贩，同学们围上前去，"有的买《聊斋志异》《七侠五义》《包公案》或是当时颇为流行的《婉容词》。喜欢新文学的掏钱买什么《蚀》《子夜》《激流》之类，或是中译本的帝俄小说"。和同学不一样，余光中并不买书，他用微薄的零用钱买了一张旧的土耳其地图。他"直觉那是智慧的符号、美的密码，大千世界的高额支票，只要他够努力，有一天他必能破符解码，把那张远期支票兑现成壮丽的山川城镇"。

　　绘地图的喜好，伴随了余光中的一生。一九九五年，在为湖南作家李元洛散文集作序时，因"书中游记多篇，其名胜古迹之地理方位，在一般地图上不易逐一指认"，余光中特别手绘一幅与之相关的地图置于书中。序之意犹未尽，绘图锦上添花，如此"节外生枝"，却是别开生面。

　　悦来场的艺术教育，课内的与课外的，必修的或自选的，奠定了余光中宽广而坚实的知识结构和丰富多样的美感结构。

　　他的知识结构包括这几方面：一、出类拔萃的中英文运用能力。高一那年，余光中参加全校语文竞赛，一举夺得英文作文第一名，中文作文第二名，英文演讲第三名。二、古今中外雅俗兼备的文学知识。三、天文和地理。四、自然风光及风土人情。他的美感结构也不偏枯，涵盖了自然美（对山水万物的由衷喜好）、社会美（家国激情、集体之乐和亲情温馨）和艺术美（如乐的吟诵节奏、如梦的地图神游、如画的方块文字）。

　　悦来场的余光中也已形成独特的个性。它早熟而又充满童趣。早熟表现在他由于自童年起的漂泊阅历，对社会、对人生已经有了相当的认识。同时，也表现在他对师长有超出同龄人的服从和敬重，他能静下心来听父母、舅舅和老夫子般的师长传授古典议论文；他从不给老师取绰号，同学背后将秃顶的孙老师叫"孙光头"，他从不附和，即使在背后也不这样称呼；对他敬畏的老师如此，对他不甚佩服的老师也一样，比如地理老师，虽然自己在地理方面已经超过老师，但也不愿在地理课上给老师难堪。早熟也表现在他对一些抽象的知识的喜好，如阅读辞典，钻研英文的语法、修辞；抄录《天文学入门》；智者般地神游地图……童心则表现在他是合群的,能与同学分享零食和课外书,能与同学一起嬉戏逗乐,自己虽然不能成为球队的队员,但也会兴高采烈地前去当一名啦啦队员。

它是感性和知性的交会。少年余光中想象力丰富,感知力旺盛。他视数理为畏途,成绩不佳,考试时找同学帮忙,这点和许多后来成为艺术家的少年并无二致,无须赘述。值得注意的是,少年余光中的知性要求也很强烈,他总想对具象寻根究底,他总在感受时思考,在感受之余还要寻找相关的知识来使感受更加清晰丰盈饱满——感受了满天星空的灿烂便要千方百计借来《天文学入门》,连夜抄录;读了《三国演义》就想在地图上把赤壁之战考察一番……

此时,余光中已自许要成为一个诗人,虽然并不能预见到作为诗人的曲折和艰辛,但能够"隐隐然觉得自己会成为诗人"。他开始作诗。一般的论者认为,余光中是在抗战后回到南京时才开始作诗的。但根据余光中写于一九六六年的《六千个日子》一文,他开始作诗是在一九四三年,在四川的悦来场。这篇重要的总结个人创作生涯的文章这样说:"开始写所谓的'新诗',已经是二十三年前的事了。当时我正在读高中,一面也试着写一点所谓'旧诗'。当然,两种试作都是不成熟的,因为那时我根本没有自己的'诗观',只感觉有一股要写的冲动罢了。"

然而,就是在这种时时莫名袭来的冲动中,可以看到他个性中已经十分突出的艺术素质,这种素质体现在这几种能力上:

观察感受能力。独特的观察感受能力是作家的基本功力。作家的观察力越强,越善于识别、保存、再现他的独特印象,他的形象创造能力就会更加突出。黑格尔指出:"艺术的创造首先要求一种掌握现实及其形象的禀赋和敏感,这种禀赋和敏感通过时时开放的听觉和视觉,把现实世界丰富多彩的图形印入心灵。"(《美学》第一卷)

从余光中的作品中,我们可以发现他对少年生活场景栩栩如生的描绘,既有对山水的描绘,也有对人物的刻画,如孙老师、戴老夫子甚至几笔勾勒而出的地理老师(地理老师"绰号叫'中东路、昂昂溪',背着学生在黑板上偶尔画一幅地图要说明什么,就会回过头来匆匆扫我一眼,看我有什么反应。同学们就会忍不住笑出声来")。他的观察感受细致而且广泛。但也可以看出,他的观察更多地偏向自然景物,他对自然景物的观察和记忆，比起他的人物观察，更多也更加细腻。这或许也是他后来成为诗人而试做小说没有成功的原因之一吧。

体验感悟能力。法国作家乔治·桑在她的《印象与回忆》里说："我有时逃开自我，俨然变成一棵植物，我觉得我是草，是飞鸟，是树顶，是云，是流水，是天地相接的那一条横线，我觉得自己是这种颜色或那种形体，瞬息万变，来去无碍。我时而走，时而飞，时而潜，时而吸露。我向着太阳开花，栖在叶背安眠。天鹅飞翔时我也飞翔，蜥蜴跳跃时我也跳跃，萤火和星光闪耀时我也闪耀。总而言之，我所栖息的天地仿佛全是由我自己伸张出来的。"

少年余光中已有凝神结想、体验内心的习惯，他的凝神体验，可以安排在静谧的场地，如秋日下午的嘉陵江边，坐在一方白净的冷石之上；也可以发生在喧闹的所在，如在同学激烈赛球的球场，他爬到树上，"却凝望着另一只大球，那火艳艳西沉的落日，在惜别的霞光与渐浓的暮霭里，颓然坠入乱山深处"。

在这样的凝神结想中，活动着的是一种艺术感觉。它比普通人的一般感觉更加生动、形象、精细、凝练或者给予变形，把人们熟视无睹、司空见惯的感觉加以"热处理"或者"冷处理"。这里我们仍然要以他对地图的观赏为例。地图，对于大多数普通人而言，只是抽象的符号标志，而在余光中的艺术感觉中，却是世界的五官容貌，是人类所在这浑茫大球的象征脸谱。在这里，表现出余光中的感悟能力，它是感受能力和变形能力的结合。如同王国维所说："诗人对于宇宙人生，须入乎其内，又须出乎其外。入乎其内，故有生气；出乎其外，故有高致。"感受是"入"，而变形则是"出"；追求的都是一种"想象之真"。当少年余光中像海鸥一样逡巡着曲折的海岸线，如苍鹰一般俯瞰着寥廓的大地，他其实已经在进行一种创造性的艺术活动了。

少年余光中宽广而包容的知识基础，和谐健康而丰富多样的心理结构和卓越不俗的艺术个性，在在显示着这是一个未来文学大师的艺术胚芽，只要有适合的土壤和气候，它就会长成一棵参天大树；而悦来场，这个现今地图上已难觅的偏僻古镇，也将因此进入并长存于文学史那不可磨灭的版图中，近者悦远者来。

第三章 一口气读了三所大学

金陵大学

厦门：亚热带的生命，

诗、论、译的密集和青涩

臧克家的烙印

台湾大学：

不凡的毕业论文

梁实秋和《舟子的悲歌》

表妹和英诗

他所置身的时代，像别的许多时代一样，是混乱而矛盾的。这是一个旧时代的结尾，也是一个新时代的开端，充满了失望，也抽长着希望，充满了残暴，也有很多温柔，如此逼近，又如此看不清楚。一度，历史本身似乎都有中断的可能。

——《地图》

我写作，是因为感情失去了平衡，心理失去了保障。心安理得的人是幸福的；缪思不必再去照顾他们。我写作，是迫不得已，就像打喷嚏，却凭空喷出了彩霞，又像是咳嗽，不得不咳，索性咳成了音乐。我写作，是为了炼石补天。

——《我为什么要写作》

一九四五年八月,日本天皇宣告无条件投降,中国大地,一片欢腾。一九四六年,余光中和父母告别悦来场,在朝天门码头,登上招商局的轮船,沿江直下。入川八年,九岁孩童长成十七岁的男孩,胜利还乡的喜悦,并不能抵偿离蜀的依依。他想,那许多好同学啊,一出三峡,回到南京,此生恐怕就无缘再见了。

南京,余光中的出生地,儿时的启蒙也在此,他曾就读于崔八巷小学(今南京市秣陵路小学),但因年岁小,对古都的历史文化了解不多。在山岳如狱的四川,他真正懂得了思乡,时常面对地图,眼神如蝶,逡巡于滨海的江南和扬子江尾的石头城。此时,他可以走出地图,实实在在地漫步故都,用一颗富于中国古典文化背景的年轻心灵来细细品味这座古城了。

秦淮河玉带般地舒展蜿蜒,桥头伫立,眼前宛然历史悠悠流淌,幽幽而诉;玄武湖和莫愁湖一左一右,侧耳聆听。走到壁垒森然扼守要冲的中华门或气势宏伟肃穆庄严的中山陵,又是一番不同气象。一个有王气与霸气的城市,一个经历了无数战火和磨难,总是能用它的古典芬芳将血腥气淡化净化的城市,这就是南京——虎踞龙盘帝王国,柔情万种佳丽地。

南京,又仿佛天生一个读书人的聚集之地,盛世修史编大典,乱世奋笔论国是。早在明朝初年,这里就设立了国子监——当时的最高学府,学生最多时超过万人,可以说,南京作为著名的大学城已在世界上存在了六百年;同样历史悠久的是夫子庙,它处于南京城的中心位置,有好几百年,这里曾是无数江南才子人生搏杀的前沿,城中一幕幕极其惨烈的笔墨杀伐纸上征战,比起城下常见的刀枪齐鸣箭石如雨的阵势毫不逊色。

一九四六年夏,余光中从南京青年会中学毕业,又读了一个学期的大学先修班,便去参加大学考试。他填的第一志愿是北京大学外文系。发榜时,果然高中,至今,余光中仍保存着半个世纪前的北京大学新生录取通知书,保存着少年高才生特有的自豪。得知录取消息,余光中极度兴奋,以为自己不久便可以成为梦寐以求的北京大学新鲜人,可以成为朱光潜的学生。朱光潜当时主编《大公报》副刊,他每期必看;朱光潜的

《给青年的十二封信》，他早就读了好几遍，那开阔的眼界，敏锐的美感，中肯的论说，使他深为折服。

　　这时正是一九四七年的夏天，短暂的和平已经过去，中原大地，烽烟又起。富有逃难经验且倾心关注独子成长的母亲认为，北方动荡不宁，不如就近就读于金陵大学外文系。余光中满心遗憾，但还是听从了母亲的话。今天看来，这并不失为一个明智的抉择，因为，我们不能肯定，到了北大，在激烈的社会变革风云席卷下，诗人是否能够潜心于他的英诗中译和新诗创造？在战火延烧到古都之时，他是否来得及与母亲会合南下？

　　金陵大学创建于一九〇九年，一九五〇年并入南京大学，它原来是一所教会学校，学校有浓郁的学习和运用英文的氛围。一进校园，余光中就开始翻译拜伦、雪莱的诗歌，在校刊上发表。和所有十八岁的文学青年一样，他当时也喜欢浪漫的情调，除了耽于浪漫的英诗，他还着手翻译英国戏剧《温波街的巴家》，这是一个关于诗人白朗宁的爱情故事。这个戏剧只翻译了一小半，就因事搁笔。

　　这时，余光中仍然保持了对中国古典诗词的浓烈兴趣，阅读范围更从唐诗扩展到五代及宋词。对于新文学，他也有了更多的关注，他读《围城》，读新月派诗歌，读闻一多、卞之琳和冯至，特别喜欢臧克家的诗歌；他也曾挤在人群中，聆听自北平南下的曹禺和冰心做文学讲演。

　　他开始把自己写得比较满意的诗歌投给当地的报纸，有两首旧体诗在南京的《大华晚报》上发表；在大学一年级，他还写了新诗《沙浮投海》，在南京时还没发表，后来到了厦门才见报。

　　大二读了一个学期，战火又渐渐逼近校园。余超英和上次一样，又是与服务机关先行前往厦门。余超英总是认为，遭逢大难，保全一家之长为先。后来，余光中到香港任教时，留驻厦门街老屋的余超英，临别时也是谆谆告诫范我存，万一有什么事，一定要让余光中先走，你们随后再走。范我存当然很不满意，要走就一起走，为什么分先后？其实，这并非余超英的发明，而可能是中国文人本能的逃难法，例证无须追踪古人。二十年代，林语堂因女师大事件被军阀通缉，他做了一个绳梯，收在阁楼里，以备危急时可以独自跳墙而逃。结果，被林夫人发现，"要走大家一起走,"她大叫道,"我一手抱一个,一手拖一个,怎么跳墙?"

父亲到厦门不久,余光中和母亲再度南下,坐火车往上海。和上次逃难不同的是,余光中可以照顾母亲了。在人满为患的火车上,他一路站到上海,因人流蜂拥而入,无法下车,母子只好跳窗而下。在纷乱的十里洋场盘桓数日,再挤上去厦门的船。

这时,是一九四九年二月。厦门的初春,依然花红草绿。余光中自上海登轮,在海上漂了几日,四顾荡荡心茫然。临近厦门港,忽然看见鹭江那边,鼓浪屿上色彩缤纷错落有致的万国建筑,依着青山傍着绿海,仿佛幼时在神话里感受到的海上仙山,不觉心中阴霾为之一扫。

到了厦门,新家就在幽静秀丽的中山公园旁边,每日骑着自行车爬上冲下起伏曲折的马路,沿着黄沙碧浪的海岸线,在海风吹拂中追逐着海鸥,到仿佛坐落在碧波中的厦门大学去上课。

从春到夏,厦门不间歇奏响一支亚热带的交响曲:骑楼蜿蜒的街路边,相思树绿叶纷披,细雨中青翠欲滴,凤凰木迎风展开火红的翅膀,三角梅沿壁攀楼泻崖布下多彩乱人的阵势,主干坚挺的木棉树打桩一样向大地扎根,满枝的红葩一起燃烧,任是静心闭目的隐士之眼也不免被擦亮点燃;近山傍海处,硕大无朋的仙人掌、挺拔的龙舌兰随处可见,再放眼远望,是成片的龙眼林、甘蔗田、香蕉园……亚热带的生命正与青春的步履合拍。

中国大地正在剧烈炮火中无助地颤抖,千村俱焚,万里伏尸。而这地处海角天涯的小岛,却显得比较平静,至少,一个爱做文学梦的大学生,还尽可以在此挥霍青春,潇洒一把。余光中也和当时这小城中其他惨绿少年一样,每月上一次理发馆,把头发烫得弯弯曲曲;每逢自行车下坡,总是双手放开车把,直冲而下……和其他同学不同的是,他写了许多新诗和诗评。

自三月初,余光中到厦大外文系注册,成为一名不住校的走读生,到八月离开厦门,在厦大读书的时间只有一个学期。对于二十一岁的余光中,这却是一个重要的时期,因为,这近半年时间,余光中在厦门的《江声报》和《星光日报》上发表了七首新诗、七篇文艺论评和两篇译文。

创作、评论和翻译并举,昭示着这位未来文学大师的招数。可以说,正是此时此地,余光中踏上朝拜缪思的漫漫长途。厦门之所以成为青年余光中文学出发的触媒,大约与这么几点有关:一是功课压力不大。时局动荡,教师罢教,学生罢课,时有发生。据余光中回忆,那一个学期末,因为许多闽北的学生纷纷回家,系里也未举行期末考试。二是新文学的刺激。三是过早到来的别离思念和漂泊沧桑。当然,还有亚热带风光唤醒的生命冲动。

余光中回忆当时的创作情况时认为,那时他"对于诗的天地,莫测高深,憧憬远多于认识"。

这憧憬之深表现在青年余光中当文学家的意愿极其强烈。这一志向,从高中起就没有动摇过,在混乱动荡的厦大校园,也是如此。有一次,外文系系主任李庆云教授在课间和同学座谈,让学子各言其志,大多数都说想投身社会变革,只有余光中毫不犹豫地说,我要当作家。

这认识之浅,也见诸当时创作和评论中的青涩及夹缠。为了更清晰地透视这位大诗人的成长脉络,需要对此青涩和夹缠多说几句。

余光中此时发表的七首新诗可分为两类:一是以底层大众为题材,为其悲惨境遇鸣不平的——《扬子江船夫曲》《清道夫》《插新秧》《臭虫歌》。二是抒发个人志向和情思的——《沙浮投海》《给诗人》《旅人》。这些诗,技法单调,主题浅露,文字平实,即使就当时的创作水准而言,出自一个二十岁的学子,也实在不算出色。即便如此,这位未来文学大师的趋向,亦在其中,影影绰绰,值得留意。

> 我在扬子江的岸边歌唱,
> 歌声响遍了岸的两旁。
> 我抬起头来看一看东方,
> 初升的太阳是何等的雄壮!
> 嗨哟,嗨哟,
> 初升的太阳是何等的雄壮!
>
> 顺风时扯一张白帆,
> 把风儿装得满满;

上水来拉一根铁链，
把船儿背上青天！
嗨哟，嗨哟，
把船儿背上青天！

　　以上节选自《扬子江船夫曲》，从中不难感受余光中豪迈的气魄、浓郁的乡土气息，还有清新的民谣风格。《沙浮投海》则是另一种路数，它不以现实生活为题材，而从希腊神话中寻觅灵感，瑰丽的风格与《扬子江船夫曲》之朴实适成对照。在这里，我们可以看到余光中转益多师兼收并蓄，兴趣广博，抱负远大，作、论、译并举，或许是他不能成为一个早慧诗人的原因吧。

　　诗艺不能很快精纯的另一个原因是当时中国主流文学思潮的影响。

　　写实主义是当时流行的文学观，其中虽有浅陋和精致的等差，但其基本观念殆无二致，那就是，文艺应该临摹自然而非表现自我，为反映时代主流，不惜抑制艺术想象和创造个性。中国三十年代以来称霸文坛的写实主义，上承理学恶性之载道文学观，旁纳否定艺术本位的极"左"现实主义，一度把创作的社会功能推崇到畸形的状态。在它褊狭的眼中，文学若不表现现实，就是十足的堕落；而它确认的现实，就是当下的社会现状，特别是政治斗争，而不是全面的人生；它要求作者直接鲜明地表白自己的政治立场，或者至少是政治倾向；而超出现状的上天入地，深入内心的个人所思所感所欲，都在横扫排斥之列。但人既是社会的，也是个性的；既是理性的，也是感性的；既生活在历史和时代大链条的环节中，也活跃于私密琐碎的小小缝隙之间。而后者，是写实主义，特别是与专制或高压势力绑成一团的写实主义所极力排斥乃至全力封杀的。

　　二十一岁的余光中当时阅读面比较狭仄，加上流离颠沛，使他无法全然摆脱笼罩中国文坛的主流文学思潮。他的诗观既青涩稚嫩又夹缠不清。

　　他一方面听从自我内心的召唤，发表了《沙浮投海》《旅人》等抒发个性的诗作；在文艺论评中，捍卫莎士比亚等描写永恒人性的西方文学家，驳斥资本主义国家的作品等于颓废自私的谬论。另一方面，他又像一个庸俗写实主义■的追随者，他片面强调诗歌的反抗性和大众化，他以反抗的鲜明和强烈作为评价作家的最重要标准，因此在他的论评中，李白、苏轼、高适、韩愈屡遭贬抑，徐纡、张恨水、无名氏成了有害大众的落伍作家，而孟郊、贾岛、郑板桥的诗作被拔高……十五年之后，早已摆脱写实论的余光中，在一篇唐诗专论中，纠正了自己早期的偏颇，他精辟地指出："孟郊和贾岛是典型的苦吟诗人，对于现实生活，他们有很强烈的感受，可是欠缺较高的境界和气度，既不能像李白那样超越而且解脱，也不能像杜甫那样将个人的痛苦泯化于全民族的苦难。他们只是二流的诗人，深邃而狭窄。"

当时，青年余光中还无法全然分清狭窄与博大的差异，他在表露自己诗观也兼有自励自省的《给诗人》中，写下这样的句子：

> 我求你：/别再用瘦弱的笔尖，/在苍白的纸面，/写温柔敦厚的诗。/我求你：/抓紧死难者的枯骨，/沾热腾腾的鲜血，/在人民的心里，/有力地刺几笔！/我求你：别白日见鬼地，/写些自己也认为/神秘的诗行；/教健康的人神经衰弱；教衰弱的人神经失常；教肤浅的人崇拜做深奥，/教深奥的人怀疑是乱讲。/……我求你：/把象牙塔顶的窗子肴开，/让腥藻的狂飙进来；/把玫瑰色的眼睛取下，/看一看塔下的尘埃。

应该说，余光中这首诗和此时创作的《臭虫歌》《插新秧》《清道夫》等粗糙直露的社会诗，是他受粗陋写实主义文学观影响的结果。

五四以后，人道主义一度成为中国文化界的主潮；三十年代，"阶级观念"盛行，中国前进的文坛更加把是否同情底层视为有无良知的标志，若是发现自己漠然无视有所忽略便要自责内疚；受到这种半强制性思潮的影响，当年身在租界教会学堂里的张爱玲提起笔来，也不免顺着这路子，写了一篇《牛》（一九三七年），用稚嫩的笔调叙述了一家农人的贫穷无助，要传达的观念与余光中的《插新秧》等诗并无二致。但因为有太多"应该"的观念而■无深厚的观察和体验，这种同情往往缺乏感人的力量，只是一种表态，或者流于一种姿态。

对于这一偏颇，余光中后来有清醒的剖析："其实，为大众写的作品，尤其是强调某些社会意识的东西，未必真是大众喜欢的读物，许多感时忧国或者为民请命的作品，其实只有高级知识分子自己在读，自己在感动。有些社会学批评家，自己写不出雅俗共赏的文章来……他们强调的大众化，恐怕也只是企图使大众接受他们认为正确而健康的那一类文学而已。这种充满革命热忱的浪漫主义，真要贯彻的话，只恐既非文学，也非大众之福。"

倘若不持独尊写实、罢黜百家的蛮横立场，不板着一张文以载道的长脸，平心看待写实主义，作为一种流派或者创作方法，它也有为其他流派所不及的独家功夫，比如，它对实地观察的强调，它要求精细地写生的严肃态度，这些对于一个写作初学者都是有益的。从这样一个角度看，一些具有浓厚写实主义倾向的作家对青年余光中的诗艺也有滋养作用。

这里要提到的是臧克家。余光中在厦门大学时发表的文学论评最有分量的就是《臧克家的诗——"烙印"》。

臧克家可以说是出于新月门下，早期深受闻一多的影响，但他的现实性更为强烈，创作题材大都取自当时中国底层的生活场景。此外，他善于从中国古典写实诗作中借鉴技巧，与明快爽朗的口语相融合，发展出严谨的格律和坚实的诗句。

臧克家对当时文艺青年的影响更多的是一种坚韧的生活态度，就像他在《生活》一诗中诉说的：

> 灾难是天空的星群，
> 它的光辉拖着你的命运。
> 希望是乌云缝里的一缕太阳，
> 是病人眼中最后的灵光，
> ……
> 在人生的剧幕上，你既是被排定的一个角色，
> 就当拼命地来一个痛快，
> 叫人们的脸色随着你的悲欢涨落，
> 就连你自己也要忘了这是做戏。

你既胆敢闯进这人间，

有多大本领，不愁没处施展，

当前的磨难就是你的对手，

运尽气力去和它苦斗，

累得你周身汗毛都擎着汗珠，

但你须咬紧牙关不敢轻忽；

……

这样，你活着带一点倔强，

尽多苦涩，苦涩中有你独到的真味。

所以，闻一多在《烙印·序》中特别推许《生活》，说它具有"顶真的生活意义"。

余光中的这篇论评明显地受到了闻一多《烙印·序》的影响，但他更细致地总结了臧克家诗歌的五大优点：其一，它是"严肃生活的结晶"。他对下层社会有"同伴的同情，而非塔里人对塔外人的同情"。其二，强有力的旋律。吟诵他的诗作，"觉得周身的血被激起的一阵浪潮涌进"。其三，善用字，尤其是动词。不避险怪，以配合紧凑的旋律，"急鼓沉钟般的音乐性"。其四，散文化。《烙印》中有许多不分节的诗，造成了交响乐一般的旋律。余光中当时就认为，诗可以也应该借助散文的形式和现实性。其五，美的诗意。余光中欣赏臧克家，说他具有语言天才，即使不看它的社会意义，从纯诗的观点去品评，也是美的，不少诗句不让于古诗名句。这五条分析都是紧扣着诗歌创作中特有的艺术表现方法。而且，这些长处，也是余光中在以后漫长的创作中坚持和不断完善的。

作为文学评论家，特别是诗评家的早期试作，余光中这篇评论值得我们留意的有几点：其一，评诗总是从吟诵入手，从音乐性去把握诗的内蕴和意味。其二，即使在主义、方法满天飞的气候中，也不愿服膺某一主义和方法，宁肯以中国古诗为试金石，去摩擦所面对的新诗。其三，注意诗歌的整体形象，把臧克家诗歌中反抗的意志与紧凑的旋律、险突有力的词语结合在一起分析，而不是摘句式地以句中所宣示的思想论诗之高低。其四，并不盲目地附和诗歌的大众化。文章中说："他（臧克家）的诗不潇洒,不徒以取悦于读者……但是,正如闻一多所说,'纵然像孟郊似的,没有成群的人给叫好,那又有什么关系'。"

从闻一多到臧克家,是中国新诗力求从中国古诗中获取支持的一支。不单在意识、格调、格律、练字和音色上,就是在诗歌的创作功能上,也承继了中国古诗创作标举"兴、观、群、怨"的多元传统,倡导新诗创作可以发挥多种功能。闻一多推崇孟郊贾岛,而非"文章合为时而著,歌诗合为事而作"的白居易,很显然,在诗歌的大众化问题上,闻一多并不愿随波逐流,不以追求"老妪能解"而戕伤诗艺。闻一多的圆融诗观,臧克家诗作对古诗转化的努力,自然会引起已具有中国古诗背景的余光中的共鸣,使他在混乱之中,朦朦胧胧地寻得一个大致的方向。

也许,还应该注意到,臧克家是一位典型的北方诗人,他的坚忍和雄健,他的廓大和朴实,他的题材和背景,处处散发出北方中国的气息。余光中虽然后来屡屡自称是南方的诗人,其实,就臧克家诗作对他的深深烙印,还有后来梁实秋的熏陶,他应该说是南北兼具的。他诗歌的血系中,有扬子江、秦淮河,也有黄河,这不仅仅是文化的背景、族群的象征,而且从他初入诗门时就已激荡合流了。

余光中虽然只在厦门大学读了一个学期,但对母校一直有极深的感情,四十六年后,他重返母校,参加校庆,并赋诗一首,诗曰:

> 鼓浪屿鼓浪而去的浪子
> 清明节终于有岸可回头
> 掉头一去是风吹黑发
> 回首再来已雪满白头
> 一百六十浬这海峡,为何
> 渡了近半个世纪才到家?
> 当年过海是三人同渡
> 今日着陆是一人独飞
> 哀哀父母,生我劬劳
> 一穴双墓,早已安息在台岛
> 只剩我,一把怀古的黑伞

撑着清明寒雨的霏霏

不能去坟头上香祭告

说,一道海峡像一刀海峡

四十六年成一割,而波分两岸

旗飘二色,字有繁简

书有横直,各有各的气节

不变的仍是廿四个节气

布谷鸟啼,两岸是一样的咕咕

木棉花开,两岸是一样的艳艳

一切仍依照神农的历书

无论在海岛或大陆,春雨绵绵

在杜牧以后或杜牧以前

一样都沾湿钱纸与香灰

浪子已老了,唯山河不变

沧海不枯,五老的花岗石不烂

母校的钟声悠悠不断,隔着

一排相思树淡淡的雨雾

从四十年代的尽头传来

恍惚在唤我,逃学的旧生

骑着当日年少的跑车

去白墙红瓦的囊萤楼上课

一阵掌声劈拍,把我在前排

从钟声的催眠术里惊醒

主席的介绍词刚结束

几百双年轻的美目,我的听众

也是我隔代的学妹和学弟

都炯炯向我聚焦,只等

迟归的校友,新到的贵宾

上台讲他的学术报告

一九四九年八月,余光中和母亲自厦门登船,前往香港。窝在铜锣湾道一间狭窄的屋子中,有十个月之久。失学,加上思乡,余光中感到从未有过的苦闷,这也许是他这一生中最为黯淡的时期了,他没有写出一首诗、一篇文章,只是以阅读大部头的英文小说解闷。

一九五〇年六月,余光中和母亲从香港往台湾,在海上倾侧了两天两夜,才看见基隆浮在水面。在海天茫茫的旅途中,诗人夜不能眠,起观星空。那些亘古以来就俯视着大地、海洋的恒星,在他看来,就是中外的文学天才,是李白、雪莱、拜伦、惠特曼……他们将永远引领着他,战胜动荡和不安。到台湾不久,他据此体验创作出《沉思——南海舟中望星有感》,诗中有这样的句子:"疯狂的变乱只是一时,/诗人的精神永远不死;/真理的叛徒终成彗星,/惟有真理像恒星光明。"

一九五〇年九月,经过多番周折,余光中终于被台湾大学外文系正式录取,在三年级当一名插班生。

台湾大学的前身是日本人开办的台北帝国大学,建于一九二八年,台湾光复后改称台湾大学。当年,日人为了实现称霸亚洲的美梦,把台湾大学作为南进东南亚的研究和实验基地,在校园里栽种了许多热带植物,把校园装扮得如花似锦。其中,最绚丽夺目的是杜鹃花,台湾大学校园又有杜鹃花城的美称。

暖暖的三月和风,杜鹃以一袭缤纷,覆盖校园如锦织的花海,它和沾衣欲湿的微雨,洒在一代代年轻学子的眉际和双肩,也渗入他们青春的梦境中。

余光中入校时,正是傅斯年执掌台湾大学之时。傅斯年虽然主持台大只有两年,但他已为台大奠定了良好的校风。傅校长一生致力于学术的自由,他从祖国大陆带来许多进步学者,如许寿裳、黎烈文、魏建功、台静农……也曾请胡适到学校讲过课;傅校长更有强烈的民主意识和知识分子的铮铮风骨,一生抨击时弊,不遗余力。几十年后,台大校友白先勇回到母校讲演时还这样说:"傅斯年校长把北大的精神带到台大来,把五四开放的风气带来台大,我们当年进台大,第一个感觉就是很自由,五四寻求自我解放对于我们大学时代的生活确定有影响。"许多台大人常把台大和北大相提并论,他们喜欢说,北大有一位以翰林而参加变革的蔡校长，台大有一位五四运动先锋的傅校长。

　　余光中入校三个月后，傅校长就在省议会作大学教育咨询时脑溢血突发辞世。一九五一年，台湾大学为纪念以身殉校的傅校长，特地在实验植物园建造了一座罗马式纪念亭，亭中砌长方形墓一座，安葬着傅校长的骨灰。墓前立有无字碑，修有喷水池。园中还悬挂着一座纪念钟，钟上铸有傅斯年校长所题校训"敦品、励学、爱国、爱人"。这就是台大有名的"傅园"和"傅钟"。"傅钟"总是二十二响。据说，这是因为傅校长说过，人一天中，除了工作、吃饭、睡觉之外，还应该有两个小时思想。从此，校园里就总是二十二响的抑扬了。

　　也许是为了追念，也许是为了树立台大人的荣誉感，也许是为了其他的什么原因，新生（尤其是住宿生）多半被要求在更深夜静之时，敲一下昂扬的傅钟；而毕业临去的同学，也常共聚于此，敲一次母校的钟后依依惜别。

　　良好的校风代表一所学府的深厚传统与不俗品格，它是一种浩然的正气，也是一种严谨的态度。正是这种风气，使台湾大学多年来培养出许多思想精英和文化精英——有哲学家殷海光，提倡逻辑，主张认知独立，身处险恶的环境而百折不挠，毕生致力于发扬民主、科学、自由的五四精神，表现出知识分子的铮铮风骨。有历史学家许倬云……

　　文学家更是层出不穷，出自外文系的有余光中、於梨华、叶维廉、颜元叔……还有《现代文学》作家群——白先勇、陈若曦、欧阳子、王文兴、王祯和、水晶、刘绍铭……出自中文系的有林文月、廖辉英、温瑞安、陈幸蕙、简媜、吴淡如、苦苓……出自历史系的有李黎、朱天心，出自电机系的有张系国……由他们绘制出的文学版图，堪称台湾乃至海外文坛的半壁江山。

　　沐浴着五四自由空气的台湾大学，美丽的台湾大学，在五十年代文禁森严的台湾，有如沙漠绿洲。青年余光中如鱼得水，他又开始源源不断地写诗了。台大外文系的老师，如英千里、黎烈文、赵丽莲、曾约农，不但在教学上使余光中获益良多，在创作上也对这位嗜诗的学生大加鼓励，黎烈文对余光中的诗作逐首批评，赵丽莲写长信谈心得……

　　余光中发奋写诗。当时的台北，国民党党报《中央日报》副刊是兵家必争之地。但余光中几乎每投必中，只有一次，诗稿被退了回来；他不服气,把原诗再寄回去,竟被采用了。几十年后,说起这件事,诗人仍然为这场莽撞的奇遇心存诧异。

看到自己的诗歌被印成铅字,是青年余光中最大的快乐。每次算算诗歌刊出的日子到了,便早早起来等邮递员。"啪嗒"一声,报纸从竹篱笆外飞了进来,年轻的诗人推门而出,拾起大王椰树下的报纸,就着鲜红的晨曦,轻轻地抽出副刊——果然,上面有自己的诗句,诗句在闪光,世界,也在闪光。

一首诗的稿酬是台币五元,在五十年代初期,已经够诗人带女友去下一次馆子,外加看一场电影。每次收到稿费,诗人便牵出他轻巧俊秀的自行车,直奔中山北路去约范我存同乐。

大学毕业前夕,同学们都埋头做毕业论文,余光中却正忙着准备出版他的处女诗集,他在课室里一边听课,一边写着《舟子的悲歌》的后记。此前不久,他读到了海明威刚在美国文学杂志上发表的《老人和大海》,艺术直觉立刻告诉他,这是上好的作品。余光中和老师商量,要用《老人和大海》的译文代替毕业论文。指导老师曾约农虽然教的是西方古典文学,却十分开明,允许他的学生翻译当代作品作为毕业论文。余光中大喜过望,日夜兼程,很快就完成这篇价值非凡的"论文"。

"论文"价值非凡,在于它是最早以中文翻译《老人和大海》的文本(张爱玲翻译的《老人与海》一九七二年方才出版),也是这本小说在当时世界上为数不多的外语译本;海明威的这篇小说发表于一九五二年的美国《生活》杂志,余光中的译文,自当年的十二月一日至翌年的一月二十三日在台湾《大华晚报》上连载。连载完不久,海明威就因为他杰出的小说创作成就,特别是这《老人和大海》,获得一九五三年度的诺贝尔文学奖。余光中的翻译使台湾文坛能够在第一时间分享世界文学的尖端艺术,这不仅需要有一双勤快的手,更要求有一双敏锐的眼;不单要感谢优秀的学生,更要感谢眼界和心胸一样开阔的师长。

更难忘的支持和指教来自当时在台湾师范学院(台湾师大前身)任教的梁实秋先生。

梁实秋毕业于清华,二十一岁赴美留学,他和当时留英留美的诗人徐志摩、闻一多、冰心等人是挚友,回国后主要从事西方文学的翻译和教学，也是新月的重要成员，但梁实秋却始终保持着传统中国文人的生活方式和思想方式，毫无西化之态。在文学思想上，梁实秋反对把文学当作工具，也不赞成为艺术而艺术。梁实秋始终认为，文学既非宣传，也非游戏；文学应该以人生中全部人性的常态为对象，而阶级性、时代性、情欲或情感都只具有部分的意义，不应昧于常态，以偏概全。在创作上，梁实秋强调古典的纪律，反对浪漫的放纵，提倡理性的节制，沉静的观察。

入校不久，同学蔡绍班就发现余光中的诗稿已经有了一大摞，便自告奋勇地将它们带去给梁实秋指正。对于这位前辈文学家，余光中心仪已久，但并不敢抱有多少希望。可是，想不到不久他就收到梁实秋的回信，满满地写了两大张，对余光中的诗作颇多好评，更重要的是，他以学者之饱学和作家之敏锐一眼看出余光中诗作的偏仄，指出他囿于浪漫主义，应该拓宽视野，多读一些现代诗，如哈代、济慈……对此中肯的指教，多年后，余光中仍心存感激，他说："信中所说的现代自然还未及现代主义，却也指点了我用功的方向，否则，我在雪莱的西风里还要飘得更久。"

自此，余光中就成了梁府的常客。在那里，余光中进入台北的文艺圈。他结识了陈之藩、何欣、王敬羲，还有夏菁，和这些文艺青年在一起，同声相应，同气相求，更坚定了余光中创作的热情。他频频向台湾最热门的《中央日报》副刊和《野风》杂志寄出他的诗稿，刊载率很高，在台湾诗坛开始为人瞩目。因此，在大学即将毕业时，余光中找到野风出版社，从他比较满意的诗作中选出三十一首结集出版，这就是《舟子的悲歌》。

《舟子的悲歌》放在今天余光中三十几本诗集中，可能是最不起眼的，而在五十年代初期干枯欲裂的台湾诗坛却是大慰饥渴。诗集印了一千册，半年内销去三百五十册，两年内售罄。当时就读台大外文系的许倬云，抑制不住满心的喜悦，为《舟子的悲歌》写了一篇诗评，称赞它"是一本兼容旧诗与西洋诗的新诗集"，它的问世"是台大的光荣"。梁实秋的诗评，更是让余光中深受启发。

在诗评中，梁实秋首先赞赏《舟子的悲歌》中的炼字，认为这是中国旧诗的写作传统。许多白话诗的作者放弃了这种传统，不事剪裁，以为把普通口语记下来就是诗了，而《舟子的悲歌》语言简练有力，不少地方，"字音和字义充分地在我们的想象中唤起一幅生动的图画"。此外，他更从余光中创作的路向上加以总结，"他有旧诗的根底，然后得到英诗的启发。这是很值得我们思考的一条发展路线。我们写新诗，用的是中国文字，旧诗的技巧是一份必不可少的文学遗产，同时新诗是一个突然生出的东西，无依无靠，没有轨迹可循，外国诗正是一个最好的借镜。无论在取材上，在辞藻上，在格调上，或其他方面，外国诗都极有参考价值"。

在这篇诗评发表后的三十五年，也就是梁实秋去世前的几个月，余光中在《文章与前额并高》一文中仍记忆犹新地说，"朝拜缪思的长征，起步不久，就能得到前辈如此的奖掖，使我的信心大为坚定"，"梁先生溢美之词固然是出于鼓励，但他所提示的上承传统旁汲西洋，却是我日后遵循的综合路线"。

梁实秋不但在创作路线上为余光中指明了方向，而且在创作风格上对余光中也不无影响。在《舟子的悲歌》的评论中，梁实秋欣赏的是余光中的《暴风雨》《老牛》《清道夫》，特别对《暴风雨》大加赞扬，说他"用文字把暴风雨那种排山倒海的气势都写出来了，真可说是笔挟风雷"。《舟子的悲歌》分为上下两辑，上辑多为朴素坚实的呐喊，下辑是浪漫多汁的抒情，足见余光中心中的猛虎与蔷薇，北派而古典的梁实秋当然更多地推举上辑，这无疑助长了余光中阳刚的一面。

恋情也是青年余光中诗作的不尽源泉。《舟子的悲歌》（下辑）、《蓝色的羽毛》（第二辑）几乎都是献给表妹的情诗，展现了余光中温柔甚至是情感泛滥的一面。那是诗人发育期间的青春痘，尽管是痘，那一股青春的纯情还是天真动人。

表妹范我存，小名咪咪，余光中的诗文里还叫她宓宓。初识咪咪，是在南京，十七岁的表哥对十四岁的表妹颇有好感。不久，表妹就收到了一份校园刊物，表哥的译作赫然在目。后来，两家先后到了台北。二十二岁的大三高才生和十九岁因病休学的高中女生不顾兵荒马乱的处境，不管双方家长的疑虑，开始滋长出甜蜜而坚定的爱情来了。他们有说不完的话题，童年的江南，少年时代的重庆，东奔西走的逃难，文学、音乐和绘画……他们整整热恋了六年，才携手走上红地毯。在这两千个日日夜夜中，他们有说不尽的思念，写不完的情书，无数的离别泪眼相送，无数的重聚四臂相拥……这一切一切，都成了余光中此时诗作的冲动，更沉淀和升华为未来的诗情。

大学时期，余光中的英诗阅读范围还停留于浪漫主义时期的雪莱、拜伦和济慈，当时，余光中把他们作为自己追随的偶像。在《舟子的悲歌》第二辑的《序诗》中，余光中描绘了几个文艺女神，姐姐生下了雪莱和济慈；妹妹也不甘示弱，生下了"我"（余光中的自我写照），要和姐姐一争高低……

《舟子的悲歌》的后记中也真实地记录了余光中此时的诗观——"我不敢奢望这本小小的册子能有多大的声音；只要有'灵魂的亲戚'在星光下，在荒漠里，在月色幽微的海上，偶尔听到了一声掠空而逝的飞鸟，因而回忆起我的一行诗句，蓦然感到一阵无名的震颤，或是永恒的怅惘，那便是诗人莫大的安慰"。可以看出，他已或多或少褪去了三年前高涨不已的写实的热忱，而更多地流露出浪漫的伤感。

大学毕业后，余光中依然保持着对英诗的浓厚兴趣，但阅读的作品已从十九世纪转向二十世纪。他这时主要的精神食粮是弗罗斯特、狄瑾荪和欧文的作品，特别是女诗人狄瑾荪那种清新纯净的歌谣体长短句，对余光中早期的诗作有深刻的影响。

自童年起的漂泊实历，臧克家诗作等三十年代现实主义诗作的影响，使余光中在创作之初显示出浓郁的写实倾向。他的第一本诗集《舟子的悲歌》中不少作品都刻画底层民众的苦难和坚忍，如《扬子江船夫曲》《清道夫》《算命瞎子》《女售货员》。但是，青春骚动且正在热恋中的余光中也倾向新月派之唯美和雪莱济慈的浪漫，感染中国古典诗词的悲春伤秋，这使他的艺术观在写实与感伤之间摆荡，这不单见之于《舟子的悲歌》《蓝色的羽毛》，在其《天国的夜市》《钟乳石》等诗集中也无法全然摆脱，其中的不少作品有激切的情绪而少深刻的情思，有浅掠的感觉而无沉潜的感悟，飘浮如羽毛的感伤成为主调。对现实的粗略反映或将情感作肤浅的表白，都是幼稚简单的艺术观在艺术创造上的表现。

济慈说："少年的想象是健康的，成人的成熟想象也是健康的，但是两者之间却隔着一段人生，在这段时期，灵魂恒在骚动，性格不稳，生活方式无定，前途渺茫，乃有感伤之情。"这段话，有助于我们理解余光中早期的诗作。

从一九四六年高中毕业到一九五二年大学毕业，余光中的大学道路显得崎岖漫长，时逾六载，地跨三城。漂泊使诗人添了一分沧桑，转校让学子多了许多师友，这应该是余光中额外的收获吧。

第四章 红头疯子

砰然的一响，敲下去

三千九百万元的高价

买断了，全场紧张的呼吸

买断了，全世界惊美的眼睛

买不回，断了，一只耳朵

买不回，焦了，一头赤发

买不回，松了，一嘴坏牙

买不回匆匆的三十七岁

木槌举起，对着热烈的会场

手枪举起，对着寂寞的心脏

……

一颗慷慨的心脏

迸成满地的向日葵满天的太阳

——《向日葵》

　　余光中是大诗人，也是杰出的诗论家，一生读诗、写诗、教诗、论诗，编诗、译诗。为此，他当然要日复一日地吞食咀嚼大量的诗歌和各种艺术理论。然而，他更加喜爱传记，尤其是艺术家的传记。他曾告诫诗人说："诗人们如果能多读生命，少读诗，或者多读诗，少读理论，或者读理论而不迷信理论，那就是创作的幸福了。"多读生命，尤其是卓越的超越时空的艺术生命，大多数人只能借助间接经验，特别是通过阅读艺术家的传记而接近他们。余光中就是一个艺术家传记的爱好者，不但大量阅读，还着手翻译。他多次在散文中吐露心声：退休后，要"做一个退隐的译者，把格列柯、劳特累克、透纳等画家的传记一一译出"。

　　在艺术家群星中，余光中最钟情于梵高。余光中第一次细细观赏梵高，是在婚前，在范我存保存的一本梵高画册上。余光中第一眼见到那向日葵，便"受其震撼，像面对一场挥之不去却又耐人久看的古魇"，"觉得那些挤在一只瓶里的花朵，辐射的金发，丰满的橘面，挺拔的绿茎，衬在一片淡柠檬黄的背景上，强烈地象征了天真而充沛的生命，而那深深浅浅交交错错织成的黄色暖调，对疲劳而受伤的视神经，真是无比美妙的按摩"。梵高成了这对年轻恋人之间热烈的话题。

　　开始，梵高大部分画作与青年余光中的审美观格格不入，虽不赏心悦目，却是难以忘怀，耐人寻味；在一段自我教育和艺术调整后，"逆眼"一变为"顺眼"，"顺眼"进而是"悦目"乃至"夺神"。夺神震撼之余，余光中寻根究底的积习又抬头了，他开始大量阅读与蒐集一切有关梵高的材料。他读了梵高的书信集，觉得梵高不但是大画家，而且是文学家，他不但能用画撼人心目，也能以文字展示赤子之心。谁要是读了梵高的书信之后依然故我，必为精神废人。

　　接着余光中又收得美国著名的传记文学作家伊尔文·史东（大陆译史东为斯通）所著的《梵高传》。伊尔文·史东一生著有传记小说二十多部。《梵高传》一九三四年出版，这是史东的处女作，也是他的成名之作。

　　余光中废寝忘食，七天里一口气细细读完了这部三十多万字的传记。"天将降大任于斯人也，必先苦其心志，劳其筋骨，饿其体肤，空乏其身，行拂乱其所为"——孟夫子的名言不招自来，余光中突然悟到，苦难如坦然面对，也可以是财富。他甚至有些崇拜起苦难了，为了伟大。

一九五四年,余光中大学毕业后开始服役,诗人后来回忆,"那是我一生最烦恼的时期,身多病而心常乱,几乎无日安宁"。正是在这样的状态下,余光中打算翻译《梵高传》。梁实秋听了余光中的计划,欣然首肯,因为他也读过这本奇书。不过觉得太长,劝余光中不如节译。余光中却正想借此来考验自己的定力和功力,并由此学习西方现代绘画,所以决心冒险全译。

如今,梵高已经誉满全球,他的悲欢走上银幕;他的坎坷被谱成歌曲;他的书信被努力搜罗并有多种语言的译本;他的画作和一生,百年来,引动千百学者著书立说;艺术拍卖会上,他一幅画的售价足以开办几所艺术院校……可是,在生前,他只卖掉一幅画,只在生命将尽时看到一篇肯定的画评;他的家族经营着欧洲最著名的画廊,却从不认可和接纳他的画作;他的爱情热烈而且执着,却没有一个女人肯让他携着走上红地毯;他常常三餐不继,一贫如洗,世人视为浪子、疯子。世界之大,只有一个弟弟毫无保留地爱他,安慰他,供养他,看重他……

二十七岁学画,三十七岁自杀,这十年中,这个元气淋漓、热血翻腾的大孩子,心甘情愿地过着苦行僧的日子,只为了把他的生命,他的创造,他对人世的深爱和关切,挥洒成一幅幅辉光颤动灿烂得近乎白热的画。十年的创作生命是短暂的,可是,梵高留给人类的艺术遗产,足以与任何一位现代艺术家媲美。

梵高反差巨大的凄苦与辉煌,使译者余光中深受震撼。余光中后来回忆道:"本已身心俱疲,又决定要揽下这么一件大工程,实在非常冒险。开始的时候,只觉不胜负担,曾对朋友说:'等到我译到梵谷发疯的时候,我自己恐怕也要崩溃了。'可是随着译事的进展,我整个投入了梵谷的世界,朝夕和一个伟大的心灵相对……在一个元气淋漓的生命里,在那个生命的苦难中,我忘了自己小小的烦恼……就这样,经过十一个月的净化作用,书译好了,译者也渡过了难关。梵谷疯了,自杀了,译者却得救了。"

多年后,余光中更深入地道出翻译《梵高传》的意义:"我不但在译一本书,也在学习现代绘画,更重要的是,在认识一个伟大的心灵,并且借此考验自己,能否在他的感召之下,坚持不懈,完成这长期的苦工。"

在余光中的精神地图上,法国南部的小镇阿罗和圣瑞米长久占据着醒目的位置,这两个小镇是梵高艺术生命最为灿烂焕发之处。

梵高是我的第二个自我,余光中多次这样说。百年前一个异国画家,为何能获取当代大诗人如此倾倒并且引为知己?这是因为梵高对于余光中不仅有净化作用,还有催化作用;梵高的艺术对余光中创作风格的形成与拓展有着长久且深远的启示。

首先,是那种献身的赤诚。余光中多次赞赏梵高艺术之可贵,贵在其诚。余光中说,梵高把传教般的狂热倾注到绘画中,"他是现代艺坛最令人不安的性情中人……他告诉弟弟,谁要是可惜自己的生命,终会失去生命,但谁要不惜生命去换取更崇高的东西,他终会得到"。在歌咏梵高名画《向日葵》的诗中,余光中写出这样的句子:

> 你是挣不脱的夸父
> 飞不起的伊卡瑞斯
> 每天一次的轮回
> 从曙到暮
> 扭不屈之颈,昂不垂之头
> 去追一个高悬的号召

可见,梵高的献身精神是余光中朝拜缪思与永恒拔河的巨大动力,在余光中"敢在时间里自焚,必在永恒里结晶"的自我写照里,有梵高坦然殉道的背影。

其次,是民胞物与的博爱精神。余光中指出,梵高的生活经历与悲悯情怀使他自然而然地将艺术的重心从美女贵人移向"中下层阶级",使他能"把原本平凡的人物画得具有灵性和光辉,更重要的是,具有尊严"。余光中特别指出,由于有深厚的同情和广博的挚爱,梵高关爱不幸和无助,却不流于抗议或怨恨,"他的爱,自个人的一端延伸到整个自然,其中固然包括了社会的阶级,但也超越了其限制。他的艺术也超越了社会写实,兼有个性的表现和普遍的象征"。这些话语中包含着余光中对自己创作的反省,从创作之初的《扬子江船夫曲》到后期的《一枚铜币》,诗人一直在诗作中表现出对平头百姓由衷的关爱和认同。这并不奇怪,他本来就自认是茱萸的孩子,他生在有难的日子,忧患的时世,流离的年代……他的一生从苦难到淡泊,与奢华富贵总难交融;然而,余光中并不拘囿于写实技法和时事抗争,在艺术创造中,他有无穷的天地和多般的方法。毋庸置疑,梵高廓大的心胸拓展了余光中吸收、感受、容纳生活以及汲取、借鉴、融汇各类各方艺术的视野和能力——静物之微,宇宙之大;船夫盲丐,伟人名流;儿女柔情,英雄断腕;私己隐秘,民族记忆……——纳入他的诗文之中;写实和象征,传统到现代,东方与西方的各式艺术方法无不为其所用;题材广博方法多变作品量多质优奠定了余光中在当代中国文坛的大家地位。

再次,不断调整美感以达成艺术上的蜕变。余光中喜爱梵高早期以《食薯者》为代表的写实之作,认为它们"阴沉之中有温暖,黯淡之中有光,苦涩之中有一种令人安慰的甜味","另具一种坚实苦拙之美,接近原始而单纯的生命,十分耐看"。余光中也推崇梵高后期那些饶富象征意味的画作,赞颂梵高能"从写实的局限里跃升入象征与表现"。他将梵高十年艺术生涯分为不断求新的三个时期并总结道:"这十年探索的历程,以风格而言,是从写实的模仿自然到象征的重造自然;以师承而言,是从荷兰的传统走向法国的启示而归于自我的创造;以线条而言,是从凝重的直线走向强劲而回旋的曲线;以色彩而言,则是从沉褐走向灿黄。"余光中半世纪的创作历程,同样是不拘于一格,不安于小成的进取,力求超越前人、时人和自我的蜕变。因此,余光中在当代文坛有"善变者""艺术的多妻主义""璀璨的五彩笔"等诸多美称。

除了献身、博爱、进取等艺术精神的承传,在艺术风格上,余光中和梵高也多有相通之处。

与梵高结缘几十年,余光中对梵高的画作百看不厌,总是"肺腑内炽,感奋莫名,像是和一股滚滚翻腾而来的生命骤然相接,欲摆脱而不能"。若有心对余光中的梵高专论细加梳理,可以发现,余光中认为造成这种美感的原因是:其一,"蟠蜿淋漓""沛然运转""笔挟风雨一气呵成"的节奏感,或者说是"蟠蟠蜿蜿起伏汹涌无始无终的颤动、震动、律动"。它由梵高独特的线条造成,"那些断而复续,伏而复起,去而复回的线条,像是宇宙间生生不息动而愈出的一种节奏，一种脉搏"。其二，奇异的光辉，它来自梵高大胆运用几种强烈的主色。

余光中说"光辉与颤动正是梵谷画中呼之欲出的特质"，其实，这也是余光中诗文的主调。综观余光中的创作，大处着笔力能扛鼎，小处落墨纤细入微，能犀利，能冲淡，能幽默，能庄重，嬉笑怒骂，风格多姿，但最突出的风格仍是浓烈泼洒的色彩笔挟风雨的节奏，一种阳刚之美。他自称："崇拜一支男的充血的笔，一种雄厚如斧野犷如碑的风格……嗜伐嗜斩，总想向一面无表情的石壁上砍出自己的声音来……罹了史诗的自大狂，幻想你必须饮海止渴嚼山充饥，幻想你的呼吸是神的气候。"

特别在他六七十年代那些"飞扬跋扈为谁雄"的诗文中，焦点总是对准广漠、巨石、山风、海潮，钢铁长桥、摩天大厦、生命力强悍的人与如猛兽狂奔的车；背景总是千年的文化、万里的地图和永恒的星空；角度总是摄取广阔深远的场景的俯视，即所谓"凭空视远，如君而朝万众"；喜好选用声调高的词。而行文则注重气势，泼墨淋漓，在不事细部雕饰的整体形象的飞扬流动中，表现出激荡磅礴的力量和速度。在这些诗文中，我们同样得到立于梵高画幅之下的美感，元气淋漓剧烈冲突的生命挥洒而出的绚丽色彩。我们甚至可以具体指证梵高画作在余光中作品中的印痕，如《逍遥游》的开篇基调有梵高《星光夜》的气氛；《羿射九日》《火浴》《想起那些眼睛》《九命猫》等诗歌中不断出现火的意象，也仿佛是为法国南部古镇阿罗的灿亮烈日所点燃……

观赏和揣摩梵高画作，也使余光中对他的艺术手法了然于心并有所借鉴。梵高多作自画像，十年之中得四十多幅，表现出他自励自省和自我定位的决心和勇气；六十年代以后，余光中也多作自剖自述诗，三十年间，大约有三十首之多，其中较为著名的是《白玉苦瓜》《火浴》《与永恒拔河》《独白》《旗》《五行无阻》《守夜人》。梵高创作，喜欢在同一题目下反复作画，如向日葵，就是他常作之题。对于梵高这一创作特点，余光中多有所论，认为是"为了求全、求变"。余光中创作，亦常见同题（或者相同题材）异作这一手法，诸如诗人自我形象的刻画、母亲、离别、月光、恋情等题材都是常写不衰，也有同一题材分别见之于诗歌和散文。这样做，既是为了充分利用题材，更重要的是借此考验自我挖掘生活的艺术能力。能在同一题材上不断推陈出新，正是作家艺术生命开拓不息、艺术手段高超的标记。

《梵谷传》也是余光中和范我存女士的爱情见证，是余光中一家的"精神家人"。

翻译《梵谷传》，是余光中和夫人范我存一生携手合作的开端。每天，余光中在无格的白纸上写下译文，从台北寄给在中坜任教的范我存，由她誊清在有格的稿纸上再寄回，让余光中送往报社，保证每日连载不断。三百多个日夜，三十多万字的译文，他们共同面对"红头疯子"的苦难；他们也分享工作和爱情的甜蜜，余光中每每在白纸背面写上自己的思念和情意，范我存寄回的稿件里当然也附带情书。所以，余光中会说："在我们早年的回忆里，梵谷其人其画，都是不可缺少的一份。苦命的文生早已成为了我家共同的朋友。"

一九五六年，余光中结束了他编译官的生涯，到东吴大学兼课，开始了新的生活，教学和创作并举的生活。就在这一年九月，他与范我存携手踏上红地毯。

上面说的"我家"原来是两口之家，后来成了六口乃至十余口之家，可是，梵高一直，永远是这一家子共同的朋友，不，不仅仅是朋友，应该说是余家的"精神家人"。一九九〇年，梵高逝世百年，余光中、范我存和两个女儿专程远赴荷兰，瞻仰梵高画作；他们到法国奥维梵高兄弟墓前凭吊；全家从荷兰提回的梵高画册，重达好几公斤。余光中写道："一九九〇年对于我家，真是壮丽无比的梵谷年。"

这次远程的朝圣，犹如家族的祭拜仪式。这种奠仪，不需香火和牲酒，而用性灵与诗文。主祭余光中在那一年向梵高一连献上七篇诗文：以梵高画作为主题的《星光夜》《荷兰吊桥》《向日葵》三首诗歌；《破画欲出的淋漓元气》《壮丽的祭典》《莫惊醒金黄的鼾声》《梵谷的向日葵》四篇总字数逾四万的梵高专论。

余译《梵谷传》震撼了许多敏感而年轻的心灵，该书在台湾先有重光版，后有大地版，最后是九歌版，一印再印，总印数逾三万册。在数以万计的热情读者中，在《梵谷传》的感召下，投身文学艺术，成为出色的艺术家者，比比皆是。比如，"云门舞集"的创始人林怀民，十二岁就读了余译

《梵谷传》；作家三毛（陈平）身后家人以她生前最喜爱的三本书陪葬，其中一本便是余译《梵谷传》，还有黄春明也因余译《梵谷传》而确立了自己的文学创作道路……更年轻的还有儿童文学作家管家琪、文学评论家钱学武……他们都感谢余光中翻译的《梵谷传》开启他们的心灵之窗。

为了让更多青春心灵沐浴于梵高的光辉中，一九七七年，《梵谷传》初版问世二十多年后，余光中在创作和教学之余，认真修改初版的译稿，使其更为精美流畅。在"新译本译者序"中，他自叙其译事："每页修改的程度不一，少则七八处，多则二三十处，相信旧译全文至少修改了一万处。修改所耗时间，每页少则十五分钟，多则往往半小时以上……新译的过程约为一年；有时在家里动笔，有时在办公室里，有时和我存开车去大埔或沙田买菜，我甚至利用等她采购的一段时间，靠在汽车后座工作。"

二〇一〇年，正值梵高逝世一百二十周年，台北历史博物馆隆重推出《梵谷大展》，近百件作品大都由荷兰美术馆借来。这是梵高原作首次光临华人世界。

余光中为此艺术盛宴写下两篇评论。《为梵谷招魂》再次详尽叙述梵高与余家的密切关系。其中说到，在四个女儿成长的岁月中，"我家的书架上，总有《梵谷传》的译本，封面虽有变换，但文生那忧郁而深思的眼神，朝夕都灼灼俯对着她们。同时家中的画册也逐年增多，其中当然多册是梵谷的作品，'眼熟能详'。带她们出国，美术馆中，只要有梵谷的原作，当然也不会错过。"他说，女儿珊珊日后留学美国主修艺术史，和这一家庭艺术教育自然有关。《梵谷光临台湾》则细致分析梵高大展的画作，引导台湾观众进入梵谷的艺术心灵。特别针对此次展出梵谷的素描指出："赏油画，如在桌上快嚼美肴。看素描或草稿，却像走向油香火旺的厨房，深入现场去观察师傅如何切肉炒菜，倍感亲切。"

和梵高结缘已半个世纪，余光中总是意犹未尽。不久前他还这样说："梵谷是我的忘代忘年交，他的痛苦之爱贴近吾心，虽然曾译过一部《梵谷传》，仍然感到不能尽意，很想有空再译出他的书信集，或是鲁宾医生那本更深入更犀利的传记《人世的游子》。"

在那本著名的《苏东坡传》中，林语堂先生这样说过："知道一个人，或是不知道一个人，与他是否为同代人，没有关系。主要的倒是是否对他有同情的了解。归根结底，我们只能知道自己真正了解的人，我们只能完全了解我们真正喜爱的人。我认为我完全知道苏东坡，因为我了解他，我了解他，是因为我喜爱他。"富足而且坚毅的艺术生命总是灵犀相通的，林语堂和苏东坡是这样，余光中与梵高也是这样，卓越超拔的艺术心灵撞击而出的绚丽光彩，任是再遥远的时空距离也无法熄灭。

第五章　翻译乃大道

译者未必有学者的权威，作家的声誉，但其影响未必较小，甚或更大。译者与伟大心灵为伍，见贤思齐，当意会笔到，每每能超凡入圣，成为招神之巫师，天才的代言。此乃寂寞译者独享之特权。

——《翻译乃大道》

　　趁着余光中诗、文、论尚未密集发表之时，我们先来多谈一些他的翻译成就。

　　余光中在《译无全功》中说："希腊神话里有九个姐妹，号称'九缪思'，来辅佐诗神亚波罗（大陆译为阿波罗——著者），共掌文艺的创作。不过她们的专职不很平衡，例如历史与天文都各有所司的缪思，而艺术却无人管，至于翻译，就更无份了。翻译好像不是创作，但是翻译对于文化的贡献至为重大：如果没有佛经和圣经的译本，宗教能够普及么？如果西方文学不经翻译，能够促进中国的新文学么？所以我曾戏言：如果缪思能扩充名额，则第十位缪思应该认领翻译。"

　　余光中虽然从不以翻译家自居，并自称翻译是他"写作之余的别业"，但他作为当代中国译坛的名家地位是不可动摇的。他在这方面的成就包括他的翻译著作、翻译评论和译坛活动。

　　至今，余光中出版的译著已达十五种，除了《梵谷传》外，还有译诗八种：其中英译中五种，它们是《英诗译注》、《美国诗选》（林以亮主编，多人合译，余光中所译约一半）、《英美现代诗选》、《土耳其现代诗选》、《济慈名著译述》；中译英三种：《中国新诗选》《满田的铁丝网》《守夜人》。小说两种：《老人和大海》（海明威著）、《录事巴托比》（梅尔维尔著）。王尔德喜剧四种：《不可儿戏》《温夫人的扇子》《理想丈夫》《不要紧的女人》。

　　其译著品类齐全，涵盖诗歌、小说、戏剧和传记；风格殊异，海明威的明快短语，梅尔维尔的雄浑长句，王尔德之机锋犀利，弗罗斯特之纯净怡然，爱用多音节名词的艾略特，喜欢头韵的爱伦坡……文化背景多元广阔，作者来自英国、美国、印度、土耳其、西班牙、中国……余光中无不能细心体悟，分别对付。能够纵横出入于如此广阔的空间，功力不可谓不深。翻译的热情，数十年不衰，时间不可谓不长。

　　翻译文学作品，对于余光中而言，既有助于提高创作艺术水准，也是驱散烦忧的好办法。

　　余光中说，翻译和创作相互间有强烈的影响。作家译文的文体，或多或少会受到自己创作文体的影响；反之，一位作家如果在某一类译文文体中沉浸流连，其创作文体也会受到译文文体的熏染。余光中还现身说法，郑重指出，对自己文学创作观念发生强烈影响的有《梵谷传》的翻译，而渗入自己感性深处影响自己诗歌创作的是英诗，有"弥尔顿的功架，华兹华斯的旷远，济慈的精致，惠特曼的浩然"；有"从莎士比亚到丁尼生，从叶慈到弗罗斯特，那抑扬五步格的节奏，那倒装或穿插的句法"，还有狄瑾荪的歌谣体……

有些时候，余光中是为了促进创作而翻译——"说得文些，好像是在临帖，说得武些，简直就是用中文作兵器，天天跟那些西方武士近身搏斗一般"；有些时候，翻译则只是作为一种自我排遣的良方。

请看他的妙语："译一本好书，等于让原作者的神灵附体，原作者的喜怒哀乐变成了你的喜怒哀乐。替古人担忧，总胜过替自己担忧吧。译一本杰作，等于分享一个博大的生命……翻译，也可以说是，神游杰作之间而传其胜。神游，固然可以忘忧。在克服种种困难之后，终于尽传其胜，更是一大欣悦了。"在余光中的翻译生涯中，梵高和王尔德是悲喜的两端，他陪着梵高下煤矿，割耳朵，住疯人院，自杀，使自我的小悲在梵高的大悲中得到净化；他也分享王尔德的妙语，王尔德写得眉飞色舞，余光中译得眉开眼笑。

善于思索勤于总结的余光中把他的丰富经验和心得化为数十篇关于翻译的论述，其中最重要的有论文《翻译与创作》《翻译与批评》《庐山面目纵横看》《作者、学者、译者》《想象之真》《论的的不休》《译无全功》；有译著的前序后记，如《〈英美现代诗选〉序》《〈录事巴托比〉译后》《〈老人和大海〉译者序》《一跤跌到逻辑外》《与王尔德拔河记》《一笑百年扇底风》《上流社会的下流》《〈济慈名著译述〉译者序》；有对梁实秋、思果、梁宗岱、彭镜禧等翻译家不同翻译风格的评论；还有为多届梁实秋文学奖翻译奖写的总评以及为多种英汉词典所作的序言。

在余光中的译论中，有些极有见地的观点，就是在高手林立的译坛也是别树一帜的。

余光中说："翻译，是西化的合法进口，不像许多创作，在暗里非法西化，令人难防。一篇译文能称上乘，一定是译者功力高强，精通截长补短、化瘀解滞之道，所以能用无曲不达的中文去诱捕不肯就范的英文。这样的译文在中西之间折冲樽俎，能不辱中文的使命，且带回俯首就擒的英文，虽不能就称为创作，却是'西而化之'的好文章。"

余光中认为,优秀的译文能化解西方语汇句式,使之融入汉语的常态,此种译文便是善性西化,它增强了汉语的表现力。余光中重译的《梵谷传》正是上述论述的有力印证,它的问世立刻引起学界的注意。一九九三年,台湾东海大学中文所张嘉伦写出硕士论文《以余译〈梵谷传〉为例论白话文的欧化问题》。文中详尽分析了余光中重译《梵谷传》时的大幅改动,包括句子成分、句型结构以及词性、词序、语态等方面,认真论证了余译《梵谷传》正是现代白话文纠正恶性西化的最佳范本。

余光中认为,文学翻译,特别是译诗,不折不扣是一种艺术。有灵感的译文,就像投胎重生的灵魂。他不遗余力地反对直译、硬译,说那样的译文只是一种无生命的标本——即使一根羽毛也不少,也还是一只死鸟。他更多次撰文痛斥劣译,因为它在曲解原文之时,还会腐蚀本国文体。"三流以下的作家,或是初习创作的青年",总是缺乏抵抗力,濡染其中,久而久之,就会向这种生硬、拙劣、西而不化的翻译体看齐,他们写出的劣质中文将包围甚至湮没优美的母语。

余光中郑重指出,驾驭文学翻译这样一种特殊的艺术,译者必须兼有两种本事。

首先,他应该是"不写论文的学者",他要对施语体贴入微,对施语所属的社会文化有深入的了解,对所译之文的作者及其文章的背景有全面的把握;其次,他应该是"没有创作的作家",因为,翻译的过程,"是一种虽然强烈但又混沌而游移的经验,透过译者的匠心,选择、修正、重组,甚至蜕变的过程"。译者必须对受语运用自如,对各种文体和语体风格得心应手,能够把一本书、一个作家,带到另一种语文里去。对此,余光中深有体会地说:"翻译的心智活动过程中,无法完全免于创作。例如原文之中出现了一个含义暧昧但暗示性极强的字或词,一位有修养的译者,沉吟之际,常会想到多种译法,一种以音调胜,另一种以意象胜,而偏偏第三种译法似乎在意义上更接近原文,可惜音调太低沉。面临这样的选择,一位译者必须斟酌上下文的需要,且依赖他敏锐的直觉。这种情形,已经接近创作者的处境了。"

余光中说,一位够格的翻译家,尤以所译是文学,应该能符合这三个条件:第一,他应该精通施语和受语两种语文,其中一种语文他要能深入了解，另一种他要能灵活运用。如果不能充分了解施语，就会曲解；如果无力驱遣受语，就会隔靴搔痒，词不达意。此外，他还得具备两个条件：专业知识与常识。作品既然表现人生百态，题材自然不一而足，译者防不胜防，怎能样样都懂？只能尽人事吧，例如多查资料，多请教行家，多参考前例，等等。倒是常识十分重要：此情此景，能有此事么？放在上下文里，说得通么？说不通，就有问题了，必须另谋出路。

应通两种语文之事，关键全在这"通"字，译者要透过语文去了解背景文化，也就是形而上的上下文，才算到位。例如西方的"dragon"虽可中译为龙，但和中国文化的龙大有差异；"jade"虽然指玉，但其他的含意却为负面，"jaded"更是负面的形容词。另一要求，文学作品的译者还得应付各种文体，包括诗、散文、戏剧、评论……译诗得像诗，译戏剧台词得像口语，否则就不"到位"。所以，称职的译家理应是一位文体家。例如格言，如果是一般文章所引，其"语境"当突出于较白的上下文，才能成就"立体感"，也才能成就"权威"。

下面，选择几个实例来更深入了解余光中的翻译。

首先是早期的翻译，《老人和大海》的节选：

> 那老人独驾轻舟，在墨西哥湾暖流里捕鱼，如今出海已经八十四天，依然一鱼不获。开始的四十天，有个男孩与他同去，可是过了四十天还捉不到鱼，男孩的父亲便对他说，那老头子如今确实无可挽救地成了晦气星，那是最糟的厄运。于是，男孩听了父母的话，到另一条船上去，一星期后，便捕得三尾好鱼。男孩看见老人每日空船归来，不觉恻然，每每下去帮他的忙，或拿绳圈，或拿鱼钩鱼叉以及卷在桅杆上的布帆。那帆用面粉袋子补成一块块的，一卷起来，就像是一面常败之旗。

从以上摘录中可以看见，余光中从翻译起步阶段，就避开了食洋不化的新文学腔调。

当然，更能体现余光中翻译功力的是译诗，他用功最深的是英诗，赞誉最多的英国诗人是济慈。

　　十九世纪英国最为著名的三位浪漫诗人为拜伦、雪莱、济慈,前二者都是贵族,济慈则属于平民,他的境遇最为困苦,患肺疾,母亲和弟弟均因肺疾先他而殁。济慈曾与所爱的芬妮·布朗订婚,却未能娶她;把生命奉献给缪思女神,但生前默默无闻。"诗坛泰斗"华兹华斯揶揄过他;名满天下的拜伦在朋友力荐下读其诗,却认为其诗难以理解。余光中认为济慈酷似梵高,生前寂寂,死后赫赫。一百多年来,济慈的《希腊古瓮颂》《夜莺曲》《秋之颂》,还有十四行诗《初窥蔡译荷马》《当我担忧》等,是英国文学的经典之作。

　　有论者把济慈说成遁世自恋的唯美信徒,余光中认为此论过分简化。他指出:"济慈对法国大革命的反应虽不如拜伦、雪莱之强,但对工业社会现实生活之咄咄逼人,却是耿耿于怀的。"现实与艺术之美形成难以两全的对照,是济慈诗的一个主题。济慈念念不忘的,余光中说,是艺术、现实和死亡三者。余光中进一步指出,"济慈是诗人之中的美学家",他刻意要探讨的,"是形与实(image vs. reality)、美与真(beauty vs. joy)、艺术与科学(art vs. science)、忧与喜(melancholy vs. joy)之间相克相生的关系","他的五大颂甚至六大颂,不但语言高妙,声韵圆融,美感饱满,而且富于美学的卓见,真不愧是英诗的传世瑰宝"。

When I have fears that I may cease to be

Before my pen has glean'd my teeming brain,

Before high-piled books, in charact'ry,

Hold like rich garners the full-ripen'd grain;

When I behold, upon the night's starr'd face,

Huge cloudy symbols of a high romance,

And think that I may never live to trace

Their shadows, with the magic hand of chance;

And when I feel, fair creature of an hour!

That I shall never look upon thee more,

Never have relish in the faery power

Of unreflecting love!—then on the shore

Of the wide world I stand alone, and think,

Till Love and Fame to nothingness do sink.

　　当我担忧自己会太早逝去，
　　笔还未拾尽丰盛的心田，
　　厚叠的诗卷，按字母顺序，
　　还未像谷仓将熟麦储满，
　　当我在夜之星相上见到
　　云态昭示着高调的传奇，
　　念及我此生恐永难追描
　　其幽影，靠手到神来的运气；
　　当我感慨，千载一遇的佳人，
　　今世只怕我无缘再睹，
　　再也无福能消受神恩，
　　一享不计得失的爱慕；
　　于是人海茫茫岸边我独立，
　　苦思到爱情，声名都沉底。

　　上面是济慈《当我担忧》原文及余译，济慈之美和余译之妙可见一斑。

　　此处再以一首文坛熟悉的诗歌，济慈的《希腊古瓮颂》为例，来阐明余光中的翻译功力，此诗较好的译者有卞之琳和穆旦，我们将他们三者的译文作一比较。

　　济慈原文如下：

Ode on a Grecian Urn

1

Thou still unravished bride of quietness,

　　Thou foster-child of silence and slow time,

Sylvan historian, who canst thus express

 A flowery tale more sweetly than our rhyme:

What leaf-fringed legend haunts about thy shape

 Of deities or mortals, or of both,

  In Tempe or the dales of Arcady?

 What men or gods are these? What maidens loth?

What mad pursuit? What struggle to escape?

 What pipes and timbrels? What wild ecstasy?

2

Heard melodies are sweet, but those unheard

 Are sweeter; therefore, ye soft pipes, play on;

Not to the sensual ear, but, more endeared,

 Pipe to the spirit ditties of no tone:

Fair youth, beneath the trees, thou canst not leave

 Thy song, nor ever can those trees be bare;

  Bold Lover, never, never canst thou kiss,

Though winning near the goal—yet, do not grieve;

  She cannot fade, though thou hast not thy bliss,

 For ever wilt thou love, and she be fair!

3

Ah, happy, happy boughs! that cannot shed

 Your leaves, nor ever bid the Spring adieu;

And, happy melodist, unwearièd,

 For ever piping songs for ever new;

More happy love! more happy, happy love!

 For ever warm and still to be enjoyed,

  For ever panting, and for ever young—

All breathing human passion far above,

 That leaves a heart high-sorrowful and cloyed,

  A burning forehead, and a parching tongue.

4

Who are these coming to the sacrifice?

To what green altar, O mysterious priest,

Lead'st thou that heifer lowing at the skies,

And all her silken flanks with garlands dressed?

What little town by river or sea shore,

Or mountain-built with peaceful citadel,

Is emptied of its folk, this pious morn?

And, little town, thy streets for evermore

Will silent be; and not a soul to tell

Why thou art desolate, can e'er return.

5

O Attic shape! Fair attitude! with brede

Of marble men and maidens overwrought,

With forest branches and the trodden weed;

Thou, silent form, dost tease us out of thought

As doth eternity: Cold Pastoral!

When old age shall this generation waste,

Thou shalt remain, in midst of other woe

Than ours, a friend to man, to whom thou say'st,

"Beauty is truth, truth beauty,—that is all

Ye know on earth, and all ye need to know."

余光中、穆旦、卞之琳的译文如下：

希腊古瓮颂

余光中译

嫁给娴静的新娘，尚未破身，

沉默与湮远共育的养女，

山林野史，你讲的轶闻

多彩多姿,更胜过我的诗句;
花边的传说缭绕你一身,
说的是神,是人,或兼有神人,
在丹陂或是阿凯迪谷地?
何来的人或神,不服的村女?
何来的狂追? 何来的逃拒?
何来的笛与鼓? 何来的欢腾?

乐曲而可闻虽美,但不闻
却更美;所以柔笛莫住口,
不是对肉耳,而更加动人,
是无声之调对心神吹奏:
树下的美少年,你的歌声
不会停,而树也永不枯萎;
莽情人,你永远,永远吻不成,
眼看要得手——你且莫悲;
纵你无缘,她也难抽身,
你的情不休,她的美不褪!

啊,幸福,幸福的花枝,永不
落叶,永不对春天说再会;
幸福的乐师,不觉得辛苦,
不老的乐曲不停在吹;
更幸福,更加幸福的爱情,
永远热烈,永远有指望,
永远在苦盼,永远不怕老;
超脱了人间的六欲七情,
不害额头发烧,舌头发燥。

来此地祭祀的又是何人?

神秘的祭司,这青青祭坛,
你牵来的母犊仰天哀呻,
光滑的两胁都戴着花环。
何来小镇在河畔或海边,
或依山而建,安宁的城寨,
在拜神的早上,居民全出门?
小镇啊,你的街巷将永远
寂静,而为何你如此凄冷,
能说明的人,谁也回不来。

希腊的典型啊,优美的神态!
大理石精雕细琢的男女,
有茂林繁枝,草地任踩;
你的静态逗得人苦思竭虑,
如永恒逗人。冷面的牧歌!
当老迈将我们这一代耗损,
你仍会流传,去面对来世
新的烦恼,与人为友,且说
"美者真,真者美"——此即尔等
在人世所共知,所应共知。

希腊古瓮颂

查良铮(穆旦)译

你委身"寂静"的、完美的处子,
受过了"沉默"和"悠久"的抚育,
呵,田园的史家,你竟能铺叙
一个如花的故事,比诗还瑰丽:
在你的形体上,岂非缭绕着
古老的传说,以绿叶为其边缘;
讲着人,或神,敦陂或阿卡狄?

呵,是怎样的人,或神! 在舞乐前
多热烈的追求! 少女怎样地逃躲!
怎样的风笛和鼓谣! 怎样的狂喜!

听见的乐声虽好,但若听不见
却更美;所以,吹吧,柔情的风笛;
不是奏给耳朵听,而是更甜,
它给灵魂奏出无声的乐曲;
树下的美少年呵,你无法中断
你的歌,那树木也落不了叶子;
鲁莽的恋人,你永远、永远吻不上,
虽然够接近了——但不必心酸;
她不会老,虽然你不能如愿以偿,
你将永远爱下去,她也永远秀丽!

呵,幸福的树木! 你的枝叶
不会剥落,从不曾离开春天;
幸福的吹笛人也不会停歇,
他的歌曲永远是那么新鲜;
呵,更为幸福的、幸福的爱!
永远热烈,正等待情人宴飨,
永远热情地心跳,永远年轻;
幸福的是这一切超凡的情态:
它不会使心灵餍足和悲伤,
没有炽热的头脑,焦渴的嘴唇。

这些人是谁呵,都去赶祭祀?
这作牺牲的小牛,对天鸣叫,
你要牵它到哪儿,神秘的祭司?
花环缀满着它光滑的身腰。

是从哪个傍河傍海的小镇,
或哪个静静的堡寨山村,
来了这些人,在这敬神的清早?
呵,小镇,你的街道永远恬静;
再也不可能回来一个灵魂
告诉人你何以是这么寂寥。

哦,希腊的形状! 唯美的观照!
上面缀有石雕的男人和女人,
还有林木,和践踏过的青草;
沉默的形体呵,你象是"永恒"
使人超越思想:呵,冰冷的牧歌!
等暮年使这一世代都凋落,
只有你如旧;在另外的一些
忧伤中,你会抚慰后人说:
"美即是真,真即是美",这就包括
你们所知道,和该知道的一切。

希腊古瓮颂

卞之琳译

你是"平静的"还未曾失身的新娘,
你是"沉默"和"悠久"抱养的女孩,
林野的史家,你赛过我们的辞章,
讲一篇花哨的故事这样有风采;
枝叶边缘的传说缠绕你一身,
是讲的 Tempe 或 Arcady 山坳
一些神,还是人,还是神同人在一起?
这些是什么人,什么神,什么样小女人
不愿意? 怎么样猛追? 怎么样脱逃?
什么笛? 什么铙钹? 什么样狂喜?

听见的乐调固然美，无从听见的
却更美；柔和的笛管，继续吹下去，
不对官能而更动人爱怜的
对灵魂吹你们有调无声的仙曲：
美少年，你在树底下，你不能抛开
你的唱歌，这些树也永不光秃；
勇敢的钟情汉，你永远亲不了嘴，
虽然离目标不远了——也不用悲哀；
她消失不了，虽然你得不到艳福，
你永远会爱，她也会永远娇美。

阿，幸福的永远枝条！永不会
掉叶，也永远都不会告别春天；
幸福的乐师，永远也不会觉得累，
永远吹奏着曲调，又永远新鲜；
更加幸福的，更加幸福的爱情！
永远的热烈，永远都可以享受
永远的喘气，永远的年富力强；
远远的超出了人欲的纠缠不清，
并不叫一颗心充满了餍足和忧愁，
并不叫额上发烧，舌头上焦黄。

这些前来祭祀的都是些什么人？
神秘的祭师阿，上什么青青的祭坛
牵去的这条牛，让它对天空哀呻，
给她丝光的腰身都套了花环？
那一座小城市，靠海的，或者靠的河，
或者靠了山筑起的太平的城堡，
出空了这群人，虔诚赶清早去进香？
小城市，你的街道会永远沉默，

也不再有一位生灵能回来讲明了
你可以从此转成了这般荒凉。

希腊的形状;希腊的姿态! 满处
饰满了大理石的男男女女,
枝叶在摇曳青草在脚底下起伏;
静默的形体,引我们越出了尘虑,
像"永恒"引我们一样:冰冷的牧歌!
等老年断送了我们一代的来路,
你还会存在,看人家受到另一些
苦恼的时候,作为朋友来申说
"美即是真,真即是美",——这就是
你们在地上所知和须知的一切。

《希腊古瓮颂》歌咏古瓮,此瓮上面雕刻着两幅画——婚礼场面和祭祀场面,诗歌前三段写婚礼的情景,后两段写祭祀的心境。

英文好用抽象名词,并加以拟人修辞,用文法身份不易确定的中文,很难翻译。例如首段前两行:

Thou still unravished bride of quietness,
Thou foster-child of silence and slow time,

就有三个这样的人格化抽象化名词。quietness 指的是无声的婚礼画面,still unravished 指尚未经初夜行房,犹保童真,foster-child 指当初做瓮的师傅已死,此物从此由悠悠的岁月来领养。穆旦的译文是:

你委身"寂静"的、完美的处子,
受过了"沉默"和"悠久"的抚育,

卞之琳的译文是:

> 你是"平静的"还未曾失身的新娘，
>
> 你是"沉默"和"悠久"抱养的女孩，

两人处理抽象名词的方式都是加上引号，余的译文是：

> 嫁给娴静的新娘，尚未破身，
>
> 沉默与湮远共育的养女，

余光中自己解释说：

用动词来显示三个抽象名词的拟人格身份（personification），就把扫兴的引号摆脱了。同时原文的两个 thou 都略去，可以把句长结束在十一个字以内，以免句法拖沓。

余的译文，句子比穆、卞二位都短，每句最多十一字，最少只有九字；穆译在十字与十三字之间；卞译更在十字与十五字之间。《希腊古瓮颂》，济慈的原文为五十行，动用了五百个音节；余光中和穆旦、卞之琳也各译成五十行，余只用了五百零三字，穆旦用了五百七十二字，卞之琳用了六百三十八字。后两位译家多出来的字大都为"的"与代名词。

余光中的句法有时显得稍紧，不过省去的字多半是英文必用而中文可免的"虚字"。卞译的句法往往太松，甚至是在"填字"。卞之琳写诗，以白话甚至口语为基调，这风格用于译诗，有时就不免浅白。

比如第二段的这两行：

> Bold Lover, never, never canst thou kiss,
>
> Though winning near the goal—yet, do not grieve;

济慈语气并非浅白，甚至还用了 canst thou 的古英文，但卞译却是：

> 勇敢的钟情汉，你永远亲不了嘴，
>
> 虽然离目标不远了——也不用悲哀；

"勇敢的钟情汉"失之重复，至于"亲不了嘴"又失之太白，甚至俗了，只怕济慈会不赞成。

余的译文是：

> 莽情人，你永远，永远吻不成，
> 眼看要得手——你且莫悲；

余光中还指出：

第一段第八行的"What maidens loth"，穆译的"在舞乐前"实为不妥；尽管 loth 的意思可接到下一行的"struggle to escape"，但也不能用这四个字填充。卞译的"什么样小女人/不愿意"有些勉强，"小女人"除了可以押韵，却不合 maidens 的风格。

第二段"not to the sensual ear"明明合于中文现成的"肉耳"，穆译却只说"不是奏给耳朵听"，而卞译更说成"不对官能而更动人爱怜的/对灵魂吹你们有调无声的仙曲"，短处过简，长处又过冗，凭空还加上代名词"你们"来填空，"no tone"译为"有调无声"也费词。

第三段前三行穆译不如卞译精确，把"boughs"译成"树木"，"leaves"译成"枝叶"，都未贴近原文。最易误解的是倒装的第八行，济慈为了押韵，把"above"置于行末，其实文法的顺序该是"far above all breathing human passion"，其后的两行"that leaves a heart...a burning forehead, and a parching tongue"则形成一个形容分句，形容"passion"。穆译第八行"幸福的是这一切超凡的情态"，用意含糊，令人不解。这整段卞译虽稍嫌长，却明白可解，只是末两行行首的两个"并"字不如删去。

第四段的"heifer"是"母犊"，亦即小母牛，更称之为"her"，不知为什么穆旦仅称她"小牛"，而且是"它"？"Not a soul"乃成语，例如"There wasn't a soul to be seen"，只是指"一个人影也不见"，不必指灵魂。卞译末两行说成"也不再有一位生灵能回来讲明了/你可以从此转成了这般荒凉"，不太易解，同时句法太长，语气太白，更嫌冗赘，"从此"一词也不合原意。

余光中说，第五段济慈仍然对着大理石古瓮凝神惊艳，遐想联翩，却又看不明白，想不透彻。其实此诗开篇首段，诗人就已连发七问，到了第四段，又问了三次。终于诗人悟出：真相难求，真理就在美中，深感其美，于愿已足。古瓮无言，扪之又冷，天机莫测。一代人有一代人的烦恼，到了下一代，面对又一批观众，古瓮仍然会说，美就是真，不必殚精竭虑，想入非非。最后五行尤需注意：主句是"Thou shalt remain a friend to man"；至于"in midst of other woe than ours"则为副词片语，穆旦译成"在另外的一些/忧伤中"，含义欠清，乃一大失误。卞之琳译成"看人家受到另一些/苦恼的时候，作为朋友来申说"，也含混而生硬，"人家"是谁，"另一些苦恼"又是谁的苦恼？"作为朋友"尤其直译得生硬。

最后两行的诠释，历来最多争议，对译者也是莫大的考验。最后五行的"thou"当然是指古瓮。古瓮既为人类之友，"to whom thou say'st"的"whom"当然是人类，"美即是真，真即是美"当然是古瓮对人类（亦即下一代又一代的观众）的叮咛、启示。即美即真，无美不真：古瓮正是美学的传人，以身见证的美学家，自给自足的唯美信徒。爱默生就宣称："美，即其自身存在之依据。"[①]至于最后一行半，是对"ye"说的，"ye"是复数，在本诗第二段就有"ye soft pipes"之例，所以末行的两个"ye"，不可能是诗人对古瓮所称，因为古瓮一直是单数的"thou"，更不可能是诗人对瓮上人物的称呼，或古瓮反身对婚礼与祭典的自称。

古瓮以朋友的口气对一代代的观众说，"美即是真，真即是美"，又对人类嘱咐，"这道理，你们在人间知之已足"。

古瓮既是古物，济慈的诗句又用古雅的"thou""ye""thy""canst""say'st""midst"等语，穆旦和卞之琳的白话其实未尽相配。所以余的译文在诗末调得文些，如此终篇：

> "美者真，真者美"——此即尔等
> 在人世所共知，所应共知。

余光中认为，译诗应该意文兼顾，或者"形意兼顾"，也就是说，译文

---

① Beauty is its own excuse for being.

要尽力表现出原诗的韵脚、句法、顿乃至语言风格。他说,最好的译诗,与原诗是"孪生之胎","其次,当如兄弟;再其次,当如,堂兄表弟,或者侄女外甥"。

余光中认为译文的最高层次是风格。

决定风格的该是作家驱遣语言的特色,到了这个层次,就不仅是对错的问题,而是整篇作品给读者的总印象了。这综合印象又和该作品的文类有关。

余光中说,一般译者以为外国文学的中译是新文学发展的副产,理应用白话文来运作。其实外国文学的经典往往是百年前甚至千年前的语文,为了在语感或语境上相应,我们也不妨酌用一些文言的语汇或句法。此所以博学的钱锺书反而能够接受林琴南的翻译。其实佛经的翻译不正是"译梵为唐"么?余光中指出,我绝对无意提倡用文言来译西方文学,只是认为如有需要,文言也不妨出手来济白话之不足。我自己创作诗文时,多年来就强调"白以为常,文以应变"的原则。例如叶慈的短诗《华衣》(A Coat),句法精简,韵律妥帖,我就忍不住要用古朴的文言来对应:

> I made my song a coat
> Covered with embroideries
> Out of old mythologies
> From heel to throat;
> But the fools caught it,
> Wore it in the world's eyes
> As though they'd wrought it.
> Song, let them take it!
> For there is more enterprise
> In walkirg naked.

> 为吾歌织华衣,
> 织锦复绣花,

绣古之神话，

自领至裾；

但为愚者攘去，

且衣之以炫人，

若自身所手纫。

歌乎，且任之，

盖至高之壮志

唯赤体而行。

余光中说，但是另一方面，像美国诗人杰佛斯的《野猪之歌》(*The Stars Go over the Lonely Ocean*)的末段，就不能不用口语，甚至"粗口"，来传其神了：

"Keep clear of the dupes that talk democracy

And the dogs that bark revolution,

Drunk with talk, liars and believers.

I believe in my tusks.

Long live freedom and damn the ideologies, ″

Said the gamey black—maned wild boar

Tusking the turf on Mal Paso Mountain.

"管他什么高谈民主的笨蛋，

什么狂吠革命的恶狗，

谈昏了头啦，骗子和信徒。

我只信自己的獠牙。

自由万岁，他娘的意识形态。"

黑鬃的野猪真有种，他这么说，

一面用獠牙挑毛巴索山的草皮。

余光中还说，同样地，康明斯以诗为画、以文字之伸缩重组为立体派画风的创新,使现代诗耳目一新,而读者变成了观众,译文当然也应亦步亦趋,让妙运"神智体"的苏轼看了,也会拊掌而笑吧。

下面是余光中所译康明斯的《天真之歌》(*Chanson Innocente*)：

in Just—
spring when the world is mud—
luscious the little
lame balloonman

whistles far and wee

and eddieandbill come
running from marbles and
piracies and it's
spring

when the world is puddle-wonderful

the queer
old balloonman whistles
far and wee
and bettyandisbel come dancing

from hop-scotch and jump-rope and
it's
spring
and
the
goat-footed
balloonMan whistles

far

and

wee

在恰恰——
春天　当世界正泥泞——
芬芳,那小小的
跛脚的卖气球的

吹口哨　远　而渺
艾迪和比尔跑来
扔下打弹子和
海盗戏,这是
春天

当世界正富于奇幻的水塘

那古怪的
卖气球的老人吹口哨
远　而　渺
蓓蒂和伊莎白跳舞而来

扔下跳房子和跳绳子

这是
春天
那个
山羊脚的
卖气球的　吹口哨

远
而
渺

在文坛或者学界,译者常常是被冷落的人物,他们稿酬低,名气小;书译得好,原作者饱受赞扬,译得不好,译者挨人臭骂。余光中深为不平,他知道,译一页作品,有时比写一页更难;译诗,译双关语,译密度大的文字,都需要才学兼备。他从没有忘记,曾约农老师多年前为他大开绿灯,允许他以译文代替毕业论文。现在,轮到他做指导教师了,他对大学外文系升等不得以译文代替论文的陋规深为不满,他说,踏踏实实的译文远胜过拼拼凑凑东抄西袭的论文。如果像玄奘、像马丁·路德这样的翻译家来谋教授的职位,应该优先录用,而毫不犹豫地把可疑的二流学者压下。

余光中从不以自己兼有作家和学者的身份而看轻译者,他几十年来不断地为"译"请命。八十年代,他发表《翻译乃大道》《译者独憔悴》等文章,大声疾呼提醒人们注意,翻译对文化有重大影响——没有《圣经》的多种译本,就没有基督教;没有玄奘,中国也没有佛教;没有翻译,就没有中国的新文学。他希望台湾能够为文学翻译设立一个奖项。

在余光中等一批有识之士的推动下,一九八八年,台湾设立了梁实秋文学奖翻译奖。每年一评,应征者来自全球各个华人地区。

有近二十年的时间,余光中一直负责为这一奖项出题并担任评审。对于出题,余光中说:"难处在于所选作品不能太浅,太浅则人人都会译,难分高下;也不能太深,太深则人人畏惧,参赛者寡;当然也不能太有名,否则译本已多,难杜抄袭。"为此,余光中总是费尽心思,踌躇再三。评审,更加繁重,得先看数以百计的参赛译文,出席冗长的评审会议,会后撰写详细的评审报告。

余光中为当代中国译坛所做的贡献,足以媲美许多终生专攻翻译的翻译家。

中篇

（1959—1974）

第六章　青青乡愁萌动，自冰上

乡愁绿茎萌动，自冰上

蓝星诗社

我必须渡河

母逝

爱荷华，伍德和弗罗斯特

乡愁的发端

诗歌的现代风格

且吹华格纳之号

且擂贝多芬之鼓

且降大熊之半旗

悲哉我之冰河期

——《悲哉我之冰河期》

五十年代的台北文坛,充溢苦闷与茫然,神祇无龛,偶像无光。在信仰崩塌、前途渺茫之时,文艺青年紧紧地抓住现代诗歌创作,把它作为灵魂的支柱,以此填补苍白的青春,抵御空洞的说教。余光中后来创作的诗《浮士德》中,对此有真切的描绘:

> 白垩成雨,招西敏寺的魂魄
> 汨罗江在蓝墨水的上游
> 莎胡子纠结着苏髯
> 我是尚未归类的瑞兽
> 不踩草地,不食拉丁学名的琪花
> 我在长廊里走过,貌似风雅
> 拜伦的手杖,颇普的假发
> 牧神的马蹄隐隐在袍下
>
> 火曜日,欢愉的轮回
> 鞋阵把玄关泊成威尼斯
> 军靴如堡,弯弯的窄鞋如拱桥
> 渐烟迷四杰,酒酡七子
> 是谁发狂论,千年之后不在长安在台北?
> 照例烟灰缸火葬了志摩
> 康桥的背影沉落茶波
> 降五四的半旗,现代诗万岁!
> 叩开古中国守关的铜门
> 众剑出鞘,当的一声刃相交
> 在出征的前夕,现代诗万岁!

纪弦是三十年代中国文坛上小有名气的现代派诗人,他率先在台北树起现代诗的大旗,创办《新诗周刊》和《诗志》,之后又联合一批诗人在台北创立《现代诗》诗刊,声势浩大,几乎三分诗坛有其二,那是一九五三年二月。

　　蓝星诗社成立于一九五四年三月,在台北中山堂的露天茶座,发起者为覃子豪、余光中、夏菁、邓禹平、钟鼎文五人。比起纪弦的现代派,这更是一个组织松散的诗社,没有纲领,没有社长,从不以集体的名义亮出什么主义和口号。甚至,诗友同人之间,也极少有相互标榜的风气。他们的组合基本上只是针对纪弦六大信条的一个"反动"。纪弦提出现代诗是"横的移植",蓝星同人则认为应中西兼容;纪弦力倡主知的创作,覃子豪等人的诗风则倾向抒情……

　　一九五四年到一九六四年的十年间是蓝星诗社的黄金时代,随着覃子豪去世,钟鼎文退出,余光中、黄用、夏菁、吴望尧留洋,蓝星诗社一度陷入低潮,直至一九八二年《蓝星诗刊》复刊,诗社才再度活跃。

　　这十年间,蓝星诗社是台湾现代诗的中坚力量,它的创作成就最为可观:蓝星同人余光中、罗门、蓉子、周梦蝶、覃子豪、向明、白萩、夏菁、敻虹、黄用、叶珊(杨牧)……都在中国现代诗史上留下了自己的笔迹;它出版和编辑的诗刊和诗集最多:覃子豪编辑的有《蓝星诗周刊》《公论报蓝星诗页》《蓝星诗选季刊》,余光中先后主编了《蓝星周刊》《蓝星诗页》《文星·诗页》《文学杂志·诗页》和"蓝星丛书"五种……它在捍卫现代诗的几次论战中火力最猛,因为它拥有几支论战之笔——余光中、黄用、覃子豪……它积极提倡和举办现代诗的朗诵会,在现代诗歌滞销的年代,蓝星同人举办的朗诵会听众最多的一场竟有五百五十人之众,这一创举为把现代诗从滞销的诗刊上推向大众奠定了基础。

　　蓝星诗社是余光中一生中唯一发起组织和出力最多的诗社,他在那里有难忘的欢乐,也有一些烦恼;得到不少友谊,也付出许多心血。蓝星,特别是五十年代末的蓝星,一直是他记忆深处的亮点,他后来称之为"一次小小的盛唐"。当时,有一批意气相投朝气焕发的朋友,常常在厦门街一一三号的余寓论诗,吵到深夜,"但觉高歌有鬼神,焉知饿死填沟壑"! 大家呕心沥血地写诗,犹如跑道中的选手,竞相冲刺,不管跑道的尽头是否仅仅是荒原。然而不久竟风消云散,并辔而驰的朋友纷纷离队,黄用和夏菁远走伊利诺伊和科罗拉多,吴望尧在玫瑰城西贡落脚,阮囊退伍后也放下了诗笔……

　　"一九六一年的诗坛是荒凉的,没有新的名字可以填补许多空白",

怀想着诗友，余光中写下了怅惘的诗句："合上诗集，合不上忧郁/我有不随流放的悲哀/当无花果落在伊利诺易/落基山顶，谁在眺长安？过了九月/没有鸽来自湄公之湄/衔玫瑰城陷落的消息⋯⋯"当然，孤独并未让诗人一蹶不振，对于文字的不朽，对于诗人的桂冠，余光中自大学毕业后，特别是翻译了《梵谷传》之后，一直持有坚定的信念和期许。早在四年前，一九五七年，在《创造》中，他就写下这样的句子：

> 给平凡的时代一个名字
> 给苍白的历史一点颜色
> 给冷落的星系一缕歌声
>
> 在字的巷中遇见了永恒
> 在句的转弯处意外地拾到
> 进入不朽的国度的护照

这时，他又在《狂诗人》中更为不羁，吐气如虹："已向西敏寺大教堂预约/一个角落/作我的永久地址⋯⋯我的狂吟并没有根据/偶然的笔误/使两派学者吵白了头。"

一个准备走远路的人，本来就应该有独行的勇气。西敏寺教堂雕像的主人公，生前又有谁不曾趑趄独行。

后来，余光中在回忆蓝星时代时，说出他对诗社和流派的一些想法："所谓派，所谓社，只能视为一种触媒，它的作用只在于催化，至于充分的完成，恐怕还要个人自己去努力。次要的艺术家往往就止于一个派别，唯有大艺术家才能超越派别的生命而长存：叶慈、庞德、莫奈、毕加索、史特拉夫斯基，前例太多了。至于屈原和陶潜，那是什么诗社也没有参加过的，则又何须怅怅！"

他还说，"诗是必然，诗社却是偶然。诗社的存在，是为了诗，为了便于诗人追求缪思"，"我常觉得，一个诗社或文社在年轻的时候，确能为同人提供一个互相关怀彼此激励的环境，给青年诗人温暖的归属感。这样，一位起步的作者就有了基本的读者和起码的批评。可是如果长此以往,这种温馨也会变质,成为一种保护主义。诗社就像机场,目的是要让诗人起飞,而不是只在跑道上滑行。一个诗人的地位应该建立于诗坛或文坛的共识,不可能长赖同人的撑持"。文中流露出勃勃英气。

余光中的诗一向充溢英气、盛气、霸气。近而立之年的余光中,正是英气勃发之时,他的《鹅銮鼻》《羿射九日》《西螺大桥》等诗,都表现出他那敢于扼住命运咽喉的勇气。

写于一九五八年三月的《西螺大桥》是余光中前期的代表作:

　　蠢然,钢的灵魂醒着。
　　严肃的静铿锵着。

　　西螺平原的海风猛撼着这座
　　力的图案,美的网,猛撼着这座
　　意志之塔的每一根神经,
　　猛撼着,而且绝望地啸着。
　　而铁钉的齿紧紧咬着,铁臂的手紧紧握着
　　严肃的静。

　　于是,我的灵魂也醒了,我知道
　　既渡的我将异于
　　未渡的我,我知道
　　彼岸的我不能复原为
　　此岸的我。
　　但命运自神秘的一点伸过来
　　一千条欢迎的臂,我必须渡河。

　　面临通向另一个世界的
　　走廊,我微微地颤抖。
　　但西螺平原的壮阔的风
　　迎面扑来,告我以海在彼端,

我微微地颤抖，但是我
必须渡河！

蠢立着，庞大的沉默。
醒着，钢的灵魂。

西螺大桥是蠢立在台南平原浊水溪上的一座铁路大桥，为五十年代台北南下的重要通道。余光中和诗友夏菁同车北返，途经此桥，下车摄影多幅，回家后得诗。

这首诗已经表现出鲜明的现代诗特色。它不像臧克家的《生活》那样有较多的宣言和呐喊，也不再像余光中在《鹅銮鼻》中那样以客观叙述的手法仔细呈现客观物象，而是多处使用"矛盾语"和变形手法，表现诗人独特的个人感受。

诗歌开首便以一种神秘主义的感悟，写出"钢"的灵魂"蠢然"地"醒着"，"醒着"且处于"静"的状态，且是极其"严肃"，所以可以"静"得"蠢然"，"静"得"铿锵"。

一条条一层层钢梁彼此衔接、拉扯、交叠、紧咬而形成的"静"的"铿锵"；"力的图案""美的网"构筑起一座"意志之塔"，正是一个与命运抗衡的强者的形象，有声有色，在天地间向诗人说法——"于是，我的灵魂也醒了"。

然而，余光中并不满足于这样一个坚强形象的透视，他的诗笔继续向深处开掘，找出大桥内涵的另一点——过渡，使之由蠢立的静态转为迎人渡河的动态。

这样，西螺大桥就很自然地成为"通向另一个世界的走廊"，成为诗人迈向神秘莫测之未来、超越平庸追踪前贤的路径，一条壮士一去不复还的献身征途。面临着人生的转折和搏击，面临着未知全新的生活道路，诗人是茫然且惶惑的。他确切知道的只是，必须勇往直前——"我必须渡河"，因此，他不免紧张和兴奋，以至"微微地颤抖"。

《西螺大桥》一诗有如诗人自我命运的预卜，此诗问世不过短短半年，诗人真的走到人生的路口，他的灵魂有几次剧烈的震撼，他终于渡河,不,渡海而去!

这第一次震撼是初为人父,一九五八年六月,长女珊珊出世,余光中得知喜讯,特地到巷口买了烧饼油条,算是庆祝。

女儿呱呱坠地,余光中的母亲却又一次病危,被送进了医院。七月四日凌晨,女儿尚未满月,余光中的母亲却撒手而去。

母亲病重时,余光中悲哀得发怒,他恨上天为何如此不公,竟不让好人获得安稳的生活和较长的寿命,他把这种愤慨化作诗的意象,来排遣自己满腔的悲伤和无助;他写下《羿射九日》,幻想自己犹如后羿,弯弓屠日,与凶恶的上天抗争……

母亲去世,对余光中的心灵产生了一次更大的震撼。他坚持把母亲的骨灰安葬在窗台上的盆花丛中,那是母亲亲手所植的盆花,这样,母亲就可以依旧生活在这座旧式的屋宅中,参与和关注家人的日常起居。他对着母亲,写出许多哀伤难抑的诗歌,他对母亲诉说,为母亲招魂,向母亲许愿……

母亲的离世,使余光中对生命、对自我,甚至对所处的时空有了进一步的思索和感悟。人间的苦火现实的凶焰烧焦了白鸽的羽毛,他的诗风正面临着新的转折。在《钟乳石》诗集的后记中他表明,写诗,对于他,不能是表演才子的浪漫姿态,以博取读者廉价的眼泪;不能是炮制僵硬的形式,表达"入情入理"的境界,以赢得腐儒空洞的掌声:"写诗,只是一种存在的证明。'我在。我在这里。我在这里生存。'它只是否定夜的一声呐喊。"

一九五八年九月,怀着对花丛中母、枕边之妻、襁褓内女以及无数的亲情、友情、乡情的难分难舍,余光中自基隆港横渡太平洋,抵达旧金山,登岸后匆匆东行,来到爱荷华城。

爱荷华是个只有三万人的小城,在芝加哥之西四百公里处,爱荷华河从城市中蜿蜒而过,东流注入密西西比河,这是一个美丽而静谧的大学城。

对于熟悉美国现代文学的余光中而言,爱荷华并不是一个陌生的名字,它是弗罗斯特和桑德堡诗中的背景,是世界地图上目光时常要停留的圆点……现在,发现自己步履于其上,呼吸于其中,眼见教堂的塔尖,古建筑的爬藤,教授稀疏的白发和女学生的碧睛……适值深秋,宇宙似乎在等着什么,太阳成熟得像个大南瓜,几乎就要蒂落在大平原上……诗人有一种奇异而精妙的感觉。

余光中要在这里待上一年,参加由安格尔教授主持的诗和小说创作班。这个创作班的学员来自世界各地,许多是已经在自己的祖国崭露头角的文学新人,他们必须先获得大学毕业的学历,同时交出自己以英文创作的诗或小说,才能获得攻读硕士的资格。就读的学校里,同学与余光中背景纵有不同,相去亦不致太远,都是在相同的国度中长大的;现在的同学,他们的心理活动、行为方式对他都有几分谜的味道。无论如何,他要和这些异国的同学在一起生活和交流,一起努力修满六十个学分,再交出硕士论文(文学作品亦可),才可以获取艺术硕士的学位。

不过,这是一个充满自由空气和艺术氛围的学习环境,学生可以自由地选择自己喜欢的任何一门艺术课程,余光中选择的课程中有他喜欢的西方艺术史;学生也可以自由地在课堂上发言,大胆地说出自己的观点,师生之间、同学之间通过论辩相互交流。这种氛围使余光中获益匪浅,他甚至认为,如果没有这样活泼自由的学习环境,他是无法了解现代艺术的精髓的。

除了课室里的学习,课堂之外的见识也让余光中思路大开,拓展了他的艺术心胸和艺术视野。这里有两件事特别值得注意,一件是石城之行,一件是与弗罗斯特相见。

石城之行发生于一九五八年深秋,万圣节第二天,安格尔一家特邀初到异乡的余光中一起出游。余光中最初被告知要去郊外,当他知道此行的目的地是石城,美国已故著名画家伍德名作《石城》的取景处,他激动难抑。伍德之名,他早有所闻,他和咪咪就有一张《石城》的翻版,是夫妻俩都极为喜欢的画作。

在石城,安格尔老师为余光中讲述了伍德的艺术生涯。伍德是安格尔的好友,年轻时已在爱荷华声名大噪,但他不满足局限于一隅,数次游学欧洲,几度寓居巴黎,意欲成为国际画坛的顶尖人物。开始,他是一个模仿者，从印象主义到抽象主义；他的创作在欧洲无人问津。后来他悟出，只有用巴黎没有的画作才能征服巴黎画坛。从此，他以故乡及美国中西部为创作重心，发展出朴实、厚重而又简化遒劲的独特风格，获得国际声誉。

找到自己的题材创立自己的风格，一个逝去十六年的异国现代画家的艺术道路使摸索中的余光中心中一亮，隐隐约约看到前行的方向。

弗罗斯特是二十世纪英美诗坛的著名诗人，是青年余光中倾慕已久的诗人。未到新大陆，余光中已翻译过好几首他的诗，他不曾想到，在他的生命中竟然能有缘与这位大诗人面对面相会交谈。

那是余光中来新大陆的第一个春天。某日下午，余光中照例去安格尔教授的班上听课，不想当日安格尔教授正请弗罗斯特来创作班讲演。在创作班上，余光中聆听了弗罗斯特面对学员妙趣横生的答问，晚上，又在学校音乐厅倾听老诗人自诵其诗，吟诵之间还穿插追忆半个世纪以来的诗坛旧事。朗诵会结束后是鸡尾酒会，安格尔教授特别把余光中等几位来自东方的同学介绍给弗罗斯特。余光中和老诗人交谈了一阵，他把自己译成中文的弗罗斯特之诗面呈，并请老诗人在他新购的《弗罗斯特诗集》上签名，当然，也不忘和这位大诗人合影留念。

弗罗斯特那时已是八十五岁高龄，却依然思维敏锐，妙趣横生，充沛健旺的生命力给余光中留下不可磨灭的印象——余光中永远记得老诗人在当日讲演中所说的："人生来就注定要不安、骚动，而且冲突。这冲突普遍存在于生命的各种状态，包括政治与宗教。"永远记得老诗人自诵其"兴于喜悦，终于智慧"之诗，尤其是《雪夜林畔小驻》：

> 林中是迷人，昏黑而深邃，
> 但是我还要赴许多约会，
> 还要赶好几哩路才安睡，
> 还要赶好几哩路才安睡。

余光中隐隐感到诗翁身畔有森森然的死亡侧影，不觉鼻酸。

余光中的不祥预感在四年后变成现实。一九六三年年初，弗罗斯特化作一个光芒闪烁的名字，嵌入由世代艺术家排列而成的永恒的艺术星空。

余光中特地撰写《死亡，你不要骄傲》一文来表达他的痛惜和追忆。文章对弗罗斯特的诗艺有精辟的分析，这些分析其实也是余光中孜孜以求的目标，比如，"篇终接混茫"的创作艺术——敏于观察自然却不停留在田园风光的简单描摹，而是以此为发端，行若无事地，观察泯入沉思，写实化为象征，区域性扩展成宇宙性，个人的扩展为民族的；又如，避免与自然、社会脱节而一味追逐都市生活的纷纭细节，避免自语而趋向对话，创造出一种以现代人鲜活语言腔调为骨干的诗歌新节奏，一种朴实而有韧性，平凡中见奇异，刚毅里有幽默的诗风；还有，在这一切之后的，最可贵的，智者兼勇者的大家风范——独立而不孤立，赞美并不纵容，警告而不冷峻；不喜工业社会和冷酷的都市，但也知道反对现代文明的徒然；信仰民主与自由，也警觉大众的盲从及无知；不做招之即来挥之即去的御用文人，也不做媚世取宠的流行作家；犹如皑皑雪峰，令人仰止，可又让人感到峰顶也有春天。

在余光中厦门街书房的墙壁上，长久以来一直悬挂着弗罗斯特的照片，倘若出国，它和中国地图一起，也必得装入行囊。如同辟邪的灵物，弗罗斯特的注视使余光中心境清明百病不侵。余光中总是对诗友说，别人的缪思是女性，而他的缪思是男性，是弗罗斯特。

见到弗罗斯特，唤醒了余光中心中的诗神，那个春天，余光中诗情大发；此后，老诗人不甘向命运低头的意志创作不衰的风采成为余光中刻骨铭心的记忆，成为他与永恒拔河不懈的一大动力。一九七九年，在香港，余光中撰写《马蹄鸿爪雪中寻》，此时距会见弗罗斯特已经是二十年过去了，余光中对前辈的崇敬丝毫不减，他把弗罗斯特与同样是大诗人的李白苏轼相比，认为弗罗斯特的精神更加接近儒家，对他"兼容并包，行乎中庸之道，对于生命的矛盾淡然受之，且试加调和"的人生态度，激赏不已。文中附上余光中新译的《雪夜林畔小驻》，并指出弗罗斯特这首诗中有死亡逼近的象征，但诗人已知死神逼近却并不歇脚，准备在"安睡"（自然之寿终）之前完成自己的使命。

与这种"天行健,君子自强不息"的精神一脉相承,余光中的诗歌中充满着使命感,直到老年,还有这样的句子:

　　莫指望我会诉老,我不会
　　海拔到此已足够自豪
　　路遥,正是测马力的时候
　　自命老骥就不该伏枥
　　问我的马力几何?
　　且附过耳来,听我胸中的烈火

　　……
　　无论海风有多长,多强劲
　　不已仍是暮年的壮心
　　一颗头颅仍不肯服低
　　……

　　热腾腾满坑难忍的忧愤
　　压积成千层的铜骨金筋
　　犹堪鹤嘴锄火花飞迸
　　一路向下挖,向下开采
　　贮藏可用到下一世纪
　　又何惧逆风的额头不敌
　　晚来的海上浪急云低

　　在异国的日子,热闹的场合不多,大多数时刻,是寂寞而单调的。孤单、冷清、离群,这对初出国门,从未离家远行的敏感且高傲的余光中,尤其难耐。对付寂寞的方法,除了读书,就是写诗。在爱荷华的一年中,余光中写了三十三首诗,后来结集为《万圣节》出版。

　　新大陆对于余光中是一个全新的天地,寒带的自然环境,现代都市的怪异和冷漠,都在他的心里化作刺激的、犯冲的、不调和的色彩和情调——"异国的日历上没有清明、端午、中秋和重九，复活节是谁在复活？感恩节感谁的恩？"初到新大陆，当新鲜感消失后，余光中一度非常不适应。这里有生理的原因，更多的是心理的失调。

生理上的原因，主要是一个呼吸惯了亚热带温暖湿润空气的肺，突然落入冰天雪地干冷之中；一口吐纳唐诗宋词的音调韵律的齿舌，开合之间只能翻卷出长长的多音节；喝惯了凉茶绿豆汤的嘴，只有托付给可口可乐；喜欢稀饭烧饼油条的胃只能用冰牛奶和牛油面包来打发；一副习惯于在双人床上与枕边人交臂共眠的身躯，只好在无尽的长夜里瞪着天花板数数催眠……

爱荷华地居北纬四十二度，在中国已处于春风不度的玉门关了。余光中来时，虽说只是深秋，却已草上见霜，不久便万木尽秃，众鸟南迁，雪封四野，半年不化，眼见无非是银白世界。余光中当时还未学会烧饭，只好以西式快餐度日；若是因事过了快餐厅的营业时间，就只能喝一杯冰箱里的牛奶，草草了事。

心理上的原因要复杂得多，首先是国家的认同感受到前所未有的挑战，全部神经末梢暴露在碧瞳冷冷的射程内。"初临美国，心情上的震撼极大：美国太富强，台湾太贫弱，美国人根本不知道台湾在哪里"，余光中回忆时这样说。

当时，余光中在家信中写道："你不能真正了解中国的意义，直到有一天你已经不在中国。"后来，他在《地图》一文中写道："当你不在中国，你便成为全部的中国，鸦片战争以来，所有的国耻全部贴在你的脸上。于是你不能再推诿，不能不站出来，站出来，而且说，'中国啊中国，你全身的痛楚就是我的痛楚，你满脸的耻辱就是我的耻辱！'"

其次是情感的饥渴。余光中从小处于亲情友情的包围中，此时又正是初为人夫为人父的甜蜜时刻，来到美国，他立刻有一种"被抛出"的感觉。独行于鳞次栉比钢筋丛林的阴影下，他怎么也顿不去太平洋彼岸带来的尘埃，混凝着母亲骨灰的尘埃……

"东方有一座塔，塔下有一捧骨灰／一只风湿的脚，在抵抗黎明／一只雌袋鼠，袋着我未睁眼的婴孩／一种庄严，博物馆式的庄严／守着蠹鱼将食尽的文化。"母亲、父亲、爱妻以及古老的文化，从来不曾这样让他柔肠寸断。

每逢假期,他会去芝加哥好友家中做客,在那里他得到短暂的温馨和快乐。可一出门,他就深深感到芝加哥一类的现代大都市生活中充满欲望和沉沦,仿佛掉进一只毒蜘蛛精心编织成的大蛛网中,在其中苦苦地挣扎。寓居爱荷华的一年,他常常在异乡的席梦思上彻夜不眠,他思念爱妻,他的手因久未触摸她而麻木,他的唇因久未吻她而几乎要忘却那醉人的美味;他怀念师长和诗友,梁实秋先生的信,黄用、覃子豪、吴望尧的新诗,新出版的文学刊物……乃至一条有关故乡的小小的报道,都会使他欣然忘忧,甚至喜极而泣。

爱荷华时期诗作中最常见的意象是冰和雪,生理上的冷加上心理上的寒使这个南方诗人对冰雪意象格外敏感。

> 在此地,在国际的鸡尾酒里,
> 我仍是一块拒绝融化的冰——
> 常保持零下的冷
> 和固体的坚度。
>
> 我本来也是很液体的,
> 也很爱流动,很容易沸腾,
> 很爱玩虹的滑梯。
> 但中国的太阳距我太远,
> 我结晶了,透明且硬,
> 且无法自动还原。

这是著名的《我之固体化》。冰,是诗的中心意象,整首诗也像一块冰,所有的部分组织严密,看上去晶莹剔透。它可说是《万圣节》的主题诗,环绕着它的是一系列飘飘洒洒的寒冷意象。

宿舍的玻璃窗成了北极的玻璃圆顶,"逆航于大寒冷中,我瞭望自鼻尖——坚而锐的破冰船首"。

灵魂在冬眠,视线被冰冷而美丽的六角形封锁,整个冬天有如一台不开门的大冰箱，除了每天去信箱的守望，诗人只能蜷缩其中，写下一篇篇永远都是"零下"心情的日记……

所以，诗人自称这是他的冰河期。然而，正是新环境的刺激，加上现代艺术的滋养，促使余光中诗歌艺术有了急剧的发展和变化。在寂寞苦闷的压迫下，在紧张的艺术求索中，灵感喷涌，破冰而出，这些小精灵都带有新大陆与旧大陆冲突的印记、现代艺术的新感性。可以说，这是冻僵了浮泛浪漫情感和观念直露粗陋写实的冰河期，文化乡愁及现代艺术的绿藤正在冰雪之下微微颤动，蜿蜒而出。

在《万圣节》之前，余光中的诗歌中充满对西方文明的遐思、幻想和无限倾慕。如《饮一八四二年葡萄酒》中的歌吟：一饮百年前的洋酒，"余温""染湿了东方少年的嘴唇"，它"使我欢愉的心中孕满了南欧的夏夜，/孕满了地中海岸边金黄色的阳光，/和普罗旺斯夜莺的歌唱"；接着诗人铺展了他的联想，百年前的西欧，白朗宁夫妇、肖邦与乔治桑、雪莱和济慈……（后来，他在评论此诗时说，换了现在的我来写，当会联想到鸦片战争。果然，香港时期的《将进酒》就有"那毛病，是屈原和杜甫一脉所传来/千年的顽症怎能就轻易/付给法国的白葡萄酒/哪一季的收成，去代为疗医？/握着金签的可昵雅客，我想/长颈细口一吻的轻狂/岂能解中年之渴在深处？/岂能解中原之渴在远方……"）

在《万圣节》之前，对于中国、对于民族文化，余光中的诗中模糊甚至有些空洞不实，缺乏个人深刻的体验，缺少能引起同时期中国人共鸣的心理刻画和意象系统。

是爱荷华的岁月，使诗人开始真正地了解了国家、民族与文学的关系，将自我和民族更紧密地融合。诗人的立足点提高了，对西方和东方、现代与传统的观察思考都更加深入了。《万圣节》后记中保留了他彼时的心境："从男生宿舍四方城（Quadrangle）朝北的窗口，可以俯览异国的萧条。王粲登楼而怀故乡，我根本就住在楼上……玻璃之隔，室内暖如暮春，而户外已降到零下十几度。一面写信给国内的朋友，一面听肖邦和李斯特白而冷的键齿，我悲叹波兰及匈牙利，更遥念多难的祖国。"

这位后来以乡愁之诗撼动了无数同胞的诗人，在《万圣节》的后记中明白无误地告诉我们，他正是自此萌发了乡愁："据说怀乡是一种绝症，无药可解,除了还乡。在异国,我的怀乡症进入第三期的严重状态。有些美国同学简直不知道台湾在哪里,英文报上更难读到祖国的消息。我开始体会到吹箫吴市,挥泪秦廷的滋味……中国对于我,几乎像一个情人的名字。想北回归线上的朋友们是多么自在。我的灵魂冬眠于此,我的怀乡症已告不治……"

他第一次大规模地抒写乡愁,沉潜凝重而不是轻柔飘忽地抒写,除上述《我之固体化》外,还有《尘埃》《芝加哥》《新大陆之晨》《冬之木刻》《呼吸的需要》《我的年轮》等十余首。

当时,余光中正处于大量汲取西方绘画艺术营养之时。毕加索和布拉克倡导的立体主义对他有很大的冲击。立体主义把一切物体分解为最基本的几何图形,在同一平面上重组,使之成为新的艺术现实。这种艺术形式的革命启发了欧美的现代诗作者,他们将许多貌似混乱无序的物象重新安排,将经验分解为客观的元素大胆组合。余光中在《万圣节》里也循此进行了许多尝试,这里摘录一些片段:

"常想沿离心力的切线/跃出星球的死狱,向无穷蓝/作一个跳水之姿"(《我总是无聊的》)。

"而四周,B小调的暮色/在地平线的弦上/忧郁地,升起"(《距离之弧》)。

"毛玻璃的三月,冬之平面外逡巡着/太阳的铜像"(《毛玻璃外》)。

"零度。七点半。古中国之梦死在/新大陆的席梦思上。/摄氏表的静脉里,/一九五八年的血液将流尽。"(《新大陆之晨》)

异国的新鲜意象使寂寞思乡的沉重有了依附;立体和抽象的艺术观念加速了想象的变形和句式的倒装,廓清了规规矩矩的冗长铺陈;大量采用数字、几何学的角度、西方音乐绘画的专业名词乃至科技的术语,取代了此前沿袭古诗词和西方浪漫派而来的清词丽句;为追求象征和色彩,甚至牺牲了诗人一贯重视的韵脚;诗歌总体呈现出简化的新风格,《万圣节》可以说是余光中诗歌走向现代的开端。

在余光中诗歌创作的道路上,此时依然是思想、生活领先于艺术技巧。而立之年的诗人,对美国,从仰慕到失落,渴望拥抱中华文化的情怀愈加强烈。但艺术尚未成熟,不足以传达汹涌而来的诗情,虽然不乏妙想和奇句,也有一部分好诗,但总体上看,尚在试验阶段。为克服浪漫和感伤,加强了诗歌的知性,但过多的抽象名词和专有名词,造成壅塞和晦涩,焦点含混,意境破碎。

一九五九年初秋,旧金山的海湾上,一艘轮船收起了铁锚,当铁锚再度放下,已是高雄港那柔和蔚蓝的海面了。船首立着余光中,这位爱荷华大学的艺术硕士,离台不到一年,他成熟了许多,沧桑了许多。

回程的船上,余光中思绪万千,在后来的《多峰驼上》表露无遗:

乾坤俯仰,巍巍骑多峰驼背上
回去中国,向西南西
……
乡心徘徊如钟摆
新大陆的旧尘——老中国的新时代
西雅图与基隆之间,摇摆复摇摆
西部曲与长城谣之间,低回复低回
……
指南针的国度啊给你的孩子们方向
举头见日,不见洛阳与咸阳
……
就这样回到东半球,何须兴奋?
纵渐行怀乡病渐有起色
……
留学西游,梦游千里是瀚海
取经人取回来怎样的经?
异国的街头曾经为异客
唐人街多唐人来往多不识
梦不尽,夜夜秦关与汉月,回乡情怯
向西望,古箭手剩最后这一枚斜阳
涿鹿的胜负,卜最后这一场

回来不久,余光中就被师范大学英语系聘为专任讲师。从此,他有了固定的大学教职,他先后在师范大学、台湾大学、政治大学、香港中文大学和台湾中山大学等大学任教,担任过系主任、文学院长、研究所所长等行政职务。粉笔在他手中握了几十年。他教过的科目至少有英国文学史、英美文学、英诗、比较文学、翻译研究、中国新文学、中国哲学、中国古诗、现代诗、散文……

余光中认为,充实的学者未必是动听的讲师,教师不但要了然于心,而且要豁然于口。教师类似巫师,面对台下那些年轻的眼睛,念念有词,娓娓施术,招来万年低回的诗魂,附在自己也附在学子身上,这是教师最过瘾的事。

为避免成为学院门墙内书堆之中的腐儒,余光中不断以诗人的敏感、生活的清新和智慧来对抗经院书斋中难以避免的积习陈规。他写过《给莎士比亚的一封信》《另有离愁》等文章,对学府中弊端丛生的升等、烦琐空洞的学术报告和冗长无味的学术会议作善意的调侃;他还有一首不为人注意的小诗,就叫《腐儒》,诗中这样说:"腐儒的头脑是学问的坟墓,/里面葬满了古人;/乱草和厚土顽固地拒绝/天才的阳光来访问……"

写作是他保持学术生命永远年轻的重要方法,用他自己的话来说,就是:"粉笔的白垩并没有使我的思想白垩化。走下讲台,回到书斋,我用美丽的蓝墨水冲洗不太美丽的白粉灰。血自我的心中注入指尖,注入笔尖,生命的红色变成艺术的蓝色。"

一次大学讲演后,他写下《想起那些眼睛》:

> 想起那些茫茫的眼睛
> 荒荒的眼睛,充满信任
> 充满责备和受伤的神情
> 想起如何,那些黑色的菱形
> 向你集中,那些长睫的阴影
> 向你举起,要向你取暖
> 严寒夜,要向你索取
> 索取火,与火的意义

他意识到,为了这样的眼睛,这些美丽的黑色,黑色的菱形,他必须燃烧自己,维持一场永不熄灭的火灾。

第七章 拔向蓝空最蓝处

我的文星时代

在孝子和浪子之间：

现代绘画和新的艺术观，

现代诗论战

剪掉散文的辫子

诗心史笔

洪荒时，一切是绿色的幻想

在潮湿中窃听太阳的口号

和春季的谣言。一阵呐喊

敲破最坚的石英岩，掀开了冻土

雪线上，零度下，将自己拔向云，拔向星

拔向蓝冰空最蓝处去读气象

————《森林之死》

余光中回到台湾,正赶上一场轰轰烈烈的文化运动。这场文化运动,上承五四科学与民主精神,旁汲西洋现代主义思潮,对二十世纪的中华文化更新,特别是现代艺术中的现代绘画、现代音乐、现代雕塑、现代建筑和现代文学兴起,有着前导的意义。

这场运动的主要舞台是《文星》杂志。

《文星》杂志创办于一九五七年,是文星书店主办的刊物,开始几年中,这个杂志虽然标榜思想、生活和艺术,但成绩平平,并未在文化界引起多大的反响。

一九六一年十一月,台湾大学研究生李敖的《老年人与棒子》在《文星》上刊出,《文星》才开始为海内外所瞩目。李敖也自此一发而不可收,到一九六二年年底,不过十三个月,李敖一共在《文星》上发表了十五篇长文,其中震惊朝野引发几场大论争的有《播种者胡适》《给谈中西文化的人看看病》《我要继续给人看看病》《文化太保谈梅毒》等篇。此时,《文星》杂志聚集了一批力图使思想、教育、艺术现代化的前驱人物,如哲学家殷海光、淡江英专校长居浩然、建筑家汉宝德、音乐家许常惠、雕塑家杨英风、"五月画会"刘国松等一批现代画家以及余光中等现代诗人。一九六三年年底,李敖接手《文星》编务,一九六五年年底杂志被当局停刊,以《文星》杂志为主要舞台的现代主义文化运动遂告一段落。

李敖,五十年来台湾备受争议的人物,他特立独行,傲世无羁,不按理出牌,时而故作惊人之语。二十世纪六十年代,他依托台湾,引动了轰动海内外的一次次思想、文化的旋风,人们对他的褒贬也分为鲜明的两极。李敖所为,常有作秀之态;但在专制的环境、僵死的文化、愚昧的习气层层纠葛的污浊积垢中,他曾是一服所向披靡、凶狠的泻药,药力猛烈,一泻无余,虽时或不免伤及无辜,损害健康肌体,但他文星时代的文字,应该是功大于过的"必要之恶",也为后代留下可贵的思想资料和历史的真实面影。

余光中曾说,六十年代初期是"我的文星时代"。考察一九六二年到一九六五年他的文学活动,可以说,他是《文星》舞台上的要角:他负责《文星·诗页》的编辑工作;他这时期所作的大部分诗文都发表在《文星》杂志上;他此时所作的《左手的缪思》《掌上雨》《逍遥游》三本散文集,《莲的联想》和《五陵少年》两本诗集都由文星书店结集出版；在以《文星》为阵地的现代主义文化运动中，他不但在有关现代诗、现代散文论战中独当一面，更把笔锋伸向绘画与音乐，为同一战线的同人先锋摇旗呐喊。

一九六三年十月，余光中在《文星》第七十三期上发表《迎七年之痒》一文，祝贺《文星》即将迎来它生命中的第七年。文章回顾了《文星》的功绩，并提出了对它的期望。他认为，文星是精神癌症的克星，是近年文化界的奇迹；今后文星应有的风格，是年轻和独立。独立，是有独特的见解、坚实的内容和超然的立场，而不是人云亦云或附和大众，也不是好勇斗狠或一味标新立异。年轻，是应该以发掘有思想、有抱负、有毅力的青年为己任，在思想、生活和艺术的迷雾中，为年轻的眼睛，指出一条前途。他郑重宣告："知识青年正等待《文星》以全力支持第二个五四（指当时初具规模的现代文艺运动）。"

不久，《文星》被封，正值余光中二度赴美期间，人在异国，闻讯极为悲愤与震惊，诗人写下《黑天使》《有一只死鸟》两首诗，诗中充满着哀伤和悲壮。

黑天使是一个民主斗士的形象：当狼群咀嚼落月；当鼠群窸窸窣窣噬尽满天的星屑，他从月落乌啼的天空，从夜的脐孔里飞至；他是夜巡的黑鹰，盘旋于伪善罪恶的头顶，捕捉丑类垂毙的前夕，作俯冲的一击。他的名字，在任何黑名单上，赫然。

余光中豪气逼人地写道：

> 我就是黑天使，我永远
> 独羽逆航，在雨上，电上
> 向成人说童话
> 是白天使们
> 的职业，我是头颅悬价
> 的刺客，来自黑帷以外……

《有一只死鸟》哀婉中有不屈，以鸣禽的三种命运展开了诗人对知识分子的剖析和思索：

或者作为罕见的标本，美丽且栩栩如生，用于装饰博物馆；或者作为

宠物,按时唱歌,在堂皇的客厅,制造顺耳的室内乐;或者成为自由的飞鸟,像诗中所写:

> 或者你坚持在户外歌唱
> 在零下的冬季,当咳嗽
> 成为流行的语言,而且安全
> 你坚持一种醒耳的高音
> 向黑色的风和黑色的云
> 猎枪的射程内,你拒绝闭口
> 你不屑咳嗽,当冷飙
> 当冷飙射进你的热喉
> ……

诗作写完不久,诗人就回国了。正逢李敖失业,著述被查禁,李敖回击的办法是在报纸上登出自己下海卖牛肉面的广告。为壮大声势,李敖给余光中写信,希望他写一份小启,赞助他卖牛肉面,余光中顶住各方压力,很快寄上。此文并未收入余光中的各类文集,故全文录于此,奇文共赏:

> 近日读报,知道李敖先生有意告别文坛,改行卖牛肉面。果然如此,倒不失为文坛佳话。今之司马相如,不去唐人街洗盘子,却愿留在台湾摆牛肉摊,逆流而泳,分外可喜。唯李敖先生为了卖牛肉面而告别文坛,仍是一件憾事。李先生才气横溢,笔锋常带感情而咄咄逼人,竟而才未尽而笔欲停。我们赞助他卖牛肉面,但同时又不赞助他卖牛肉面。赞助是因为他收笔市隐之后,潜心思索,来日解牛之刀,更合桑林之舞;不赞助,是因为我们相信,以他之才,即使操用牛刀,效司马与文君之当炉,也恐怕该是一时的现象。是为赞助。

六十年代初期,现代主义浪潮在台湾风起云涌,余光中和台湾现代音乐的奠基人许常惠、现代绘画的前驱刘国松同为《文星》重要撰稿人，三位艺术家时常相聚切磋，为文相互支持，"像隔行而不隔山的三泉汇成一水"，齐心协力推动在台湾的中国艺术家去创造中国特有的现代艺术。

此时，余光中的主战场在现代诗，但也时时腾出手来，为现代绘画助阵。一九六一至一九六三年，他每年都为台湾现代画家主要团体"五月画会"写一篇年度创作综述。后来，他对这一段经历有动情的追述，他在《沙田七友记》中说，"挣扎求存的穷画家"和"出道未久的青年诗人"，"两股刚刚出山的泉水，清流淙淙，都有奔赴大海的雄心，到了历史转折的三角河洲，自然便合流了……波涛相激，礁石同当。在共有的两岸之间向前推进，以寻找中国现代文艺的出海口相互勉励"。

西方现代绘画以印象主义为发端和标志，印象主义指十九世纪下半期，以法国为中心风靡全欧并具有世界影响的艺术运动，它经历了印象主义、新印象主义和后印象主义几个阶段。其代表人物分别是德加、马奈、莫奈、雷诺阿、毕沙罗（印象主义）；修拉、西涅克（新印象主义）；塞尚、高更、梵高（后印象主义）。印象主义画派对现代欧美绘画艺术的各种流派，如立体派、野兽派、达达主义，都有极大影响，因此有论者道，"自印象主义崛起，绘画艺术的现代风采方见端倪，导致了对传统艺术的全面突破"，"可以把印象主义看作是文艺复兴以来幻觉写实主义艺术观的结束和以形式和结构为中心新艺术观的开始"。

余光中对西方现代绘画艺术营养的汲取，主要对象就是法国印象主义画家群及现代绘画艺术集大成者毕加索。

一九五八年，余光中去美国爱荷华大学修读艺术硕士，在那里，教授上课时佐以上千张表现西方现代绘画发展的幻灯片，考试时从中抽出几张让学生阐释。翻译《梵谷传》时对西方绘画已下过苦功，再经过这样严格的训练，余光中对西方现代绘画有了深切的体悟和了解。六十年代初期，他写了《毕加索：现代艺术的魔术师》《现代绘画的欣赏》《从灵视主义出发》等多篇长文，全面细致地介绍西方现代绘画艺术。

在艺术观念上，西方现代绘画对余光中影响最大的是两方面：走出写实与感伤，告别虚无的现代病。

现代绘画，特别是后期印象主义的艺术观念加速余光中早期艺术观念的转变。自少年时代，余光中就浸润于西方浪漫主义诗作中，这种倾向突出地表现在他六十年代之前的诗作中，《沙浮投海》是描写失恋的希腊女诗人沙浮投海的悲剧，以后又有《吊济慈》《致惠特曼》《饮一八四二年葡萄酒》，初期几部诗集里处处可见英美浪漫诗风和新月风格的印痕……

深入地体察西方现代绘画，积极参与台湾现代绘画运动，促使他的诗歌风格向现代精神大步挺进。他说，"自后期印象主义，各种绘画运动莫不加速地从临摹走向表现，从外在走向内在，从自然走向自我……写实主义已成为历史名词"；"抽象画不师自然，至少不直接效法自然，它要消化自然，泯造化于性灵，泯物于我"。在《万圣节·自序》中，他更坦承地说自己："在新大陆时，深受现代画的启示，大部分作品有抽象的趋势，渐渐摈弃了装饰性和模仿自然，转而推出一种高度简化后的朴素风格。"

一度，余光中也曾迷失，把西方等同于现代。但是，余光中的"现代麻疹"出得快且无后遗症，比起许多同期的现代诗人，他较早地摆脱虚无的现代病，这同样得力于西方现代绘画的滋养。是西方现代绘画的长处与局限，让青年余光中大开眼界。因为具备了开阔的国际视野，余光中对西方艺术有了清醒的认知，他能够深入反省西化的意义和作用，认识到西化只是手段，不是目的。西化是现代化的充分条件，以西化为手段，可以西而化之；以西化为目的，就难免"恶性西化"。

有了开阔的视野，余光中那时已清醒地意识到，五四以来的作家对西方现代文艺的认识是极不充分的，对中国古典文学的重估也不准确。

他大胆指出，五四时期许多作家文学上的盲点："在艺术和音乐上他们似乎不知道印象主义是怎么一回事，不知道莫奈和德彪西以后发生了什么……自由主义的作家们，似乎只知道浪漫主义，只知道雪莱和歌德。左倾的作家们，似乎只知道自然主义和写实主义，只知道左拉、高尔基、易卜生……左倾的作家们要用阶级斗争的批评眼光去看我国的伟大传统，其他的作家们也或多或少地盲目否定了传统中的某些精华。在改造社会的热忱之中，他们偏重了作品的社会意义，忽略了美感的价值。"

为纠正前辈作家在中西之间的"左右不逢源"，一九五九年回台后，余光中一面大力介绍西方现代艺术，一面努力研究现代艺术与中国古典文化的相通之处,尤其是美学精神上的相通之处。比如,在《从灵视主义出发》一文中,他用中国道家的无状之状、无物之象的"道"去诠释抽象画所极力追求的内在世界,把中国传统的画黑留白,执有临无,守有限而游无限与抽象画中的现代灵视主义相互印证。

后来,回顾六十年代初期的以台湾为重心的中国现代艺术发展历程,余光中认为:"现代化最有声有色的,依次是现代画、现代诗、现代小说、现代散文、现代音乐。"与台湾的现代画家的沟通激荡,成为余光中确立融汇中西之现代艺术观念的一大助力。

在对台湾现代画的观赏与研究中,余光中指出"五月画会的画家们,扬弃了中国绘画中写实的部分,形而上地把握住中国绘画传统的本质……他们深谙'重为轻根,静为噪君'之道,以不画为画,以无为为有为,而达到了'笔所未到气已吞'的中国古典艺术精神","他们开始尝试以受过现代艺术洗礼的新的敏感和技巧来探索生活于二十世纪的中国灵魂,在他们笔下,西方和东方渐趋接近……抽象是最时髦的,也是最古典的;如何使时髦的脱却稚气,使古典的免于腐气,如何使二者化而为一,就是我们这些有才也有志的少壮画家的任务了"。① 可以看出,此时余光中心目中的现代艺术已经是指富于现代精神融汇中西的艺术作品,而不是特指狭义的符合现代主义某个流派某种技法的作品,这样的论述,也可以视为余光中对他先前偏重抽象艺术的具体手法的纠正和补充。

在艺术风格和艺术技法上,现代画家数梵高对余光中影响最大,梵高在余光中创作风格上的最明显的印记是那种阳刚之气。在不断开拓新境追求多元风格这一方面,余光中推崇毕加索的"多才、多产、多变"。余光中说,艺术家可以分成两类,"一是精纯的集中,一生似乎只经营一个主题,一个形式。另一类是无尽止的追求,好像木星,乐于拥有十二个卫星……毕加索属于后者。我的个性也倾向后者……我是艺术的多妻主义者"②。

---

① 《朴素的五月》。
② 《五陵少年·自序》。

　　七十年代至今,余光中对西方现代绘画的热情经久不衰,他不断地观赏西方现代绘画,写了许多精辟的画评、专论。一九九五年,台北故宫博物院展出罗浮宫博物馆馆藏名画,余光中顶住左推右拥的人流尽情观赏,写下《西画东来惊艳记》。一九九七年,余光中发表《面目何足较》,就西方绘画传统中自画像这一问题作了深入的阐发。余光中还许下宏愿,退休后要再译几部西方现代画家的传记(《四窟小记》)。

　　同时,余光中仍然未放弃对中国现代绘画发展的关注。除了追踪杰出的台湾现代画家,如刘国松、楚戈、罗青、何怀硕等人,对他们不断成长的作品给予新的阐释之外,东南亚华人画家的创作也被他纳入批评视野之中,他或为他们的画册作序,或为他们的画展写画评。

　　除了写画论画评,余光中还用诗笔写画境颂画家,几十年未曾间断。现代画是余光中诗兴的触发点,最早的一首是作于一九五八年的《超现实之夜》,以后有《我梦见一个王》《发神》《飞碟之夜》,分别取材于王蓝、席慕蓉与罗青的画境;以梵高画作为主题的有《星光夜》《荷兰吊桥》和两首《向日葵》;《造山运动》是观赏了江明贤等五位画家当众联手画黄山巨画后作的。最为著名的评画诗是《寄给画家》,写席德进的水墨:

　　　　他们告诉我,今年夏天
　　　　你或有远游的计划
　　　　去看梵谷或者徐悲鸿
　　　　带着画架和一头灰发
　　　　和豪笑的四川官话

　　　　你一走台北就空了,吾友
　　　　长街短巷不见你回头
　　　　又是行不得也的雨季
　　　　黑伞满天,黄泥满地
　　　　怎么你不能等到中秋?

　　　　只有南部的水田你带不走

那些土庙,那些水牛

而一到夏天的黄昏

总有一只,两只白鹭

仿佛从你的水墨画图

记起了什么似的,飞起

现代诗论战更使文化界对余光中刮目相看,这位浪漫的青年竟有如此锋利之笔;这矮个子的讲师竟有如此坚实丰厚的中西艺术史知识,不能不让人耳目一新。

在余光中回台之前,诗坛上已经展开了有关台湾现代诗的论争,开始时,是覃子豪与苏雪林在《自由青年》上过招,从一九五九年七月到十一月,几来几往。接着,是散文家邱言曦在《中央日报》副刊上连续推出他的《新诗闲话》,指称台湾是文化沙漠,说台湾现代诗人要对此承担责任。邱言曦认为台湾现代诗的弊端在于只能拾掇西方象征派的末流,远不及五四时的诗人徐志摩、朱自清。

眼看自己尊崇的缪思蒙尘,余光中再次举起搁置已久的论战之笔。自一九五九年底到一九六四年二度赴美前夕,余光中一共发表了将近二十万字的文艺论评,后来收入《掌上雨》《逍遥游》两本文集中。其内容除了上述有关现代绘画的论评之外,其余大致可以分为以下四个部分:

一、与邱言曦等人的论战。一九五九年十二月,刚到师大任教的余光中读了邱言曦的《新诗闲话》,立即写了《文化沙漠中多刺的仙人掌》《新诗与传统》。邱言曦则以《新诗闲谈》四篇回应,余光中又有《摸象与画虎》《摸象与扪虱》,至此,余邱之争乃歇。余光中意犹未尽,写了《论半票读者的文学》《楚歌四面谈文学》,更加深入地剖析邱言曦等人的病灶。

二、与洛夫等现代诗同人的论争。一九六一年五月,余光中在《现代文学》上刊出长诗《天狼星》;同年七月,“创世纪”诗人洛夫在同一刊物上发表了万余字的长文《天狼星论》,对余光中的诗作和诗观提出尖锐的批评。十月,余光中发表《幼稚的现代病》;十二月,更以长文《再见,虚无》直接答辩。一九六二年,余光中又写了《论明朗》《古董店与委托行之间》等多篇文章,全面地阐明自己与洛夫等超现实主义诗人的分歧。

三、一九六三年，针对"国语派"林良、梅逊的"纯洁"散文观，发表《剪掉散文的辫子》《凤、鸦、鹑》，提出"散文革命"的口号与具体方法。

四、以现代美学观念重新审视古典诗人以及古代诗词。这方面的代表性论文是《从象牙塔到白玉楼》，还有《从一首唐诗说起》《从古典诗到现代诗》等。

这四个部分中，第一部分主要是对五四以来弥漫于作家和读者之间的肤浅的浪漫与伤感的批评，其中也包括了余光中对自己前期诗作的检讨和纠偏。余光中认为，当时的台湾现代诗已在五四的新诗之后别开生面，异军突起，成就斐然。在创作精神上，他们并不认同粉饰的美、做作的雅和伪装的天真，他们能透视美与丑，兼顾平凡与高尚，恐怖和勇敢……逼视哪怕是令人不悦的真实。在创作原则上，他们也每每从传统的"造境""琢句""协律"老套中破茧而出，不愿一味追求句法整齐押韵严谨的诗歌形式。余光中还特别以自己此前的诗作，如《饮一八四二年葡萄酒》为例，现身说法。

第二部分更进一步阐发了余光中诗观中对传统与现代关系的认知和体悟。后来，余光中回顾了当时的写作背景——"一九六一，那正是台湾现代诗反传统的高潮。那时台湾时局沉闷，社会滞塞，文化的形态趑趄不前，所谓传统，在若干旧派人士的株守之下，只求因袭，不事发扬，反而使年轻的一代望而却步。年轻的一代呢，自然要求新的表现方式和较大的活动空间。传统的面目既不可亲，五四的新文学又无缘亲近，结果只剩下西化的一条'生路'或竟是'死路'了"（《天狼星·后记》）。

在这样混乱的时期，余光中保持清醒，两面作战，挥舞的是一柄双刃剑，一面斩断孝子纠缠不清的守旧桎梏，一面抵挡浪子喃喃喋喋的荒谬虚无。

论战以及艺术创造促使余光中向中国古典诗词寻求支持，他开始更加系统地研究和整理自少年时代累积的丰富的古典诗词阅读经验。上述第四部分其实和第二部分是一体两面，它有力地论证了中国古诗的传统是多元的，复杂而且不断发展的，因此，新诗不应自绝于传统。在发表时间相隔不久的《从一首唐诗说起》和《从古典诗到现代诗》这两篇论评中，作者不忌重复都写上这么一段：

反叛传统不如利用传统。狭窄的现代诗人但见传统与现代之异,不见两者之同;但见两者之分,不见两者之合。对于传统,一位真正的现代诗人应该知道如何入而复出,出而复入,以至于自由出入。

对于余光中和洛夫的论争,许多现代诗人当时并不理解,如覃子豪就认为余光中在向右转,变得比过去更保守了;痖弦甚至戏称余光中是"复辟派",余光中则自称是"回头的浪子"。他后来形象而风趣地说:"守家的孝子也许勉可承先,但不足以言启后;出走的浪子承的是西方之先,怎么能够启东方之后;真能承先启后的,恐怕还是回头的浪子。浪子回头,并不是要躲回家来,而是要把出门闯荡的阅历,带回家来截长补短。"

今天看来,更值得我们注意的应该是第三部分,也就是关于现代散文的论述。

散文,在汉文学史的庙宇中,历来与诗歌一道被供奉于正殿上。汉文字的特性,使中国文人有着为其他民族所不及的,长达两千年的丰富语汇可资利用;世代沿袭的科举制度推波助澜,使考究语言、刻意求工溢出文人的唱和而几乎成为民族的癖好;讲求实用,眷恋人世的阅读心理,让精金美玉般的文章不胫而走,经久不衰。得天独厚的中国古典散文,与西方古典散文相比,历史更为悠久,数量更为浩瀚,品类更加多种,色彩更加绚丽。

五四以后,白话文中诸家并起,在二三十年代的文坛,与其他文类相比,散文俨然最为繁荣兴旺。几十年后,鲁迅的话"散文小品的成功,几乎在小说戏曲和诗歌之上",成为论者的口头禅,不需经过大脑便脱口而出。

然而,余光中依凭着通晓西方现代艺术的开阔视野和民族经典浸润中培植起来的纯正语感,依凭着他"千万人吾亦往矣"的勇气锐气,对五四以来白话散文的美学价值作大胆质疑。

余光中指出,当大多数文艺形式都在接受现代洗礼、脱胎换骨之际,散文显得保守落后,像一个不肯剪去辫子的遗老。五四迄今,文坛泛滥的散文有三种:一是花花公子的散文,伤感做作,犹如华而不实的纸花;

二是食古或者食洋不化学者的酸腐之文,不文不白,夹缠不清;三是清汤挂面式的散文,此类文章出自白话文学的信徒,他们像患了洁癖的老太太,把衣服洗了又洗,污秽自然向肥皂投降,但衣服上的刺绣花纹也都给洗掉了。

余光中进一步剖析散文辫子迟迟不能剪去的病根,指出应该抛弃以下三个错误观念:

一、进化文学史观。以为中国文学必须沿着一条确定无疑的进化路线前进:古文——温和的白话文(以胡适为代表)——激烈的白话文(以瞿秋白为代表,要求汉字拉丁化,大众语)。这种进化观认为并断言后来必然居上,文言已死,汉字必亡,传统必须抛弃。

二、言文合一观。这种观点的商标是“我手写我口”。他们不了解文字和语言不能等同。不了解对于创造性的文学,排斥文言单纯采用白话甚至口语,只会沦为单调和贫乏。不了解汉字因为语法和形体上的特点,可以创造一种纯朴简洁而又不失朦胧迷离之美的意境,这种艺术境界能超越活人的口语,千载之后仍然有蓬勃的生命。

三、散文本质非诗观。以为散文只是实用的,只能用于宣传、报道、说理。

针对进化文学史观,余光中指出,五四时期特殊的历史背景下,文学先驱为了把文学“从当时那种刻板、空洞、贫血的文言文中解放出来,不得不提出白话文学的主张”。以后,改革和启蒙的声音就逐步压抑了文字和文学作为艺术应有的创造空间。今天看来,白话已达成大众化的任务,它应该向文学看齐,为艺术让路了。

针对言文合一观,余光中认为,在文字的使用范围中,应该推行国语,统一白话;而在文学艺术的创造中,则要让作家有发挥文字弹性的自由。他说,文字应该表现思想,而不仅仅只是记录语言,手应该听命于心灵,而不是唇舌。绝对的言文合一,不但不可能,而且不理想。他说:“文字向语言吸收活力和节奏,语言向文字学习组织和品味,两者之间保持一点弹性,相异适足以相激相荡,相辅相成。”

关于散文的本质,余光中认为散文的反面不是诗,而是韵文。有些散文,没有韵文的形式,可是能够给予读者丰厚的美感,这样的散文,就本质而言是诗。有些韵文只是说理,如果我们把有美感超实用称作诗,那么这种纯粹说理的韵文,就不能算是诗。

在澄清偏见的基础上,余光中提出了现代散文的标准:弹性、密度、质料和用典。

弹性"是指现代散文对于各种文体各种语气能够兼容并包融合无间的高度适应能力",它主要着眼于句法,要求以现代人的口语为节奏的基础,融入外来,特别是西化的句法以及文言句法、方言俚语。余光中着重指出,在文风上,要分清夹缠和多姿,前者是敝衣百结的鹌鹑,后者是遍体文章的凤凰,二者不可等同。余光中还认为文体也应有弹性,不必过于拘泥,可以大胆突破。几年后,在《焚鹤人》的后记中,他说:"其实,不少交配种的水果,未见得就不可口吧……任何文体,皆因新作品的不断出现和新手法的不断试验,而不断修正其定义,初无一成不变的条文可循。与其要我写得像散文或是像小说,还不如让我写得像——自己。"

密度"是指现代散文在一定的篇幅中(或一定的字数内)满足读者对于美感要求的分量",它要求散文具有诗质,它应该是创造性的而非陈腐的,是五步一楼,十步一阁,步步莲花,字字珠玉,力求篇无废句,句无废字;而非稀稀松松,汤汤水水,既无涟漪,又无洄澜,瞎三话四地耍贫嘴。从余光中的散文创作中可以知晓,散文中繁复的意象以及时空的映叠、交替和压缩,也是加大散文的密度的有力方法。

质料"是指构成全篇散文的个别的字或词的品质",它是词汇的品位。要求作者有独特而细腻的语感,精选出不同凡响的词汇,构筑起能经受历史长河冲刷的篇章。

用典是把古典文学的意境、氛围、情调纳入现代心灵之中。余光中说:"'典'的最高意义是民族的集体记忆的遗产,也是沟通民族想象的媒介。而通俗的所谓'用典',就是诉诸民族的想象和记忆……也就是将作者个人的经验注入民族集体的经验。"余光中特别强调,用典有"死""活"之分。"死用典"只是掉书袋,原封不动地炫耀,典故未能与作者的经验融合成一个新的生命;"活用典"是脱胎换骨的创造,是想象的贯穿。他指出艾略特为用典大师,在艾略特的诗中,那些富有文化背景的人物总是与诗人的当下经验相交相融,而在读者心中唤醒往昔的经验,尤其是古代经典中的集体记忆。

余光中这些意气风发纵横评论写于二十世纪六七十年代，正值台湾文坛混乱而矛盾的时期，一个急剧变动推陈出新的阶段。在中西文化的交汇冲撞中，在农业社会向工商业社会蜕变的阵痛里，各色文学流派与文学观点纷纷亮相，相互诘难。余光中曾风趣地追述当时的感受："他似乎立在一个大漩涡的中心，什么都绕着他转，什么也捉不住。所有的笔似乎都在争吵，毛笔和钢笔，钢笔和粉笔。毛笔说钢笔是舶来品；钢笔说毛笔是土货，且已过时。又说粉笔太学院风，太贫血。但粉笔不承认钢笔的血液，因为血液岂有蓝色。于是笔战不断绝，文化界的巷战此起彼落。他也是火药的目标之一。"就是在这样的背景下，余光中拿起批评的笔，澄清文坛迷雾，在当代文艺批评史上留下了独特的笔迹。

在偏见之雾逐渐消散，时尚之尘稍稍落定的今天，重读余光中的批评，我们不能不敬服其中所蕴含之智慧的预见和灵性的光彩。

在《掌上雨》的新版序中，余光中进行了严格的自剖："这些评论，长短不一，高下不齐，其中某些文章的'学术水准'令人难以为情，某些观点失之偏激或浅陋，也不为今日之我所认可。"同样说法也见诸其《逍遥游》的新版序中。然而，就总体而言，余光中的评论确非无谓的意气论或趋时的应酬文，而是将留在当代文学批评史上的一页才气焕发的警策文字。

余光中的文学批评洋溢着感时忧国的精神，强调作家的责任感和时代感，但反对将文学政治化及庸俗化；在文学品位上反对盲从大众，尖锐地嘲讽了滥情伤感的小市民趣味和"半票读者"；在文学创作上既反对昧于现代的孝子文学，也不认可各式虚无的浪子文学；在文学史观上，反对文学的进化论与退化论，要求作家对于传统"应知道如何入而复出，出而复入，以至于自由出入"；在放逐意义崇尚晦涩的现代诗气候里，他拥抱坚定和明朗，要求创作有"透过深刻的平易，密度甚大的流畅和超越丰富的明朗"，高呼"时代越荒谬，越需要正面的价值。现实越混乱，越需要清晰的声音"；在文字日趋"恶性西化"的文化界，他要求善性西化、西而化之，唤起人们警惕"恶性西化"的狂潮将白话文吞没。他的批评涉及创作和批评中的许多核心命题，如感性与知性，自由与自律，诗歌的音、形、义及综合性，散文的弹性、密度和质料等。他对台湾当代文学所作的一系列精辟的综论与个论，对于台湾文学史乃至中国当代文学史的撰写，具有重要的参考价值。

当代台湾及海外评坛，百体纷呈。批评家中，有以引进和运用一种或几种批评方法见长，如颜元叔、叶维廉、郑树森等；有以撰写某种文体论著获誉，如黄永武之于古诗，郑明娳之于散文；也有以搜集和钻研某一时期或某一地区的文学现象，撰写数百页的专书著称，像夏志清的《中国现代小说史》、叶石涛的《台湾文学史纲》。余光中的文学批评很难用上述几种类型加以规范，他对西方近现代以降的批评流派有相当广泛的了解，但并不臣服于某些批评方法；他对我国唐诗宋词及英美现代诗各家作过长久而深入的钻研，却无心将其独有的心得见解整理成长篇论著（有《从象牙塔到白玉楼》和《龚自珍与雪莱》两篇，后一篇超过五万字）；他的批评文章数量虽多，但并非正经八百的学院文章（他戏称之为游侠式），大都是针对当代文坛某种特定文学现象而发，其中许多如他所说是"惹是生非的东西"，虽然不免伤人，但绝不是如同市井小民那锱铢必较、睚眦必报的取闹或骂街，而是一个诗人发现所敬爱的缪思受辱蒙尘时，不惜挺身宣战的檄文。

余光中的批评风格是与他批评的动机相联系的。他总是将批评也视作一种创造性的艺术，一种有助于创作的艺术。他的批评特别注意一些值得玩味的文学现象，如中西文学创作之异同、当代文学的发展趋势、文学评论的标准、诗歌散文的创作艺术等。他并不想把批评写成论文，甚至不无偏激地说，学者是警察，负责维持已经占领城市的秩序，批评家是随军记者，他应该告诉我们，那些最新的武器有着怎样的性能和效果。

语言是文学作品中最敏感最活跃的基本因素，为检定文学家的武器是否有新的性能和好的效果，余光中的文学批评多从语言分析入手。艾略特在《诗与批评之用途》一文中指出："选择一首好诗并扬弃一首劣诗，这种能力是批评的起点，批评家最严格的考验便是看他能否选择一首好的'新诗'，是否对新的环境作过适当的反应。"而这种能力，首先取决于批评家对于语言符号中音、形、义的整体把握和艺术感觉。综观余光中的批评，无不体现出作为一个诗人特有的文心慧眼，这是他长期耽玩于中西名诗中培植出的丰厚美感。凭此强大的直观能力,他能淘汰众多的平庸之作而选择不同凡响者,也能力排众议,在闪闪发光的赝品中指出名不副实之处。

语言分析处处显示一个诗人对语言的高度敏感,正如余光中所说的:"批评家不是一部字典或一个学舌人,他更应该是一种鉴赏力和一份责任感。"

在余光中的评论中,我们常看到这样的字句,"我的直觉告诉我,李白的诗在速度(tempo)上,似乎较杜甫的快。如果我们可以说,李白的诗常在稍快板(allegretto)与急板(presto)之间,则杜甫的诗自最缓板(largo)到急板不等","长吉的这类作品,在音乐上,使我们想起标题的交响诗(symphonic poem),例如莫索尔斯的《荒山之夜》;在绘画上,使我们想起深浅有异的单色作品,例如艾尔·格雷科的《陀雷多幻景》。在诗一面,我们可以把它比拟柯立基的《古舟子咏》,比拟其中的鬼舟,鬼舟上的僵尸群,七色斑斓的魔海,和海上盘舞的彩蛇"。似此显示出评论家的通感的语言分析,在余光中的评论里俯拾皆是。凭着诗的直觉和创造的心灵,无须步步推理,烦琐考验,频频注释,长篇宏论,只言片语中辄多真知灼见。

评定一个作家、一部作品,艺术分析只是一个通道,直觉把握只是一个支点,要将通道拓宽,在支点上掘出整个作品潜在的审美价值,还需要批评家具有通观历史的能力,将所面对的艺术分析对象与以往整个文学史沟通,将特定作品放在既成的艺术秩序中估定。余光中文学批评的第二个步骤是将作家或作品的语言风格特征放在广阔的中西文化背景中,或探讨其融合中西的独到之处,或指出其交汇传统与现代的创新发展,或以相近之中西名作为试金石拈出批评对象的破绽败笔……如果说在批评的第一阶段中,余光中更多地表现出诗人的素质,则第二步则显示出他作为一个学者的博识和旁通。《从象牙塔到白玉楼》一文,是余光中早期文学论评中最长的一篇,突出表现了他史学笔法诗家风范兼备的批评风格。

诗人的历史背景,并不是历史大事记的简单复述,而是他身处其中的文化氛围与文艺思潮。为了评定李贺,余光中的镜头首先对准了整个

世界文化,从公元八世纪中叶的欧洲引向处于中国古典诗全盛时期的大
唐。然后,作者由杜甫、白居易写实诗言及中晚唐的诗风,提纲挈领地抓
住了文学史的线索,精辟地指出:"在元白那种老妪都解浅显且通俗的诗
风笼罩诗坛之际,韩愈圈内的诗人们放纵想象,着重意象,倾向散文,追
求超自然的境界等表现,有意无意之间,恐怕都是对通俗的训诲诗的一
大反动。"镜头又拉近了,成为近景,渐转向李贺所处的中唐时的文化背
景和李贺本人的生平。以后,他把李诗与西方意象派诗歌、超现实主义
诗歌和象征主义诗歌仔细对比,否定文学史上将李贺视为唯美派的说
法。将李贺的诗歌与李白、杜甫相比,论评李商隐对李贺的模仿与继承,
在由远及近地列举了古人对李贺含糊的评述和片面的曲解后,余光中为
李贺作了辩解,并以现代诗人的艺术眼光透视李贺,指出李贺诗歌有一
种"以宇宙为背景的幻灭感","这种宇宙性的幻灭感和中国古典诗中的
历史兴亡感甚不相同","在他精巧的艺术冷宫之中,便留下了一点持久
的价值,遥遥地预期着现代诗某些方面的特性"。

　　对李诗的整体把握是建立在丰富准确的审美感受基础上的,从中我
们感受到评论家综观全局分辨良莠的艺术的视野,这不仅需要博览典
籍,还需要将审美实践中培养起来的审美情趣上升为审美范式,并以之
去撞击、去衡定一部艺术作品,阐释挖掘出其中蕴含的情理结构,将其中
蕴含的艺术魅力释放出来。余光中论评依据的审美范式(包括感受力、
思辨能力与批判能力)当然是历史意识与当代意识相互融汇、不断对话、
往复应答的双向交流过程。这种历史意识与当代意识的融会贯通,在余
光中的批评中表现得天衣无缝,相得益彰。他是一个学者,读诗、译诗、
教诗、论诗,对中西文化史相当熟悉,这可以说是他批评中历史感的源头
活水;他又是一个诗人,台湾现代诗的波峰浪谷中的弄潮儿,尝尽创作甘
苦,这必然在他的批评中流露出鲜明的当代意识。

　　余光中曾说:"我写批评文章,不喜欢太'学术化'。批评文章多用术
语,以示帮规森严,多引外文,以示融贯中西,文末详附注解,以示语必有
据,无一字无来头:这些其实都是"学者的化妆术"……我理想中的批评
文章,是学问之上要求见识,见识之上更求文采。"

　　余光中还以为,一个批评家的起码条件是:他必须是个相当出色的

散文家。他的散文应该别具一种风格，而不得仅为表现思想之工具。"我们很难想象，一位笔锋迟钝的批评家如何介绍王尔德，也无法相信，一个四平八稳的庸才能攫住康明思的文字游戏。一篇上乘的批评文章，警语成串，灵感闪烁，自身就是一个欣赏的对象。谁耐烦去看资料的堆积和教条的练习？"

余光中的许多论评就是出色的散文。首先，在题目的选择上就别出心裁，不拣现成的旧帽子戴。如《再见，虚无》《古董店与委托行之间》《锈锁难开的金钥匙》《杖底烟霞》……随手拈来几个，都富有个性。其次，他的批评也颇多妙趣横生的比喻，如将固守传统者比之为孝子，"踏着平平仄仄的步法，手持哭丧棒，身穿黄麻衣，浩浩荡荡排着传统的出殡行列，去阻止铁路局在他们的祖坟上铺设轨道"；将全盘西化者比为浪子，"为了服西方新上市的特效药，此地的作者先学会了西方人的流行性感冒"，当这两类中国文学的孽子充斥文坛时，一个清醒的作者，"在走过文学街时，必会发现一边尽是悬挂（往往拼错的）洋文招牌的委托行，另一边尽是悬挂（往往斑驳的）甲骨文招牌的古董店"。另外，他批评文章中时常提及的"半票读者""二房东批评家""散文的辫子""凤、鸦、鹑"等妙喻，也早成为文坛所熟知的"典故"了。

余光中指出，大批评家的文字应具有独特风格，"譬如一支红烛，蜡油本身是学问，光焰是才情，而四周的红氛便是不可分析的风格了。最高级的批评，本身也是一种创作；它不但烛隐显幽，目光炯炯，抑且文字犀利，警语和佳句俯拾皆是，令你感到，你接触的不是一堆冷资料，死教条，不是一个面无表情的验尸官，而是一个清晰的头脑加上一颗有灵气富情趣的心"。余光中的批评文体就是如此，它无愧为当代中国文学批评流派中"以文为批评"的经典之作。

一个民族在文学批评上所表现的没落或沉寂，说明了这个民族美感的迟钝和心灵的衰退。有感于此，余光中吟诗作文翻译教学的同时，腾出手来写评论，力求扫荡伪说与劣作，改变文坛良莠莫辨、杂乱纷纭的状况。在他初登评坛的五十年代末六十年代初，他将台湾的现代文学比作文化沙漠上的仙人掌，将自己的评论比作洒向仙人掌上的几滴雨。今天看来，在余光中这些言辞犀利、雄辩滔滔的文章背后，展现的是新的美学原则,现代精神。它为余光中乃至整个中国文坛的创作方向定位,在混乱纷扰的论争与喧嚣中,为现代诗、现代散文的创作和欣赏开拓了一条健康活泼的新路。

　　综观余光中艺术理论的发展道路,有两次喷涌期,一次是一九五九年年底至一九六四年年初,另一次是香港时期。后者可称为余光中艺术理论的成熟期,而前者,也就是这个时期,正是余光中艺术理论的奠基期。

第八章 天狼厉嗥莲脉脉

五陵少年新蛮族

灾星天狼丑中美

芙蓉冷热也茫然

魅影憧憧月光光

仍在忧郁中

传闻缪思仍流落于江湖
没有报纸正式登她的消息
仙人掌是沙漠的逃犯
一九六〇之秋是放逐，不是收割
踏死灵感，没有人会弯腰捡拾

我们的烦恼加重邮差的负担
限时专送送不走许多问题
嗟乎，欲驱忧郁如猿之扪虱
竟愈扪而愈多。十三张扑克牌
比全部的哲学史更见效

无论如何，也不能把巴士站牌
幻想成一株可爱的菩提树
况且衡阳路明明没有人乘麒麟
况且碧潭明明没有木兰舟
你以为警察不没收李白的酒壶

十三妹中不可能有乔治桑
咖啡馆到底不是沙龙
再穷也当不掉身后的铜像
要读神话就读拜伦的传记
当畅销小说大量供应着愚蠢——

当秋风起自每一根关节
当碎叶在我们肺里跳芭蕾
当骄傲烧前额为火成岩
当我们把绝望淤塞在盲肠
把不良的营养咀嚼成艺术

——《放逐季》

从爱荷华回到台北,诗人的思乡症痊愈了;但不久,祖国故土的种种乱象、灰败不振,使深爱她的诗人产生了绵绵的忧伤。他因而不时念及海外的生活,向往不羁的旅行生涯:

　　蓝色车长途的旅客/玻璃长窗里多潇洒的侧影/惟我们永远委屈,在广告牌下/仰看钢铁的风景/建筑物灰面的阴郁症/在火车站和钟楼那一带颇流行/在沿河的围墙边,我们不快乐/笑声落在潮湿的街上/发出赝币零落的声响/我们不快乐

他神游域外的积习又抬头了:

　　览世界于娟好纤小的地图
　　窄窄的世界竟豪阔地展开
　　这里是河,这里是海
　　美丽的蓝烟在外面等我
　　等我去揭开未来
　　高俊一座白邮轮
　　赫然在港外接我,到那天
　　便挥别这一切的不快

然而,辽阔的是地图,不是诗人周围的世界,神游结束,你仍然得接受现实,仍在骑楼的阴影下走过,仍得忍受这多台风多溽热的气候。特别难耐是雨季,湿天潮地,水汽蒸浮,木麻黄和油加利树交叠的树影里拧得出瘴疠的胆汁。在这样的时刻,敏感的诗人甚至感到:"我的肺里将可闻蚋群的悲吟,蟑螂亦将顺我的脊椎而上。"

对于当时大学里公式化的教学,"大考是三更眼红到五更/报告是多少 CC 的蓝泪",他也渐渐滋长了厌倦情绪。

更让他焦虑不安的是自我期许的大作家目标似乎仍然遥不可及,甚至愈加缥缈。与余光中同时期豪气干云的论评形成反差,他那时的诗作中,更多的是怅惘,乃至几分虚无几分嘲弄。

"今天不用，明天就作废/青春握一把易锈的铜币/艺术很贵，爱情不便宜/伟大的滋味蠹鱼才知道/残缺的金字，旧封面，樟脑"。（《少年行》）

邱言曦等人用来否定现代诗的那种伤感唯美的诗观，激发余光中写下更多大胆反叛蔑视陈规的诗作：

《敬礼，海盗旗！》将现代诗人虚拟如海盗，升起骷髅旗，呼啸来去，撕贵妇人的衬裙，踩碎小公主的童话，"把刺花纹的手臂量宫娥们的腰/且袒露胸前的虬毛，向那些处女/……即使多情的拜伦踅过来挑战/我们也准会踢破了他的韵脚"。

《吐鲁番》极为大胆地描写存在主义的信徒以迷乱情欲对抗无奈的衰亡。

《五陵少年》——昔日的贵胄，如今一副破落子弟的形象，虽然还记得光荣的家谱、英雄的前辈，然而，在此时此地，只能半瓶高粱酒买醉，窄小榻榻米上失眠，几本武侠小说自慰。自嘲嘲人中流露几分颓废。

《燧人氏》——从中国历史找出（虚拟出）一个达达主义的老酋长，新一代群起追随他，在一颗死了的星上，开辟一个新石器时代。视整个文学史若一片废墟。

这时余光中的诗观更多地强调否定——"我们写诗，只是一种存在的证明。'我在。我在这里。我在这里生存。'它只是否定夜的一声呐喊"。他说，我们的作品颇为野蛮，颇为桀骜不驯，如果老妪的耳朵失去了贞操，如果听惯了童诗和神话的半票听众不能适应，我们并不感到意外。

在这样的背景下，余光中开始了《天狼星》的创作。

"……那个寒假（一九六一年——引者），为了写这首长诗，我每夜忍寒伏案，曾经吟到多夜深。当日的手稿本上，密密麻麻，也不知修改了多少遍。"

天狼星是余光中当时最喜欢的星象，它的亮度是太阳的二十五倍。每当在夜空中见到了它，诗人总是流连忘返。觉得自己这五尺几寸，一百多磅的欲望和烦恼，又有什么值得大惊小怪的呢？

在中西文化传统中，天狼星都被视为破坏性的力量——中国古人认为，它的出现预示着刀兵之灾；古代西方则说它会带来干旱。然而，天狼星又是天上最亮的一颗恒星。诗人以之为题,一方面想在纷纭混乱的现代诗进程中,抓住一些永恒的象征;另一方面,也有自嘲的意味,既然被视为逆子、叛徒,当然会给平静的文坛送去刀光剑影。

《天狼星》是由十首诗构成的组诗,其中最长的一首近八十行,最短的也有三十行,共计六百二十六行。它气魄宏大,场景广阔,其中有余光中个人的经历——《圆通寺》追忆母亲及自己的前半生;《四方城》刻画初赴新大陆的惶恐;《多峰驼上》写归国途中近乡情怯……而更多的是现代诗在台湾兴起十年间个性各异之现代诗人群的传神写照——《海军上尉》《孤独国》《大武山》《表弟们》……

它又不仅仅是当代台湾诗人的族谱,还堪称中国现代诗的小型诗史,浓缩地映照出狂飙突进的现代精神,具有诗史的意味。在一种普遍的意义上,多侧面地展现了西方现代狂潮冲击下传统文化崩塌背景中,中国现代诗人的悲剧性际遇,这些悲剧包括:

由对传统文化的怀疑彷徨而产生的深深哀痛——"不信,你去问彭祖/彭祖看不清仓颉的手稿,去问老子/老子在道德经里眨眼睛,去问杞人/杞人在防空洞里躲着/他不肯接受记者的采访/北京人,你流浪在哪家博物馆?/表弟们,去撞倒的不周山下/坐在石上哭一个黄昏/五色石哭成缤纷的星雨/而且哭一个夜,表弟们/盘古的眼睛哭成月蚀"。

灰色经院教学中的无奈反叛——"大学那种教堂里,没有神却有神甫/魁伟的名字下躲着侏儒/当青苔追上五四的里程碑/白发遂遮住拓荒的前途/苍白的联想:石灰质,樟脑丸,白垩/表弟是无神论者上教堂/钟声一响,就继续做梦/对着黑板催眠的虚无/……我们纵文坛的黑马/把维特和贾宝玉劫出课室/每逢周末,就庆祝一个小赦/自名人语录和修辞"。

他们在内外交困中疑惧挣扎——"座右无铭,道德无经……在唐朝与好莱坞之间我们摇摆,在东方与温哥华之间我们摇摆"。

他们在性苦闷中找寻生存的意义——"昂首则怅望,低头则伤心/而且心很红,可染毒罂粟/只为了四肢之外,还有第五肢"。

他们在孤独中冲锋呐喊——"表弟们在东方的废墟里,举起烽火/在革命,在进行钢笔与毛笔的决斗/神经与神经间有屠城的巷战/在潜意识里采珠,打捞沉船/立在街口,忍受三百六十度的嘲笑/把十字街口立成一座十字架"。

《天狼星》的主题是近乎白热的燃烧,它在传统和现代的剧烈冲突中显现。

"一种庄严,博物馆的庄严/守着蠹鱼将食尽的文化。"

"这样的中国——没有洛阳,没有长安/没有玄武门矗立着,侏儒了西域的使臣。"

"武昌街,武昌街/飞去的是黄鹤,还是青鸟?/留下的是吕纯阳,还是谪仙?/韩京尹的轿子不来,我推敲我的/敲门的是寒山,还是贾岛?/韩京尹的高轩不来,我呕沥我的。"

"……新罗马在爱迪生的中午矗立/亮着,芝加哥,亮着,帝国大厦,亮着,许多庞贝城/亮着,惠特曼的预言,林肯的梦/哥伦布的旗,清教徒的眼睛……/斑马线,警笛,车队的喇叭,黄灯/不知哪条路通向五陵/我很冷,很想搭末班的晚云回去/焚厚厚的二十四史,取一点暖。"

传统是一个陈旧的包袱,已经破洞百出,却令人眷恋低回。现代是一种诱惑,但也是一个未知。现代诗人的内心因而有一场战争:

"我们的眼睛不肯再迷信蜃楼/水经注在背囊,渴在舌底/泪也是咸的,也不能解渴。"

"我是一只有复生命的巫猫/一瞬间维持重叠的悲剧/……在北向的窗下梦见梵谷/生命恒向北,艺术向南/灵魂的边境有无数次南北战争。"

中国文化的由盛而衰引发出的失落焦虑与追逐现代的决心勇气,是贯穿《天狼星》的两大主题,它们之间的冲突形成雄浑张力,把读者卷入这剧烈运行的星象所产生的艺术漩涡中。

组诗的最后一支乐章是《天狼星变奏曲》,它以大气磅礴的旋律突显了饱满的生命,完成艺术的升华:

> 天狼星仍悬着炯炯的青辉
> 在鞋的行程外
> 在箭的射程外
> 远不可及的绝望你最美

藏火的意志在燧石的肺里

盐藏在瞳内

风藏在翼底

老人星还不来扫满天碎玻璃

……

天狼厉嗥吧,在风的背上

把光族都叫醒

狺狺把太白星

叫起来扫曙天欲破晓的残霜

许多论者,包括作者本人,当时都对《天狼星》评价不高,认为它仅是生了一次现代麻疹,促成诗人告别虚无。今天看来,《天狼星》不仅是一首气势磅礴的具有史诗意味的组诗,也是余光中艺术道路上的一个标志,它昭示了诗人审美观和人生观的重大进展。

从古希腊起,庄严的典雅之美普遍散布,长此以往,不免有立正看齐的单调感觉,于是,人们就需要调整一下,丑怪虚无如同是一段稍息。大约自歌德《浮士德》始,西方许多伟大的文学作品就以美丑并举的方法将人类感性的冲突、分化、背离鲜明地表现出来,这就如歌德在《浮士德》里所说,"美与丑从来就不肯通融……又挽着手在芳草地上逍遥",又像雨果说的,"把肉体赋予灵魂,把兽性赋予灵智"。

余光中这时也深入地体悟到,丑就在美的近旁相伴着,畸形藏在优美的背后,黑暗渗入光明,粗俗与崇高轮流坐庄,野兽和天使一体两面。因此在那些日子里,余光中喜欢对诗友略带炫耀地说,我的性灵之中有一大半魔鬼的成分。他认为,魔鬼是西方近代文学中最流行的主角。不能小看魔鬼的门徒,浮士德、唐璜、阿哈布、亚伯拉德,都是杰出的艺术形象。余光中在《天狼星》中辟有《浮士德》一章,特意附注说它是自述,就是一种鲜明的表态和挑战。

《浮士德》是整个近代西方心理的形象化浓缩。在人生观上,它颠覆了盲目的乐观。浮士德是一个悲剧性的人物,他在人世的局限中焦虑不安,追求掌握高深的知识,享受醇美的情感,完成伟大的事业等目标,却都是可望而不可即;他向各方面追求,却越来越不幸地退转回来。

歌德借此形象表达了人类从必然王国向自由王国进取的雄心,但他也意识到,绝没有一个人在他的有生之年可以看到靡非斯特无条件的投降。人类精神在对现实的痛苦反省中,应该体察和承认丑、恶、情欲、孤独、悲苦,承认它们在任何一个有限的途程中都不可能被无限地克服和超越。歌德说,我们的激情像火中的凤凰一样,老的被焚化,新的又立刻从灰烬中飞起。余光中其时已经摆脱了臧克家《烙印》那种多少带点孩子气的勇气,而表现出浮士德式的进取精神,这就是在似乎是不可逾越的障碍中努力攀登,不愿用廉价空洞的乐观向自己许诺。

在《天狼星》中,有骷髅旗升起,有癌的笑容,有病蜘蛛,有阴沟的倒影,三期的肺病,患风湿的脚⋯⋯表现了孤独、疏离、荒诞,梦魇一般的气氛,外加冷嘲和恶心⋯⋯我们可以说,它给予读者的不是陶醉,而是惊怵;不是温情,而是冷寂。但是,我们更应该说,在这一切背后,它表现的不是沉沦,而是,进取!

在一些大逆不道的宣言之后,在种种令人不安的意象之间,我们可以感受到凛然不可犯的决心:拒绝把生活空虚地理想化,拒绝浮夸的欢娱和自足。诗人要以无所畏惧的姿态去面对不可知的命运。

如果生命是包孕了那么多大伤痛、大恐惧、大欲望,那么,以强力挖掘进去,看个仔细,尝个透彻!

感性要真正丰满起来,就必须经历一场更强烈的批判,更狂暴的震荡,更极端的冲击。丑是一个新的出发点,从这里我们带着一种更新鲜、更敏锐的感觉把纯美的空间扩展。感性似乎灰暗了,丑陋了,实际上是更加丰富更加深入更加宽广,在悲不自胜长歌当哭中,感性从希腊型的一元唯美,走向现代型的多元复调。

如同浮士德与靡非斯特形影不离,勇敢和虚无,幽雅和狂放,古典美和现代丑也总是倚肩而立的。时代的悲剧性感受是诗人心中美与丑冲突的根源,这里有一个生长中的文明系必不可免的冲突,也有中华民族的特有悲剧,还有个人爱情、事业的完美追求和局促现实的矛盾⋯⋯诗人用他的心灵包容了这些矛盾却也无法自圆,唯有沙入蚌中地将它们在诗歌中一一表露无遗,于是,我们得到《天狼星》这些散落的珍珠颗颗。

寒假过去,挨过岛上漉漉黏黏的雨季,诗人迎来的是一个美好的夏天。"一放暑假,嘶蝉鸣蛙,午后雨的音乐,月光的故事,缓如爬藤的时间,美好的一切一切,都归我所有了。"从《天狼星》的"猛虎"状态走出,余光中又开始细嗅蔷薇了。

那年十月,诗人心中供养已久的一朵水仙死了。从自恋中摆脱,是轻松,亦是空廓。

像是一场未知的缘分突然降临,一天,"一个早该回归而未回归的江南人,在一个应有鹧鸪念经而没有鹧鸪念经的下午,在不像西湖却令人想起西湖的湖畔,转一个弯,又一个弯,没有准备看莲,却发现自己立在一弯莲池上"。莲向诗人张开了它的心瓣,它的灵魂……

诗人在莲花上看到东方之美:

> 雀何为而喃喃,像是为静/为静打着拍子//醒着复寐着的,是一池红莲/一池复瓣的美/而十月的霏微竟淋不熄/自水底升起的烛焰

也看到了东方的爱情:

> 步雨后的红莲,翩翩,你走来
> 像一首小令
> 从一则爱情的典故里你走来
>
> 从姜白石的词里,有韵地,你走来。
>
> 　　　　　　　　　　——《等你　在雨中》

更悟到了东方的宗教:

> 伴每一朵莲
> 守小千世界,守住神秘

是以东方甚远,东方甚近

心中有神

则莲合为座,莲叠如台

——《莲的联想》

"对于一位诗人,发现一个新意象,等于伽利略的天文望远镜中,泛起一闪尚待命名的光辉。一位诗人,一生也只追求几个中心意象而已。塞尚的苹果是冷的,梵谷的向日葵是热的。我的莲既冷且热。"余光中在《莲的联想·代序》中这样说。

既冷且热。冷是莲的清芬,莲的赧然,莲的静谧和怜悯……古已有之。

热则是诗人赋予莲花的,其一,是艺术的炽热,爱情的燃烧,诗人在诗中多次采用"水底升起的烛焰","红莲如红焰",以及其他一些热烈的画面,传达这白热的色彩之后更为白热的情感。

其二,也不排除红尘的喧嚣。读者不会不注意到这样的句子:

诺,叶何田田,莲何翩翩

你可能想象

美在其中,神在其上

我在其侧,我在其间,我是蜻蜓

在对柔美和圣洁的歌咏之后,忽然一转,写下"风中有尘/有火药味。需要拭泪,我的眼睛"。

其实,在静谧恬淡的色调中,我们还是能够察觉出诗人的些微不安:在沉醉里有掩抑不住的迷惘,在似乎从从容容心思纤纤的折来叠去三联句的韵里,有剪不断理还乱的多少惆怅!

在和《莲的联想》同时发表的《再见,虚无》中,诗人这样说:"如果说,必须承认人是空虚而无意义才能写现代诗,只有破碎的意象才是现代诗的意象,则我乐于向这种'现代诗'告别。我不一定认为人是有意义的,我尤其不敢说我已经把握住人的意义,但是我坚信,寻找这种意义,正是许多作品最严肃的主题。"

这两句话值得我们特别注意,尤其是后一句,它可以帮助我们领悟诗人当时的思想状态——迷茫但执着,在质疑传统之时仍不息追求传统中的正面的价值和意义,所以,《莲的联想》中会反复出现这样一些诗句:

> 我站在古代,还是现代?究竟/我是谁,谁在想这些?(《月光曲》)
> 古代隔烟,未来隔雾,现代/狭窄的现代能不能收容我们?(《第七度》)
> 更无其他。唯一能把握的是你的手掌/是我的手掌,微汗,而且发烫/此外,一切皆茫茫,后有历史,前有预言/上有命运。任掌心吻着掌心(《遥》)
> 天河如路,路如天河/上游茫茫,下游茫茫,渡口以下,渡口以上/两皆茫茫。我已经忘记/从何处我们来,向何处我们去//向你的美目问路,那里也是/也是茫茫。(《茫》)

是的,诗人仍在寻觅,寻觅人生的意义,寻觅写作的意义,他遁入纯美的古典——"一场小寐解决小小的烦恼"。诗人想借此获得平衡、安宁;甚至攫取永恒。然而自少年时代便根植于心的那强烈的忧国忧民精神,使他无法安于做一个现代的姜白石或柳三变,所以,他在歌咏之后,不觉迷茫乃至几分空虚。

两年前用以收束《天狼星》的《天狼星变奏曲》,是那么的奔放粗犷,横扫千军如卷席;而《莲的联想》却是以发现的欣喜始,以《迷津》这深入骨髓的悲凉终:

> 我是去夏一梦的遗迹,雾季来时
> 便失落在此。这白茫茫
> 无感,无觉,罗织成一面
> 有毒的厉瘴。当灵魂绝食如绝望
> 我坐在幻的中央

万有皆无。我坐在女娲的石上
曾幻想,这五色的缤缤与纷纷
可以补天,可以填海
曾幻想焚心的烈焰,可以炼,
炼顽固的洪荒

曾天倾,曾海啸,曾石陨如雨
一万个夏季已经死去
雾季下垂,为一切残缺
曳一层多仁慈啊的面纱,淡时
如小寐,浓时,如死

去夏已死,去夏的月光
是已经泼翻的牛奶,在地上
将去夏的南风,风中的莲塘
将月下的莲房,房中的秘密
浸在变酸的牛奶里

莲已死尽,则佛坐在何处?
仁慈坐在何处? 我坐在
何处? 我欲航向彼岸,而四顾
无一筏莲叶在望,迷津茫茫
谁引我远渡,引我远渡?

莲生,莲死,莲葬。看一缕余香
冉冉升起,莲的幽灵
冉冉升起,自寒冽的波上
啊,这凄凉!

——《迷津》

步白石道人后尘，于心不甘，效子美东坡，火候不到；然而，做一个现代的李长吉却游刃有余。

自青年时代起，余光中深深为唐代诗人李贺所吸引，李贺让他着迷的原因大致是：其一，思想上的叛逆性。在汉诗传统中，李贺是个异数，他不为儒家意识框定，接受的是半骚半道的神话传统，他大胆写怪力乱神、鬼魅仙狐，表现出一种以宇宙为背景的幻灭感，"和中国古典诗中的历史兴亡感甚不相同"。其二，艺术上的独特性。李贺的诗歌瑰丽多姿，出神入化，他以贯穿幽冥的想象力将现实经验的"丑"化为艺术经验的"美"，这种艺术方法遥遥呼应着后世的现代主义文艺。

经过西方现代艺术洗礼的余光中，用全新的眼光来阅读李贺，品味李贺。

在《从象牙塔到白玉楼》中，余光中用相当的篇幅论述了李贺与西方现代主义诗歌各流派（超现实主义、象征主义、意象派、唯美主义）的相通之处，指出自新文学以来，除了梁任公和钱默存，李贺始终未得到应有的关注。胡适的白话文学，普罗的左翼文学，大众的半票文学乃至现代主义的虚无，都从不同的方向阻碍了将李贺诗艺转化成中国现代诗的丰厚滋养。

余光中说："不成熟的看法，会认为'古典'是和'现代'截然相反的。事实上，有深厚'古典'背景的'现代'，和受过'现代'洗礼的'古典'一样，往往加倍地繁复而且富有弹性。"

现代诗人特有的叛逆性，使余光中喜欢各种新的感性。李贺，还有爱伦坡等西方现代诗人，刺激了余光中表现鬼神表现神秘经验的创造欲。

看了一部怪诞恐怖的日本电影《四谷怪谭》，便有：

"……聊斋夜，联想，联想，联想/当一阵风无端地跃起/神经质的枫树咳一声干嗽/壮壮胆/而万一果然有一片阴影/落下，在翻开的书面，果然一只/石灰色的瘦削的臂/一张交白卷的脸，一个无齿光的笑。"

读了几本侦探小说，写下：

"……恐月是巫女，星是刺客，恐一过九月/太阳的小帐就掷得很吝啬/把四壁都饰满了向日葵/也不一定能辟邪。夜在百叶窗后/狞窥你手中的侦探小说。"

这都还是诗中的一些片段,到了《中元夜》,鬼影幢幢成了整首诗的中心氛围:

中元月,"月是情人和鬼的魂魄,月色冰冰/燃一盏青焰的长明灯"。

"中元夜,鬼也醒着,人也醒着/人在桥上怔怔地出神……"

奈何桥——"桥下磷磷,桥上磷磷,我的眸想亦磷磷……"

《中元夜》发表一年后,一九六三年十二月,余光中的幼子不幸夭亡。诗人悲痛之余,写下散文《鬼雨》和诗歌《黑云母》。

《鬼雨》有四个场景:医院的电话,告知婴儿病危的消息;作者忐忑不安,课堂里教的又是莎士比亚的挽歌;为婴儿下葬的现场;给远方友人的信,倾诉心声。作者忽略具体事件、细节的准确刻画,而以情感笼括全文,从中心意象——阴冷凄凉的鬼雨辐射开去,出入古今中外一切悲雾冷雨。《鬼雨》是作者以诗为文的开端,也表现出作者攫取怪诞意象的能力。

同美一样,丑也可以分出一些亚种,比如虚无和怪诞,前者偏于道义上的反叛,多付诸内在情感,后者偏于形态上的出人意表,付诸感知意象。

在怪诞意象的刻画上,自接受西方现代主义绘画以来,余光中已揣摩于心,经过对李贺、贾岛、孟郊、韩愈等一些"惟奥惟丑"诗歌的反刍,加上母逝子夭的无端灾祸的冲击,一些精魅、幽灵便趁着暗夜袭来,《月光光》最鲜明地表现出诗人在这一方面的不凡造诣:

月光光,月是冰过的砒霜
月如砒,月如霜
落在谁的伤口上?
恐月症和恋月狂
迸发的季节,月光光

幽灵的太阳,太阳的幽灵
死星脸上回光的反映
恋月狂和恐月症

祟着猫，祟着海
祟着苍白的美妇人

太阴下，夜是死亡的边境
偷渡梦，偷渡云
现代远，古代近
恐月症和恋月狂
太阳的赝币，铸两面侧像

海在远方怀孕，今夜
黑猫在瓦上诵经
恋月狂和恐月症
苍白的美妇人
大眼睛的脸，贴在窗上

我也忙了一整夜，把月光
掬在掌，注在瓶
分析化学的成分
分析回忆，分析悲伤
恐月症和恋月狂，月光光

　　月，在中国文学里，总是沉浸在美丽的神话之中（嫦娥、吴刚、桂树……），总是伴随着动听的歌与乐（无数的咏月诗及《霓裳羽衣曲》《春江花月夜》等），总是乡情、亲情、爱情的圆满的象征。这一切当然是余光中所熟知的。然而，他也想试着在这一切的背面寻求一种新的美。

　　化学实验般地冷静逼视，花好月圆成了死星幽灵；千里共婵娟的含情脉脉成了恐月症和恋月狂的病态迸发之时。

　　可是，她依然是艺术的创造。余光中认为："恐怖和憎恶，是人性之中两个基本的强烈经验。它们介于感情和感觉之间，既是心灵的，又是官能的，在日常生活经验中被认为是丑。可是，通过艺术的组织和变形作用,现实的丑可以转化且升华为想象的美。因为在艺术中,我们挣脱了现实的利害关系,可以超越自我地感受恐怖和憎恶,免于患得患失的顾虑,又耽于纯粹的感官经验。"

《月光光》的题材是虚幻的,画面却气氛骇人,想象力贯通了幽冥世界,令人不可逼视。她给予读者的既非知性的,又非发泄的,而是一种感官的震撼。没有华美的文辞,叠加的典故,她以坚实的意象明白的旋律构筑怪异阴冷的艺术氛围,她诉诸人的本能,那么自然又那么神秘,那么可感可触,又是那么虚幻无尽。

一九六○至一九六四年,诗人正当壮年,生命饱满,在艺术世界中左冲右突,在古今中外之间前思后想,始于反传统而终于吸收传统,始于自由诗而终于有节奏的安排,从独来独往的狂野桀骜渐趋缓和、冷静与圆融……在诗艺上几乎是一年一变,令人刮目相看,令人大跌眼镜;在叫好、愤慨、疑虑的多声部中,余光中,成为文坛的焦点。

《五陵少年》与《天狼星》在现代诗发展史上的震荡,几十年后余音未歇,被冠以"现代诗实验期",论者源源不断;《莲的联想》薄薄一册,被尊为"新古典主义",引来多少信徒拜倒在莲花裙下。艺人口口相诵并把它谱上曲广为传唱,友人,还有洋人把它译出在海外出版,让东方芬芳远播他乡。而诗人并无半点自得自满,相反,他仍处于高速运转之中。不间断地向古今中外各种风格流派索求艺术方法,在为诗歌艺术寻觅新的突破口的同时,诗人也在不间断地为自我定位:

> 你不知道你是谁,你忧郁
>
> 你知道你不是谁,你幻灭

长诗《大度山》赫然醒目的题记显示了诗人自我探求的紧迫心迹。

这预示着他将向上,破门,叩关,升腾……

十五年后,余光中为《莲的联想》新版作序言——《夏是永恒》。

夏天是永恒的季节,生命的夏天也是;然而,永恒不是一条漫无止境的直线,永恒是一个玲珑的圆。

第九章 何时我们才不再争吵，亲爱的中国

逍遥游乎行路难？

轮转天下

散文诗

敲打乐

在风中挺立

灵与肉

想起乡国，为何总觉得

又饿又冷又空又阔大

不着边际的风终夜在吹

隐隐有一只古月在吠

路愈走愈长蜃楼愈遥远

一只箫，吹了一千年

长安也听不见，长城也听不见

脚印印着血印，破鞋，冷钵

回头的路啊探向从前

也乞食新大陆

也浪荡南半球

走过江湖流落过西部

重重叠叠的摩天楼影下

鞭过欧风淋过美雨

闯不尽，异国的海关与红灯

世界在外面竟如此狭小

路长腿短，条条大路是死巷

每次坐在世界的尽头

为何总听见一支箫

细细幽幽在背后

在彼岸，在路的起点唤我回去

母性的磁音唤我回去

心血叫，沸了早潮又晚潮

一过楚河，便是汉界

那片土是一切的摇篮和坟墓

当初摇我醒来

也应摇我睡去

——《盲丐》

　　一九六四年九月，余光中再度赴美，辗转于中西部和东部的几所大学，巡回讲授中国文学。临"刑"前作《逍遥游》，在回忆和预期中，诗人暗自规划如何迎击将至的惶恐寂寞。对异国的"文化充军"做充分的思想准备，他告诫自己："这是行路难的时代，逍遥游只是范蠡的传说。"

　　尽管如此，诗人仍有料想不到的一场恶战。五年前，爱荷华的三百多天，有同学和老师，还有新奇和活泼的学业。而今，枫城、乐山、盖斯提堡乃至卡拉马如，诗人单身多达四百多天，在这期间写的诗文中，可以看出诗人的寂寞是多么难耐。

　　对西方学生讲中国文学，难以沟通——面对满座的金发和碧瞳，吟起古诗，但美国的杨柳不知六朝，也未闻台城；玛利亚和维纳斯的小儿女更不解长安的意义。

　　驶过八千多英里，越过九个州界，穿过大风雪和死亡的雾。"然而，无论去何处，他总是在演独角的哑剧。在漫长而无红灯的四线超级公路上"，可以超越形形色色的卡车轿车，但永远摆脱不了寂寞的尾巴。

　　在余光中的一生中，这是一段最为寂寞的时期。小城梦魇，一切透明得可怕。"但大半的时间，他走在梦里走在国内走在记忆的街上。这种完整而纯粹的寂寞，是享受，还是忍受，他无法分辨。冰箱充实的时候，他往往一星期不讲一句话。信箱空洞的时候，他似乎被整个世界所遗忘，且怀疑自己的存在。"

　　独立异国的塔顶，寂天寞地的圆心，"前无古人，后无来者，时人亦冷漠而疏远。何以西方茫茫，东方茫茫？寂寞是国，我是王"。

　　"中国人在美国，能够克服繁忙和寂寞，能够克服繁忙中的寂寞寂寞中的繁忙，且维持自己的灵魂维持自己的灵魂于摇摇欲坠，是难而又难的"，事过境迁，诗人仍感慨不已。

　　至一九六五年十一月妻女来美相聚，余光中这十三个月里艺术品的生产量为诗六首、散文五篇。可以说，创作歉收。妻女来后，安定的生活提高了诗的产量，但也说不上丰收。如果说有什么重大收获，那就是这一年的生活历练。这当然离不开诗人与方向盘的结盟。

　　此次赴美，临行前到梁实秋老师家辞行，梁老师叮嘱再三，光中，不要在美国开车。哦，为什么？诗人怎么能开车？梁老师郑重地警告，似乎已目睹一场碾碎桂冠的横祸。可是,我们这位喜欢一切高速节奏的诗人怎么会拒绝驰骋乃至飞翔呢?到美国不久,余光中就学会了开车。父亲在家中闻讯大惊,来信力阻。而余光中的理由更加有力——与其把生命交付他人,不如握在自己手中。

无穷无尽更无红灯的高速公路在辽阔的原野上张臂欢迎诗人,欢迎这位现代骑士,这位自幼就喜欢车,无论是曳着青烟的火车,还是轻捷修美的自行车。考上驾照之后,先是租车,不久,余光中就购置了一辆雪白的道奇,一匹马力强劲反应灵敏野蛮又柔顺的坐骑。

骑上它,用背肌去体会起伏的地形曲折的山势;骑上它,把发交给风,把肺交给湍急的气流……他进入了一个动感的世界,在百英里的时速下,在八汽缸马达轻快的低吟中,逸兴遄飞,李白那些高速之古风和绝句,一时都冲到嘴边……

美利坚,卷不尽展不绝的一幅长卷,蜃楼摩天,千顷平畴,雪山簇簇,绝壁拔地……驾着车,余光中踏上了去仙能渡南太基爱伦坡故居盖提斯堡古战场纽约帝国大厦的路,攫取了《仙能渡》《南太基》《黑灵魂》《四月,在古战场》《登楼赋》《丹佛城》等磅礴诗文的体验和素材。

余光中自己粗略地统计,单是一九六四年到一九六六年在美期间,他驾车奔驰的公里数就不下五万,最长的一次征程是一九六六年七月,余光中驾车与妻女一起驶过三千英里,凭一张地图,从密歇根到洛杉矶,穿越印第安纳、伊利诺伊、爱荷华、内布拉士卡、科罗拉多、犹他、内华达、加利福尼亚……这次快乐而豪迈的旅游留给世人的便是轰轰烈烈的《咦呵西部》。

杖履登临,催生了隐士的田园诗;鞍镫来去,发为侠客的江湖诗;而手执方向盘,当然要喷涌现代骑士的现代诗,现代游仙诗。

高速路上的节奏使余光中感应了工业文明的脉搏并传导到他的散文中:"定音鼓的频率在加速,加强,扭紧我们每一条神经。这是本世纪心跳的节奏,科学制造的新的野蛮。纽约客的心脏是一块铁砧,任一千种敲打乐器敲打敲打。汤汤堂堂。敲打格希文的节奏敲打浪子的节奏敲打霍内格雷霆的节奏敲打伯恩斯泰因电子啊电子的节奏。"

就在这种状态下,他有意无意地写出一种"把螺丝钉全部拧紧了的富于动力"的句子。余光中借助西洋的音乐术语"卡旦萨"（cadanza）来形容自己的这种试验。"卡旦萨"本是西方音乐独奏或独唱中常用的一种技巧。通常是在演唱（或演奏）即告结束时，为充分表现表演者的技巧和情感即兴添加的乐段（大陆通译为华彩乐段），其风格通常酣畅而淋漓。余光中借此来说明自己在抒情散文创作中"一篇作品达到高潮时兴会淋漓的作者忽然挣脱文法和常识的束缚，吐露出来的高速而多变的句子"。

让我们具体地看一个例子，《逍遥游》中，在笔墨酣畅地描写了纽约滚滚的车流形成的交通漩涡之后，写出"红灯撞击着红灯冲激着浮沉的白灯白灯白灯"这样的句子，这一句如果改成"红灯撞击着红灯，红灯冲激着沉浮的许多白灯"，意思是更明显了，文法也通了，但节奏松了，意象散了，那强烈的效果也散失了。类似的句型还有，"雨是潮潮润润的音乐下在渴望的唇上舔舔那冷雨"；"塞外，曾是胯下的马发间的风沙曾是梁上的燕子齿隙的石榴染红嗜食的嘴唇"；还有"秋夜的星座在人家的屋顶上电视的天线上在光年外排列百年前千年前第一个万圣节前就是那样的阵图"。

至于在文气高速进行时少用甚至不用标点，是余光中那时散文中所常见的。我们来看他《丹佛城——新西域的阳光》中的一段："白。白。白。白外仍然是白外仍然是不分郡界不分州界的无疵的白，那样六角的结晶体那样小心翼翼的精灵图案一英寸一英寸地接过去接成了千里的虚无什么也不是的美丽，而新的雪花如亿万张降落伞似的继续在降落，降落在落矶山的蛋糕上那边教堂的钟楼上降落在人家电视的天线上最后降落在我没戴帽子的发上当我冲上街去张开双臂几乎想大嚷一声结果只喃喃地说：冬啊冬啊你真的来了我要抱一大捧回去装在航空信里寄给她一种温柔的思念美丽的求救信号说我已经成为山之囚后又成为雪之囚白色正将我围困。"

文气之旺，笔锋之健，转折之快，如同一章敲金鸣鼓蓬蓬勃勃的交响乐，把作者乍见漫天飞雪的喜悦欢欣表达得淋漓尽致。

余光中此时的散文，大气磅礴，出入古今，但却不注意与读者的分享，偏于自我分析，自我咏叹，不免自说自话，一泻千里，让人猝不及防。过度纷繁的意象，有时失却控制，不免造成壅塞。作为诗来读，颇为快意；作为散文，难以下咽。说得俏皮些，或可套用卡莱尔对麦可利文章的批评："偶尔一读亦无妨，但谁也不愿住在尼加拉瓜大瀑布之下。"

　　一九五八年发表的《石城之行》，是余光中抒情文的创作发端，他自此一发而不可收，一直到香港时期，才渐渐平息了紧张的内心冲突，转入雍容闲适与幽默的散文传统。自《左手的缪思》到《听听那冷雨》，有近三十篇是诗情浓郁之作，如作者所说"是壮年的诗笔意犹未尽，更伸入散文来贾勇逞能，比起正宗的散文多一点诗情，比起诗来又多一点现实和气势"。但是，应该指出，在这些作品中，有些是散文诗，如《逍遥游》《四月，在古战场》《塔》《地图》《下游的一日》《伐桂的前夕》《蒲公英的岁月》《听听那冷雨》等八篇。

　　对于散文诗，余光中说的不多。他对六七十年代在台港及海外招摇的"所谓的散文诗"并无好感。六十年代初，他甚至不无偏激地说："这是一种高不成低不就，非驴非马的东西。它是一匹不名誉的骡子，一个阴阳人，一只半人半羊的 Faun……往往，它没有诗的紧凑和散文的从容，却留下前者的空洞和后者的松散。"

　　六十年代末期，他仍然说："原则上，我是拒绝写或看所谓散文诗的。"但那时他已经把上乘的散文诗与泛滥成灾的伪散文诗区分开来。在《撑起，善继的伞季》一文中，他就用了相当的篇幅来分析施继善的散文诗，说它们"节奏活泼，语调柔美而自然，意象的细节也交织得很好，有现实感"。

　　出于对流行的"散文诗"的恶感，余光中从不认为他的创作中有散文诗。我们说这八篇作品是散文诗是基于以下三方面的事实：

　　在结构上，它们并不以叙述实事（如《鬼雨》写仅存三天的生命）或描写景物（石城、塔阿尔湖、爱伦坡旧居、西敏寺、南太基、纽约帝国大厦……）为中心，而是将焦点对准内心，以一个或数个意象绾结全篇。在艺术方法上，为了细致入微地刻画淋漓尽致地表现个人的主观世界，不惜将客观世界压缩、变形；它更多地借助诗的方法，如稠密的典故、意象和大幅度的跳跃……在叙述方式上（叙述方式指作者以特定的语调或口吻导引读者的艺术方法。不同的叙述方式会透露出不同的情感色调和情绪节奏，达成不同的美学效果），采用独白。独白是一种诗的叙述方式，它与散文中最常见的"诉说"截然不同。

余光中对此有过清晰的解释："本质上说来，文学的较高境界，是内在的独语（monologue），不是外在的对话（dialogue）。诗的境界尤其如此。诗人的作品，本质上说来，也是一种'话'，但是这种话不是为了某一场合说给某一个人听的，他是诗人气质的流露，性灵的表现，任何人在任何时代都是这种'话'的对象。'余亦能高咏，斯人不可闻'，李白的话是说给古人听的，是说给自己听的，也是说给后人听的。'念天地之悠悠，独怆然而涕下'，陈子昂的话不一定要说给谁听，它是说给虚空听的，但是每个读者都觉得似乎是特别说给他自己听的。"这里所说的"独语"就是一种独白。

独白来自何方？独白源于戏剧，指一种带有韵律的话语。西方近代以前的戏剧，无论是古希腊的歌队咏唱，莎士比亚笔下的人物念白，拉辛剧中的颂扬崇高的台词，总是伴随着韵律；在中国戏曲中，大凡抒发胸中喜乐怨怒，摹状目前场景，讲述自家遭遇身世时，也多是韵白或唱词。韵律使语言超越了琐屑的日常生活，向诗与音乐靠近，这是西方戏剧与中国戏曲的共同之处。然而，我们不把中国戏曲中的唱词和韵白视作独白，这有三个原因：中国戏曲的程式化使它在细致入微地刻画人物性格和内心冲突有所欠缺，如莎剧里的哈姆雷特的矛盾，奥赛罗自杀前的表白，理查二世失势后的长叹与哀语……它善恶分明，道德教诲意味浓厚，缺乏耐人寻味的哲理。它少有浓郁的悲怆氛围。所以，有理由说独白基本上是舶来品。

五四以后，以"独白"为特征的散文诗在中国文坛忽隐忽现，特别是三十年代，先后有陆蠡《海星》（其中第一辑至第四辑）、何其芳《画梦录》以及卞之琳、李广田的作品。

这些篇章是一群青年作家苦闷心境的独白，可以看出作者写作时心情暗淡，对与人沟通的可能性心存疑虑，因而，无意甚至是有意排斥与人对话，一意诉诸自我孤寂的内心，寄托于阴冷的意象抑郁的氛围，这种不求人解的阴冷独白越发加重了作者的孤寂。

三十年代的独白散文诗以何其芳成就最大，他也是这一青年作家群中最能深刻反省和把握个体创作经验的文艺理论家。他对散文诗的阐释有助于我们了解独白体散文诗，因此有必要对他多说几句。何其芳在《画梦录·代序》中自述创作动机道，"喜欢想象着一些辽远的东西，一些不存在的人物，和许多在人类的地图上找不出名字的国土"，"不知何时起世上的事都使我厌倦。那时我刚倾听了一位丹麦王子的独语，一个真疯，一个佯狂，古今来如此冷落的宇宙都显得十分热闹，一滴之饮遂使我大有醉意，不禁出语惊人了"。

　　一年后，在《关于〈画梦录〉和那篇代序》中，何其芳更深入地说明了《画梦录》的创作内容和艺术方法，这其中有两点值得我们注意，因为它在创作动机和艺术方法上，和余光中的散文诗创作极为相似。

　　关于《画梦录》创作缘起。何其芳因为不满于新文学散文的抒情一支，"多半流入身边杂事的叙述和感伤的个人遭遇的告白"，遂希望"为抒情的散文发现一个新的园地"。作者承认作《画梦录》时，他异常孤独，"生活一直像一个远离陆地的孤岛，与人隔绝"。但是，这孤独不是庸俗者的无聊，而是思想家、艺术家的寂寞。这寂寞乃至悲观，实出于对人生"充满了热情，充满了渴望"，"实在是有所爱恋，有所憎恶。并不像《画梦录·代序》中所说的，对于人生我动心的不过是它的表现"。

　　关于《画梦录》的艺术方法。何其芳说，"应该像一个有自知之明的手工匠人坐下来安静地、用心地、慢慢地雕琢出一些小器皿了，于是我开始了不分行的抒写"，"我企图以很少的文字制造出一种情调：有时叙述一个可以引起许多想象的小故事，有时是伴着深思的情感的波动……我追求着纯粹的柔和，纯粹的美丽"。

　　一个时代有特殊的思想情感，新的文学样式因此应运而生。散文诗在西方的诞生，为的是表现"现代的，更抽象的生活"，"适应灵魂的抒情性动荡，梦幻的波动和意识的惊悸"[①]。散文诗在中国，也出自一种新的生活感觉和美学精神，就像《画梦录·独语》所说，"每一个灵魂是一个世界，没有窗户。可爱的灵魂都是倔强的独语者"；它是思想者于无序人生中寻觅诗意碎片时的创造，是文体家借助文字和意象挑战浅薄敷衍之作的尝试。

---

　　①　波特莱尔：《巴黎的忧郁·献词》。

独白体散文诗，从何其芳到余光中，既表现出浓郁的哲思，也将笔触探入梦幻、潜意识等非理性的内心冲突中，它是思索者的精致独白而非情绪化的感伤告白；它具有更强烈的个性色彩和文体意识，突破了"以理节情"的传统，是具有开创性的文体。

余光中将中国散文诗艺术提高到一个新的境界，其具体表现如下：

一、作品的生活容量更显阔大。

余光中的独白体散文诗，虽然也都环绕着自我的内心世界、成长记忆或私密心境，但总以深重的文化乡愁为背景，总有旧大陆（祖国）、新大陆（美国）和岛屿（台湾或香港）的现实侧影，总有几千年古典文化的芬芳。因此，"小我"中有"大我"，既是个体生命的横切面，也是亿万中国人的灵魂取样。

情感的充沛、思虑的深广、内容的丰富必然导致篇幅的扩大。余光中的独白体散文诗，一般都在四千字上下，犹如韩潮苏海，势不可挡，突破了散文诗仅能写小感触的格局。

二、艺术表现力更加强烈而多元。

余光中深受西方现代绘画、音乐、摄影、戏剧，特别是现代诗的熏染，这不但促成了他新的感性（情绪、直觉、想象），也加强了他的知性（哲思、知识、经验），使他的散文诗兼容并蓄，把蒙太奇的节奏、现代诗的意象、现代绘画的变形与抽象、现代剧的象征及怪诞融为一体，纵横捭阖，汪洋恣肆，具有多元的美感。

他的成就得力于时代、阅历和对于诗的新认知。

他所处的时代，比起三四十年代，是一个相对安定的年代，心灵也许如失根的兰花，生活却尚能免除战乱之苦，尽可从容涵泳于中西文化之中——世界文化交流的日益密切，使他对现代文化的渊源和趋势有更为真切而深入的了解；中国古典文化的再评估和新诠释，使他避开了抱残守缺与故步自封的偏激摇摆。

他的生活阅历也更加丰厚。三十年代以何其芳为代表的作家群，作独白体散文诗时，都年不过三十。以一九三六年为界，李广田最年长，三十岁，最小的何其芳才二十四岁，卞之琳二十六岁，陆蠡二十八岁。今天读这些满带青春气息的散文诗，不能不为其才气惊服；但与同样慧心独具的后来者相比,总显得阅世较浅,为文局促。须知,余光中的散文诗作于三十七岁至五十岁之间,新酿毕竟不敌老窖。

他对于诗的认知更加深入全面。首先,诗是"以最经济最有效的文字,将主观经验客观化的艺术"。余光中明确指出,主观经验是思想、情感和感官三者的综合,执着其一不及其余便不能臻于上乘;客观化的文字操作也须综合,尤其应该注重意象(诗的可视性和空间面)和节奏(诗的可听性和时间面)的融合无间。其次,对汉诗的传统有更清醒的观照。看到传统中偏重抒情忽略叙事不作史诗,而在量少的叙事诗中,缺乏足够的戏剧性和深入的心理刻画。"言志也好,抒情也好,中国诗一直跳不出第一人称的局限。"正因为有清醒的认知,所以能出入古今中外,折冲樽俎,后来居上。

公路上一日千里的高速节奏也引出新的诗律——这就是《敲打乐》。为诗人离美前一个月所作。

《敲打乐》长达一百五十二行,就单首而论,是余光中最长的诗。不但整体浩大,诗句也长,大都在十个字以上,最长的第四十七句,"他们说你已经丧失贞操服过量的安眠药说你不名誉",一行二十二个字;加上许多句子不断重复,更是加快了诗的节奏,念起来有喘不过气的感觉。这种紧迫感在余光中的诗歌中是罕见的。

这并不仅仅是一种艺术上的试验,它真切地传达出诗人当时与自己激辩复激辩的情感节拍。

《敲打乐》开始的节奏比较舒缓,表现的是忧郁而非激昂。诗中重复着"不快乐"的句子。然后点题,要想让自己快乐,除非奇迹发生,那就是停止和中国的争吵。

那时,在余光中的身边,有几种自以为代表了中国的人,他们都不会和中国争吵。

一种是国粹派,他们认定中国是一具风干了的木乃伊,余光中这样描写他们,"菌子们围绕着石碑要考证些什么/……一些齐人在幕间乞食着剩肴"。

当代中国学界这种不知或者不愿睁开眼正视现代世界而自我陶醉之窘态不是很普遍吗? 这样的状态使诗人伤心。

一种是洋学者，所谓的中国通，中国只是他们雪茄烟雾里的一个定论。余光中这样描写他们："他们说你已经丧失贞操服过量的安眠药说你不名誉/被人遗弃被人出卖侮辱被人强奸轮奸轮奸。"

近代中国的历史难道不曾是被迫这样书写的吗？这种结论逼得诗人发狂。

还有一种是一些决意在美国定居入籍的华人，中国到底如何，对于他们已不再是一个亟须激辩的问题。和《敲打乐》同月所作的《布朗森公园》有对他们的勾勒："俨然，有些云就要去南方/才走到水塔边就走不动了/另一些就憩在联邦旗的下面/……联邦旗降下了斜斜的七点半/有些黄昏早上了榆树/有些天色仍超然地蓝着/从不参加我们的辩论。"

而对于讲学已届满，谢绝了美国的大学教职即将启程回国的诗人，中国是一个不能不想清楚辩分明的问题。

结果，我们就读到了《敲打乐》结尾这一段：

> ……
> 层层的忧愁压积成黑矿，坚而多角
> 无光的开采中，沉重地睡下
> 我遂内燃成一条活火山带
> 我是神经导电的大陆
> 饮尽黄河也不能解渴
> 扣着脉搏，证实有一颗心还没有死去
> 还呼吸，还呼吸雷雨的空气
> 我的血管是黄河的支流
> 中国是我我是中国
> 每一次国耻留一块掌印我的颜面无完肤
> 中国中国你是一场惭愧的病，缠绵三十八年
> 该为你羞耻？自豪？我不能决定
> 我知道你仍是处女虽然你已经被强奸过千次
> 中国中国你令我昏迷

何时

才停止无尽的争吵,我们

关于我的怯懦,你的贞操?

　　和《五陵少年》"我的血系中有一条黄河的支流"相类,在这里,我们
又看到"我的血管是黄河的支流",但是在诗歌的整体思想和意境上,从
《五陵少年》到《敲打乐》却有了很大的变化。前者只是对光荣家谱的追
忆,后者则是通观东西方世界之后的承诺;前者几乎是嘲弄的对象,后者
是郑重的宣言。虽然,对中国尚未有最后的答案,但至少诗人已经扫除
了心中一些怯懦的因子,充满信心地要以一支笔,一支握得久且挺得直
的笔,去攻打腐儒偏见,解放孔子后裔的想象力和创造力,一句话,去为
中国而战了。

　　诗人就是怀着这种心态,犹如杜甫作《闻官军收河南河北》那种重负
已释的轻快心情,穿过西部,登上喷射机,向西,向南,把这块大陆远远地
留在身后。

　　一九六六年七月二十八日,余光中回到厦门街的寓所。虽然升任师
大副教授,同时还在台湾大学、政治大学、淡江大学等校兼课,但因父亲、
岳母已经退休,膝下四个女儿嗷嗷待哺,开支锐增,即使努力教学、写书,
生活还并不是很宽裕。至少,比起在美国时生活水准是大大下降了,乃
有《酱瓜和月桂树》。

　　诗中写道,每次想到,那些无辜的意象,经过精心的雕刻剪裁,最后
只换回几条酱瓜,在早餐桌上无理地横着,就要愤怒地举起手中的鞭子,
要鞭谁又不知道,只能把鞭子换成一炷香——"两个神龛升起赞美,一
龛/是缪斯,一龛是我的妻子/两个新娘,同样善于怀孕/惟女神更加年
轻,餐月桂/食酱瓜的女人不能不苍老"。

　　类似调侃幽默的诗作于《在冷战的年代》频频出现,如《所罗门之外》
《樱桃呢总是》《越洋电话》《熊的独白》,反映了诗人思想上的自信和创作
上的游刃有余。

　　然而,大陆史无前例的浩劫突然逼近,不能不给诗人带来一次剧烈
的震撼,《月蚀夜》里说:

忽然

那黑影伸过来,硕大如预言

攫住月,攫住惊惶的夜

于是猖猖吠起所有的恶犬

自有名的荒城,自公元前

于是蝙蝠在空中飞

在盲了的大气中盲目地飞行

……

无终,无始,夜盲症无始无终

月蚀夜,月蚀夜延长成历史

——《月蚀夜》

天鹅无歌,天使无泪;驴鸣,枭啼,狼嗥,鬼哭,"以及红卫兵之外还有越南/以及死亡的名单好几英里以及其他/以及李白的脸上贴满标语/杀尽九缪思为了祭旗"。

这时,诗人和整个中国更是融为一体了。所以,《在冷战的年代》的扉页上,他写下:

一千个故事是一个故事

那主题永远是一个主题

永远是一个羞耻和荣誉

当我说中国时我只是说

有这么一个人:像我像他像你

他的诗中对灾难深重的祖国更加满怀期望,在《有一个孕妇》中,他把中国拟作一个婴儿,先是疑惧他的降生,甚至幻想他能重新回到子宫里去,几番辩驳后,写道:"这婴孩,像所有的婴孩一样/总要哭够了,才开始微笑/而生下来的姿态,现在,虽然颠倒/总有一天会站直,在那片土地/那苍老,清新,霉腐,芳香的土地/和魁梧的祖先,比一比,谁高。"

中国正在劫火之中,诗人自许就是那火中的凤凰。在《火浴》一诗中，我们看到诗人是如何与自己激辩复激辩而得到了壮丽的升华。

　　三年前在《逍遥游》中，余光中写下宣言："敢在时间里自焚，必在永恒里结晶。"此时，他的诗作正是围绕着这一宣言而展开的。

　　《公墓的下午》《狗尾草》《死亡，它不是一切》《老诗人之死》等，表现出对肉体消亡的无畏——"死，是灵魂出窍的一种典礼／礼成，只留下生锈的剑鞘"，"必然，我为状甚狼狈，像风后／像风后，吹空的，一株蒲公英／但蒲公英说，飞扬在四方，我已经／殡仪馆和博物馆的墙外／向风的地方，就有我的名字／死亡，你不是一切，你不是／因为最重要的不是／交什么给坟墓，而是／交什么给历史"。

　　《自塑》《火浴》《九命猫》《白灾》等诗表现出旺盛的生命力，其密集程度空前绝后。之所以同时出现如此众多强劲不凡的诗句，原因之一是诗人正当壮年，二是诗人已经结束了盘桓或者彷徨，对自己的事业自我的价值有了从未曾有过的清晰透视和绝对肯定。他在那时写的论文中这样说："立在眼前这场大漩涡大旋风之中，我企图扑攫一些不随幻象俱逝的东西，直到我发现那件东西就是我自己，自己的存在和清醒。"

　　他的对手非常明确，就是不断流逝的时间，就是足以侵蚀生命的惰性、消沉、怯弱，就是一切夸饰、虚荣和自恋……

> 如何你立在旋风的中心
> 看疯狂的中国在风中疾转
> ……
> 如何在旋风的中心，你立着
> 立成一尊独立的塑像
> ……
> 让风一件件吹走衣冠
> 让风将一切的装饰吹走
> 但你仍丰满，仍不够瘦
> 如何让中国像疯狂的石匠
> 奋锤敲凿你切身的痛楚
> 敲落虚荣，敲落怯懦

敲落一鳞鳞多余的肌肤
露出瘦瘦的灵魂和净骨
被旋风磨成一架珊瑚。如何
中国将你毁坏,亦将你完成
像一个苍老、愤怒的石匠

不随旋风而转,不惧旋风狂吹,更难得的是不避风而顶风,迎风,当风挺立;最让人赞叹的是,"我不入地狱,谁入地狱"的自焚姿态——要成为民族的象征,就必须承担民族的苦难;要活在中国的永恒,就必须面对中国的一切耻辱,一切苦难;只有毁坏,才能完成;舍此别无他途。

艰难困苦,玉成于汝;国家不幸诗家幸。这些古老的中国格言,道出了卓越倜傥之士的成功之道。但这些大都是旁人后人的总结,现代的中国作家中,像余光中这般,以自觉担当民族苦难为荣,为自我完美之必须者并不多见。

与现代许多优秀作家相比,余光中对于自我内心和个体艺术创造的思索显得更加自觉广阔而且从不间断,终于达到深入而明晰的透视。

才华卓越的作家本来已是天生尤物,有才华而又恰逢成功机遇者的幸运儿更属凤毛麟角,才华机遇兼具而又能自觉把握,将个人的艺术事业与民族命运相结合的作家也许就是伟大超拔者不可或缺的品质了吧。

上述诗是余光中这一时期的基本风貌,正像余光中自己所概括的:"以个人的境界而言,陶潜确已至高至上;以个人与时代,个人与民族的关系而言,则杜甫的勇于生,屈原的勇于死,都更富现代意义……我的一些近作(指《白灾》《躅梦蝶》《火浴》等——引者注),所企图表现的,竟都是这一型的灵魂。"[1]这一型的灵魂,在余光中的心目中,应该还包括梵高、阿拉伯的劳伦斯、叶慈、弗罗斯特,他们的伟大,不仅在于推己及人的悲悯情怀,更在于舍己为艺术为民族的强烈使命感。

正是表现了这种高远的抱负廓大的襟怀,余光中这时期的诗歌发表后,又一次震撼了海内外文坛。

---

[1]　《幼狮文艺》1967 年 7 月号,第 67 页。

　　主流之外,此时还有一些诗作也引起关注和论争,值得提出来讨论。这类诗,我们姑且沿袭习惯的称呼——叫性爱诗。

　　它们是这一时期写的《火山带》《双人床》《如果远方有战争》,稍后的《鹤嘴锄》,有论者还牵扯到更早的《吐鲁番》《海军上尉》。

　　一九七七年,台湾大学哲学系教授陈鼓应出版了《这样的诗人余光中》一书。其中有《评余光中的颓废意识和色情主义》等多篇,激烈指责余光中这六首诗是"猥亵""淫秽""步入了色情主义"。

　　应该说,上述这些诗,描写性爱的大胆不羁,为五四以来的新诗中所少见。我们如果用摘句的方式,也很容易就会同意陈鼓应的论断。不过,深入地结合诗歌的创作背景和诗人的艺术理论整体,我们就会得出与之相反的结论。

　　这些诗就整体而言,不可以性来概括,不过这里为了便于讨论,我们依据对性的描写角度和用意,将它们大略分为三类:以性爱作为虚无者的表象,性饥渴中的排遣,形而上的探究。

　　虚无者的表象是早期的《吐鲁番》(收入《五陵少年》)和《海军上尉》(收入《天狼星》)。

　　"最后有不可抗拒的疲倦来袭/纯黑色的虚无猫踞在我们脸上/……就这么搁浅在平面的死亡/我们殉情,且并肩陈尸/……我们在屋顶下制造潮湿/使一切能膨胀的都膨胀起来/席梦思吐鲁番着我们/……且交换体温,摩擦燧石/企图将一切生命连根拔起/企图先鸩死对手,然后自鸩/……点火,且煽动红海的澎湃/合上你的百睫窗,我也能嗅出/欲的焦味。而白烟微透/自所有开敞的汗孔/至少可以忘记地下的潮湿/用你的潮湿证明你是雌性的动物/至少可以忘记蛆的凌迟/用白热烙着占有的标记/忘记僵冷,忘记空眼眶的黑视/生存着,在绝对可靠的现在/在另一个肉体内忘记这肉体。"

　　这就是《吐鲁番》,在它的最后一段,诗人表示了他对以性爱作为自我存在之证明的否定——"当脊椎动物在行星反面用着太阳/或是在建筑物内用人造的月色/当他们集体在表面上推磨/在不同的轮子上服着尼古丁/在不同的拉链里向外张望/用眼睛驾驶郊游的云"。

　　虽然晦涩,但可以读出对虚无的怀疑和讥讽。

《海军上尉》里被教授诟病的是——"该死的春天！/野狗当街恋爱，猫在日式屋顶/厉呼弗洛伊德的鬼魂/古吉啊，古吉，我的古吉/天狼星与绿灯户之间/昂首则怅望，低头则伤心/而且心很红，可染毒罂粟/只为了四肢之外，还有第五肢"。

这一段其实是对一位现代诗人的调侃，在《天狼星》中只占很小的一部分，无伤大雅。陈鼓应认为，"'古吉啊古吉'是在'进行'时那'地下水'的声音"。但这是误解，余光中自己出来说明，"古吉"是小说家司马中原的称呼。

第二类诗作是《火山带》，或者还可以算上《神经网》《你仍在中国》。作诗之时，余光中孤身在美近一年。他的寂寞，可以在同期所作的散文中看得更清楚："天上地下，只剩下他一人。鸦已栖定。落日已灭亡。剩下他，孤悬于回忆和期待之间，像伽利略的钟摆，向虚无的两端逃遁，而又永远不能逸去。剩下他，血液闲着，精液闲着，泪腺汗腺闲着……"，"如果此刻宓宓在塔下向他挥手且奔来，他一定纵下去迎她，迎她雌性胴体全部的冲量……活着，呼吸着，爱着，是好的。爱着，用唇，用臂，用床，用全身的毛孔和血管，不是用韵脚或隐喻。肉体的节奏美于文字的节奏……"

一度寂寞之极的他甚至这样想："不朽啊。年轻啊。如果要他做一个抉择，他想，他宁取春天……宁为春季的一只蜂，不为历史的一尊塑像。让缪斯嫁给李贺或者洛尔卡，可是你要嫁给我，他想。让冰手的石碑说，这是诗人某某之墓，但是让柔软的床说，现在他是情人。"

明乎此，我们再来读这些被误解和诟病的诗歌：

"洋苏木灸红了谁的欲望？/航空信不到的下午/爬在春季被弃的一角/吐也吐不出一肚子/许多丝，许多丝/我是一只萎缩的老蜘蛛/匍匐在神经质的空渔网/等也等不到一片鳞，一片鳞/唇焦，眼涩，心痒痒/听潮起，潮落，疑真疑幻的音乐/传说有一尾滑手的雌人鱼/覆肩的长发上黏着海藻/在香料群岛间懒懒地仰泳/昂然的李乳崎一对火山/时隐，时现，随细纹的波涟。"（《神经网》）

"等一个千年的新娘，来自东方/预言如雾，一尾很雌的人鱼/闪着无鳞的白晶晶，无碍的圆浑……"（《你仍在中国》）

"……当你卧下，当你的阴柔皑皑展开/便有一脉熟象牙的火山带/自千层劫灰中连绵升起，地底/溢着硫磺泉，空中弥漫/窒息的，原始林焚余的焦味/在东方，在东方秘密的夜里/当你卧下，你便是仰偃的观音/夜色如潮，冲激你弯弯的海岸线/一朵皎白在纯黑中绽放/山势起伏，劫灰在呼吸中飞扬/……孤悬在海外，在冰山之顶/因瞥见幻景而得救/在西方，在西方陌生的夜里。"(《火山带》)

篇幅有限，所以，仍然只能节录，但已经可以清楚地看出，它们其实是情诗，但与《莲的联想》那种纯情不同，诗人在抒发极度寂寞中的思念之情的同时，也刻画了自己的性饥渴，描绘了爱人的胴体以及想象中的性爱。这些诗里的意象饱满，氛围逼真，将历来被视为不洁不登大雅之堂之性爱心理升华成精美的艺术。而且，细心的读者也会注意到，爱人和东方并举，性心理中也有褪不去的民族记忆。

第三类应该说是成功的艺术尝试。

"让战争在双人床外进行……当一切都不再可靠/靠在你弹性的斜坡上/今夜，即使会山崩或地震/最多跌进你低低的盆地/让旗和铜号在高原上举起/至少有六尺的韵律是我们/至少日出前你完全是我的/仍滑腻，仍柔软，仍可以烫熟/一种纯粹而精细的疯狂/让夜和死亡在黑的边境/发动永恒第一千次围城/惟我们循螺纹急降，天国在下/卷入你四肢美丽的漩涡。"

《双人床》作于一九六六年十二月，余光中刚从美国回到台湾不久。正是海峡彼岸"文革"如火如荼之时，不断传来的浩劫噩耗，让怀有一腔报国情的诗人悲愤欲绝，除了控诉声讨（在《双人床》的前后，诗人作《凡有翅的》《月蚀夜》），诗人也或多或少有一种逃避的情绪。但与愤怒一样，这种"准颓废"也是深受刺激的反应；愤怒有声讨，也有暂时退避；但即便如此，诗人仍然把"性"写得很美，完全不是左拉自然主义式的。这点只要和五四时期一些小说家，如郁达夫、茅盾小说中类似情境的描写相对照，就可以看得很清楚了。

和《双人床》一样，《如果远方有战争》一诗的主题结构也是性爱和战争的对比。不同的是，《双人床》是以性来忘却和抵挡战争，而《如果远方有战争》把性爱世界和战争世界拉得更近。前者以性爱世界反对战争世界,强调性乃至生命的力量;后者以反复的自我辩诘而抵达悲悯的情怀,自两人的情爱世界挣脱出来。

此诗作于一九六七年,正是越南战争如火如荼之际。诗开首就由虚拟的主人公"我"发问,如果远方有战争,应该掩鼻闭目呢,还是应该"坐起来惭愧地倾听""深呼吸难闻的焦味""我的耳朵应该听你喘息着爱情或是听榴弹宣扬真理"?

在对战争的诸般惨状的描绘后,接下去"我"又问:"……如果/我们在床上,他们在战场/在铁丝网上播种着和平/我应该惶恐,或是该庆幸/庆幸是做爱,不是肉搏/是你的裸体在臂中,不是敌人。"

在诗的结尾,主人公也进入战争场景中了,情人变为护士,做爱的双人床成了伤兵医院的病床——"你是慈悲的天使,白羽无疵/你俯身在病床,看我在床上/缺手,缺脚,缺眼,缺乏性别"。

战争使人丧失一切,包括性别,因此,双人床并不可能让人远离战火。因此最后一句"如果远方有战争啊这样的战争/情人,如果我们在远方!",虽然还是疑问句,但答案已不言自明,悲悯之情怆然涌出。

《鹤嘴锄》应该是比较纯粹的"性爱诗"。

　　　　吾爱哎吾爱
　　　　地下水为什么愈探愈深?
　　　　你的幽邃究竟
　　　　有什么样的珍藏
　　　　诱我这么奋力地开矿?
　　　　肌腱勃勃然,汗油闪闪
　　　　鹤嘴锄
　　　　在原始的夜里一起一落

　　　　原是从同样的洞穴里
　　　　我当初爬出去
　　　　那是,另一个女体
　　　　为了给我光她剖开自己

而我竟不能给她光
当更黑的一个矿
关闭一切的一个矿
将她关闭

就这么一锄一锄锄回去
锄回一切的起源
溯着潮潮湿湿的记忆
让地下水将我们淹毙
让矿穴天崩地摧塌下来
温柔的夜
将我们一起埋藏
吾爱哎吾爱

　　这里有对生命之起源的探究,有创造生命的快乐。它沟通生与死。让人们感悟到,性也可以是哲学的,如果我们不先入为主地认定它就是不洁的。

　　有论者认为,《鹤嘴锄》创作的成因是,"外在的世界幻灭了,余光中再次想到爱的桃源,不。爱的苦役,希望自己在这爱的苦役中耗竭自己,最后只求温柔的夜把自己和自己的空虚一齐埋葬"。

　　《鹤嘴锄》作于三度赴美归国之初,从余光中的记叙可以看出他当时的心境是愉快的而非幻灭的,兴奋的而非灰暗的:"学府和文坛的朋友,热切的读者和学生,忙碌的市民和浑厚的乡人,电话铃,限时信,门铃门铃,一回到这一切的中间,无论是国难之大或私情之小,都觉得十指连心……记得回国的第一夜,百感猬集,时空的轮转,乡情的震撼,令我失眠。听着邻居后院幽沉的蛙噪和厦门街巷底深邃的犬吠,真真感觉自己是回来了。第二天一大清早的鸡啼和卖豆腐女人的呼喊,使回来的感觉更形真切。因为这一切就是中国,从诗经的第一句起就是如此……就这样,人回来了,心回来了,诗,也回来了。"这种稳定心态和我们在前文所描绘的诗人刚从爱荷华回台的矛盾心情全然不同,所以,说《鹤嘴锄》是出于幻灭是错误的。

还有论者指出，《鹤嘴锄》不是淫诗，它是"始于性爱而终于深远的象征"，"整首诗辐射向外，牵涉到重要的课题——生和死"。这里，同样涉及这么一个问题，如果与哲学无涉，性爱在情诗或爱情文学中就不能容身吗？

原欲，在文明的规约和引导中蒸发为爱，爱而生情，这一升华是人与兽相区别的标志，但这种升华中并不能否定爱情中有性欲本能的成分，不应该把人的社会性与生物性对立起来。早就有西方学者指出："人来源于动物界这一事实已决定人永远不能完全摆脱兽性，所以问题永远只能在于摆脱得多些少些，在于兽性或人性的程度上的差异。"他们还认为："男女之间的关系是人与人之间最自然的关系。因此，这种关系可以表现出人的自然的行为在何种程度上成了人的行为。"

完美的人性既然是人的动物性与社会性的高度统一，性爱或真正具有人的意义的性要求，也可以是经过复杂心理活动而升华了的性本能变体，是肉体享受与精神享受的统一，是心灵共鸣与性欲冲动的融合。男女之情，是从生理基础上发展起来的一种心理状态。

因此，不同于原始性欲的性爱，不是离异了人的本能，而是发展了人的本能。随着人类文化历史的发展，两性间的感情与本能，心理与生理将越来越相互融成一体，构成新的完满的人性。真正美好的性意识绝不是一种充满玩弄、猥亵心理的占有肉体的嫖妓意识，也不是沾染着被凌辱意味的出卖肉体的卖淫意识，而是男女之间的自我创造自我肯定，要求在交合中的相互肯定、相互确立的审美意识。在这种健康的性意识观照下的性欲描写，毫无疑问地可以成为值得大力开拓的美学题材。

余光中早期在《论情诗》中论述过在诗中表现情与欲的方法。他指出，情诗或者偏于情或者惑于欲，或者徘徊于情欲灵肉之间，依此可分为幻想型、发泄型、肉欲型和升华型四类，前两类不属于美的创造。

他说，第三类肉欲型难以处理，其作者则往往是中年。因为中年人有了肉欲的经验，乃打破了理想的爱情幻景。这一类诗不一定不好，因为爱情原有灵与肉两面，由肉之门去看裸体的爱情，也不见得就行不通。许多大诗人，如布雷克、惠特曼、邓约翰，都曾经企图从灵肉两者去体认爱情。

　　余光中强调，我们可以在这类诗中尝试处理性的苦闷，普遍的幻灭感，甚至原始主义的生之欢愉，然而这是很难的走索艺术，一失分寸，便陷入黄色。艺术可以将"丑"变成"美"，诗人必须拥有变的把握和手段。

　　当时，余光中推崇的是第四类——升华型，他说："但丁和比亚特丽丝在天国；但亚伯拉和爱洛伊莎在地狱；罗密欧和朱丽叶则虽在炼火中，仍闻天使群振翅之声。然而不论向上或向下，伟大的爱情应该不以人间、不以此时此地的现实为限，它应该具有超越性，带点神话的气氛。在爱情的狂热之中，我们会有许多可能是虚幻但极强烈的感觉——例如我们会觉得早在一个不知名的时代（可能是汉朝，也可能是中世纪），已经见过自己的情人；我们会相信永恒，相信轮回，相信爱情能够延伸到坟墓之中，坟墓以后；我们会相信一瞬间的幸福可以抵偿一生的悲怆，也相信一瞬与一世纪等长。总之，情人相信爱情可以超越时间与空间而存在。真正深厚的爱情应该有这些幻觉。这些幻觉是完全违反常识的，因而在现实世界我们找不到令人满意的解释。于是我们不得不'上穷碧落下黄泉'，不得不去翻神仙的家谱，搜星际的谣言，以求答案。伟大的爱情（或者更广泛些，任何伟大的情操）都带点宇宙性。在伟大的情诗中，个人的扩展为宇宙的，个人的记忆延伸为民族的甚至人类的大记忆。"

　　而这以后，余光中并未再对情与欲的文学表现展开专题式的论述。但在论评中，仍时有涉及，如一九六七年写的《叶慈：老得好漂亮》一文。文章全文引用叶慈《狂简茵和主教的对话》一诗，此诗虽短，却有戏剧性冲突。开篇是主教对狂女子简茵的教诲，指情欲如丑恶猪栏般，要她摒弃这样的生活。面对主教的斥责，简茵大胆直陈：美和丑是近亲，美也需要丑，"爱情的殿堂建立在／排污泄秽的区域"，"悟出这道理要身体下贱／同时要心灵孤高"。余光中高度评价了这首诗，说它不仅语法遒劲，句法如龙，能直攫思想之珠，而且具有正视现实勇于承受的人生态度。余光中说："'有我'的叶慈给我们的感受是如此亲切，可敬。生命的一切，从形而下的到形而上的，从卑贱的到高贵的，他全盘接受。"

　　除此之外，他一九八一年第一次编诗歌自选集时，收入《鹤嘴锄》《双人床》《如果远方有战争》。以此观之，可以说，他认为这些诗是他情诗中并不亚于《莲的联想》的杰作。

在西方文学中，爱情从来不排除欲的色彩。特别是文艺复兴以来，从中世纪神学桎梏挣脱出来的西方的爱情文学总是不断表现出这样的主题——人的一切都是美好的，人的一切欲望都应得到满足。肉欲，倘若不与物欲、权势欲携手，而是基于两情愉悦上的冲动，它的欢乐也应被视为美好人性的一个侧面，人的富有活力的象征，而并非可耻可鄙的。

从《十日谈》、莎翁的戏剧、以卢梭为发端的浪漫主义小说，一直到托尔斯泰、易卜生、劳伦斯诸作家所描绘的一系列爱情生活场景，都可以看到一种共同的倾向：反对禁欲主义，反对不自然、不合理的婚姻，反对把文学归属或等同于道德教化。他们大胆歌颂富于激情的恋爱和自然的合乎人性的性爱，不管这种爱是法定的或是婚外的。在这里，我们可以看到人的解放，看到一种与中国传统"不适风化体，纵好亦徒然"截然不同的文学观。

诗歌也是如此，拜伦的长诗《唐璜》就充分表现出对虚伪道德的批判。唐璜绝不是个充满兽性的人物，恰恰相反，他有着自己坚定不移的人生准则和道德节操。在漂流的木筏上，饿得快死的野兽一般的人群中，只有他拒绝吃人肉；在疯迷作战的士兵中，以无比勇气拯救土耳其女孩莱依拉的也是他。然而他又是"一种冲动的事物"，有着"庞杂不清的耀眼的罪过"，不受世俗道德的约束，只顺着"自然的本性"行事。他的放荡不羁，"大致要归因于他的青春""勇敢"和"他所表现出来的像赛马一样的血气"。拜伦和他笔下的唐璜代表了西方爱情文学中的激进性个体性的品格，它继承了罗马的角斗精神和中世纪的骑士精神，表现出对世俗生活和感官享乐的大胆追求。现代哲学大师罗素在他著名的《西方哲学史》中为拜伦专辟了一章，置于黑格尔与叔本华之间。

而在中国的传统文化中，却总要无条件否定人的性欲本能，即使是那些在不登大雅之堂的文学中作浪漫超奇幻想的文人墨客，也要在有限度的宣泄之后，把恋人饱含生命本能的热情最终敛抑在道德理性之中，使纯然诉诸直觉情感与本能欲望的爱，跻升为德行的超越。作者既要挣脱父母之命、媒妁之言、门当户对的枷锁，追求纯真的男女相悦之情，又不时有意无意地依傍着礼法大防。在森严礼教的压制中，他们只能追求一种道德化的爱情,含蓄婉转、温柔敦厚,发乎情,节乎礼,不激不昂,悠悠绵绵。在他们的作品中,代表他们自我形象的男主角常常自觉或不自觉地流露出对骚动不安性欲本能的恐惧,时时以礼法大防来遏止自己虚构的罪恶感。

可是,这种伦理规范压抑的情感不但无法构成真正忘我的激情(如人本主义心理学家马斯洛所说的高峰经验),而且常常转变为矫情,如在张生(《莺莺传》)、李益(《霍小玉传》)和李甲(《杜十娘怒沉百宝箱》)身上所表现出来的那种虚假伪善。这些自私且功利、愧对那些勇敢地投向爱情炼狱的女子的伪君子,在许多古代文人看来,仍不失为善补过者。

红颜祸水足以倾覆家邦,而贤妻良母可以齐家定国维系承平岁月的伦理框架总是中国爱情文学中抹不去的阴影。只有《红楼梦》才一定程度上突破了这一传统,不写红颜祸水,也不写贤母烈女,"只不过几个异样女子,或情或痴,或小才微善"。在这里,曹雪芹向长夜漫漫的礼教社会发出恢复人的爱情的呼喊。然而,它仍然是那么微弱。我们看到,即使在带有新时代光影的林黛玉、贾宝玉内心深处,被封建礼教强奸的理智与"自从有人类以来就存在"的性爱之情,也时常发生着剧烈的扭打与厮杀,以至宝玉只能将情与欲相分离,在黛玉身上寄托其准柏拉图式的恋情,而把他的性欲寄托在袭人和秦可卿身上,他正常的爱与性无法集中趋于同一对象,而只能残缺不全地处于分离状态。

在中国的爱情文学中,性关系从来未成为一种有意义的弥足珍贵的情感交流方式,一种"真正美和温存的源泉"(劳伦斯语)。在对余光中性爱诗的评价中,我们又一次看到性与爱的分割,凡是有爱的内容就回避性欲本能在其中的位置,凡是涉及性的描写就似乎背离了爱的纯洁。我们可悲地看到,即使进入了二十世纪六十年代,长期形成的情欲对立的文化模式,仍是这么强烈地规范着人的日常心理和行动方式并影响具体的文学创作——性不是爱,爱没有性,要么在性爱面前望而生畏,要么把性爱当成赤裸裸的占有和发泄。

男女之间的性爱是人性中最活泼最有生命力的因素,也是充满矛盾与痛苦的最不稳定的因素,它植根于人性深处,世世代代层出不穷,在封建社会中它是一种最富于个性色彩的感性动力。在儒家思想统制下的中国传统道德，总是力求扼杀个体的价值，将人的一切自然本性包括欲望、需求、情感、心智都纳入等级分明的宗法制度中，以维护封建等级秩序为准则来判定各种情感、欲求、才能、思想的价值。"存天理灭人欲"的伦理规范，被宗教化法律化，正常而又美好的性爱生活在理学盛行之后尤其不被社会（无论是官方或民间）所接纳。为了灭绝人欲，卫道士将性视同罪魁祸首，把它渲染为万恶之源、洪水猛兽，斥为极其下贱龌龊之事。

中国爱情文学的疲惫无力的深层原因之一即来自这道貌岸然的理学家的伪道德，欲与情的对立和分离导致了欲与色相伴随的恶果。禁欲与纵欲本来就是一枚徽章的两面。一份食物，对于饥肠辘辘的人来说，基本上不具人创造出来的文化形式，只剩下充饥的功用；同样，长期遭受性禁锢的饥渴者，也不可能有富于灵性的性事，而只有动物性的本能要求和占有动物肉体般的官能享受。

因此，谈"性"色变的另一面是，在中国，色情文学绵延不绝，"一枝独秀"。五四时期，《小说月报》主编沈雁冰曾对此做过仔细研究，撰写了《中国文学内的性欲描写》一文。在这篇文章中，他列举分析了大量古典文学现象后得出这样一个结论，在中国"尽管严禁，而性欲描写的作品却依然蔓生滋长，蔚为大观。并且不但在量的方面极多，即在质的方面（指赤裸裸描写性交状态——引者注）亦足推为世界各民族性欲文学的翘楚"。

性禁锢只能导致性泛滥，性泛滥又带来性恐惧，这种互为因果的恶性循环，使中国爱情文学总是在狭小的纯情天地里徘徊不前。以此观之，《鹤嘴锄》一类的诗歌，正是一大突破，它给我们提供了情诗多样化的新范本。

尽管多年来这类情诗饱受攻击、误解和冷漠，诗人却毫不在意，依然多角度地写他的情诗。晚年有《三生石》《珍珠项链》纯情的情诗；也有《泳者》《停电夜》这样灵肉相契的情诗。前者得到应有的好评，后者却遭逢无声的冷落。对遭无端冷遇的诗作这里还要多提几句。

《停电夜》源于台风停电，妻子恰好去台北，诗人坐困暗夜。想起爱妻，写下："要是你在我身边／又何须灯光，烛光呢？／正好，像洪荒的伴侣/把一切都还给黑夜/只剩原始的触觉/你偏在台风的对面/不让我今晚做一个唐末或史前的男人……"

并无象征，只是直白，仍不失为一首美丽的情诗。

《泳者》以游泳隐喻做爱——做爱的男子以身许海，纵入回荡的水域，海流起伏动荡，还有最诱人的危险，"是海藻在漩涡的边上盘旋/耳畔似传来人鱼的吟歌/若我是船夫怕也要晕船/何况此刻无舵又无桨"。

女神真要溺毙她的信徒吗？"这险峡与珊瑚的暗礁/当真不让人活着泅渡？"男子汗湿的胸膛喘息着无助，"不断涌来的一阵阵潮水啊/我快要力尽了，快要/请把这海难的赤体/送到平静的沙滩上去吧/——轻，轻"。

畅言性事而坦然风趣意趣盎然，毫无不洁之感。这是哲学的胜利，更是艺术的胜利。

一个诗人的才气并不仅仅表现在驱策文字、安排节奏、锤炼意象……在主题上拓宽境域，在题材上征服新域，也是一种独创性，勇气之外更需要才气。在余光中之前，性爱在现代情诗中，曾被视为大忌，余光中之后，这种诗就很自然了。特别在台湾，不但男作家在此一展不羁遐想，女诗人也敢于深入禁区，不，性区，不让须眉地大扬其蛾眉。八十年代以来，夏宇、利玉芳、曾淑美、钟玲的诗歌创作在这方面都有不俗表现。

余光中在论钟玲诗集《芬芳的海》时说，"这本诗集里至少有半打作品在性爱上颇多暗示，甚至着力的描写……我想文学作品处理性爱，不一定就沦为不洁或不雅，区分之道在于有无必要，而且能否化为艺术"，"欲既然是情的另一面，至少也是人性之常，则以欲入诗也无非是正视人性，值不得大惊小怪，斥为不雅。雅不雅，要看艺术的成品，不能执着于艺术的素材。纯情的诗可以成为好的情诗，不纯情的诗也可以成为好的，甚至多元而复杂的情诗"。

这可以视为诗人对多年前无端指责的回应，嗓门不高，但有理有据。

第十章　一辈子，闯几次红灯

大石帝国

问道摇滚乐

《现代文学》

民歌精神和新诗风

后浪来了

瓜苦成果甘

一双鞋,能踢几条街?

一双脚,能换几次鞋?

一口气,咽得下几座城?

一辈子,闯几次红灯?

答案啊答案

在茫茫的风里

一双眼,能燃烧到几岁?

一张嘴,吻多少次酒杯?

一头发,能抵抗几把梳子?

一颗心,能年轻几回?

答案啊答案

在茫茫的风里

......

——《江湖上》

一九六九年八月,余光中三度赴美。出国前夕,和上次一样,对将面临的"高雅的文化充军",他也有冷静的思考。上次,他写了《逍遥游》,此次的矛盾心理则在《蒲公英的岁月》一文中表露无遗。

把同是临行前描写去国心理的这两篇散文作一比较,可以发现诗人的思考内容更加充实、深入了。《逍遥游》以天象和古典文化的追忆为主,《蒲公英的岁月》以现实生活的经验为抒情的线索;《逍遥游》采用主观色彩浓郁的"我"为叙述视角,《蒲公英的岁月》改为知性的"他",使散文有更为客观冷静的心理剖析;《逍遥游》战胜犹豫激发自我的铭言是,"敢在时间里自焚,必在永恒里结晶",《蒲公英的岁月》则是——"他以中国的名字为荣,有一天,中国亦将以他的名字为荣"。前者抽象,比较为艺术而艺术;后者落实,自信将在中国诗史上留下独有的笔迹。

五年的时间,特别是经过《敲打乐》的洗礼,余光中的思想和艺术已渐趋成熟,足以抵挡猛烈的欧风美雨了。

余光中此次是到科罗拉多州,在位于丹佛城的寺钟学院任客座教授并兼科罗拉多州教育厅外国课程顾问,时间是两年。

科罗拉多州的面积是台湾岛的七倍,人口却只有台湾的七分之一。这里号称大石帝国,海拔一万四千英尺以上的雪峰,科罗拉多州境内就有五十四座。丹佛城,一片孤城;落基山,万仞石山;罗列在美国西部的荒凉处,好空,好远。所以,余光中戏称丹佛城为新西域的阳关。

西出阳关无故人,只见山,在前,在后,在左,在右,在额顶。已惊怪石当道,又陷众峰合围,落基山在拿岩石玩叠罗汉的游戏。山外有山,石上擎石,仿佛逼得天空也让无可让了。余光中在中国千山万岭包围的盆地中长大,但对此大石帝国,仍然惊叹不已。他的办公室在四楼,落基山诸峰起伏的山势,涌进落地窗来,擎起炫目的皑皑。更加辉煌的是晚秋雪后,阳光分外灿烂,几十里外的雪峰,皎白之上霞光灿然,把诗人的心灵引入神话。

虽然有异国风光的刺激,但诗人的创作还是减产。一九五九年以后,诗人三赴新大陆,前后时间相加共五年。第一次一年,得诗三十三首;第二次两年,只得十九首;此次更少,仅仅六首。余光中认为,这是因为久离了本土的生活和语言,主题和形式不免脱节。他得出结论,以创作为生命第一要义的自己,不宜久居异国。

和二度来美一样,他要独自熬上一年,妻子和孩子才能获得签证来此与他相聚。这段时间日常工作之余,他接待来此地出差的友人刘国松、杨牧、钟玲,或到任教于科罗拉多州大学的学弟杨世彭那里去度周末,更多的时候,埋首翻译。余光中翻译了小说大师梅尔维尔的《录事巴托比》,把自己的四十八首诗译成英文,辑成《满田的铁丝网》一书。

《满田的铁丝网》中的诗歌,大部分取自《在冷战的年代》,小半出自《莲的联想》和《敲打乐》。一九七一年由台北美亚出版公司印行。无独有偶,就在这一年,由德国"德国之声"中文部主任杜纳德翻译的《莲的联想》德文版也在德国出版。

这一年是余光中诗歌第一次大规模地出口。杜纳德为《莲的联想》德文版写了三千字的"导言",其中有这样的评价:"相对于莲花,余光中标出了水仙……水仙自恋象征西方夸大的个人主义,如海明威和拜伦。余光中认为,英国浪漫派对美的崇拜已经过时,这只是一只死蝉,群鸦为它争吵不休。作者以活蜻蜓和死蝉对比……'两栖'一诗,重复标题诗的对比,'西方有一枝病水仙,东方有一枝莲',但莲并非自恋,而是赋莲花以自己所爱的形象。同时,作者还提到艾德嘉·爱伦坡,并引用其诗《致海伦》中段为题词来诠释自己的作品,所以,诗一开始便呼唤艾德嘉。一如美国诗人感觉自己被海伦带往古典国度,余光中也希望爱人的美丽把自己带往东方。'这里是我的爱琴海,'他对莲池说,'是爱情海。'结尾的疑问'我是岸上人,是池上蜻蜓?'便回应了哲学家庄子的梦蝶的寓言。一次西方神话中的旅程,就这样以回归中国作结。"

"《莲的联想》的对象虽不是欧洲的读者,但由于书里中国文化的范畴包含了深厚的西方文化,是中国现代诗的模范,对德国读者也具启发意义。"

梅尔维尔是《白鲸记》的作者,他的矫健笔法浩大主题,一向为余光中所钦慕和喜爱。余光中本来准备翻译《白鲸记》,二度赴美时还为此特地到南太基一趟,感受梅尔维尔写作《白鲸记》的背景和氛围。但后来实在腾不出时间来翻译这部长篇。

《录事巴托比》是一部中篇小说,它以华尔街某律师事务所录事巴托比为主人公，勾勒出一个狂悖的世界。该事务所只有该律师神志清楚，其余三位录事皆有狂症：巴托比独来独往，拒绝抄录，终于被囚；另两位也是半癫……然而，和这癫狂"外景"相对的"内景"，也就是律师（小说叙说者）的所叙所感所思，却赤胆热心，隐喻着悲天悯人的良知。小说黑白分明，一气呵成，有如版画。三万字的篇幅，勾画出意象系列，交叠成人类永恒的孤绝感。余光中偶然看到，就放不下了。不管有没有买主，一口气把它译完。两年后它才在香港出版。

翻译完《录事巴托比》，并不能缓解余光中的孤绝感。摇滚乐使诗人有了新的兴奋点，由此开启了诗人以乐为诗的创作新路向。

余光中本来就酷爱音乐。在婚前，他和咪咪的许多话题就都是音乐。当然，他们那时是西方古典音乐的发烧友。前两次到美国，古典音乐都是余光中驱散寂寞的良伴。第一次自美回台，余光中带了一架高保真的电唱机和上百张原版唱片。第二次去美国，在独自驾车穿州过郡之时，也会扭开车上的音响，听听里面的音乐节目，当然，里边播放的大都是流行音乐，不少就是摇滚。那时，余光中并不着迷于摇滚乐，不过，敏感的诗人已经注意到摇滚乐对年轻心灵的震撼，在长诗《敲打乐》中，他写下"草重新青着青年的青青，从此地青到落矶山下／于是年轻的耳朵酩酊的耳朵都侧向西岸／敲打乐巴布•狄伦的旋律中侧向金斯堡和费灵格蒂／从威奇塔到柏克丽／降下艾略特／升起惠特曼……"肯定了摇滚乐是一种青春的艺术。

这次到美国，余光中发现摇滚乐已经席卷整个新大陆，扰动西方波及全球。走入唱片商店，四面摆满摇滚唱片，要找古典和学院派的唱片，只能到角落处翻寻。这回，诗人又买了近百张唱片，十之八九是摇滚乐。

余光中渐渐爱上这些近于民歌的摇滚音乐，从贝瑞到猫王艾维斯•普瑞斯利，从琼•拜斯到琼妮•米丘，从海滩少年到披头士，他都喜欢。他认清了对于当今的欣赏大众（包括观众、听众、读者）最具震撼力的艺术，是电影和音乐，而不是诗。他由此更加坚定了这样的信念：诗人必须走出孤芳自赏，把握时代热点，尽力争取读者和听众。

余光中不但搜集摇滚乐唱片，在其中领略和研究摇滚乐，而且走入现场，亲身体验轰轰烈烈的演唱场面。

　　那是朱迪·柯丝玲的演唱会。朱迪出生在丹佛,歌吟也以西部风物为主。曾经几度漫游并一度客居新大陆中西部的余光中,对于朱迪歌曲里吟咏的背景并不陌生。在丹佛的那些孤身长夜里,总把唱片中她那柔中有刚、富于磁性的歌声,作为驱散寂寞和寒气之良方。

　　现在,这位歌手将现身说法了。那个晚上,余光中和一万四千名观众坐在一起,等待着朱迪·柯丝玲的出场。观众多是青年,个个长发披肩,手挽吉他,和他们一处,诗人显得容貌苍老,可神采飞扬,与周围青春氛围极其合拍。

　　这是丹佛山的红石剧场,剧场在垂直切开遥遥相对的两块巨大石壁之间,下边梯田似的展开几十排圆弧形的石座,舞台就在梯田的最下面。

　　当聚光灯打在舞台上白衣长发的朱迪身上,余光中的激动并不亚于那些青年——唱片中母性般熟悉的声音,还原为娉娉婷婷的血肉之躯。朱迪边弹边走。丹佛的山风中衣袂飘飘如仙似幻,万双渴目如醉如痴;朱迪如风歌似飚,万余众生像青苗,任风拂,随飚吹,欣然摆啊剧烈地摇,一曲毕了,欢声雷动……

　　回到宿舍,已是午夜,余光中仍兴奋不已,迟迟不寐——啊,没有歌的时代,是寂寞的。只是噪音充斥的时代,更加寂寞。要压倒噪音,安慰寂寞,唯有歌。

　　余光中此次赴美,还出席了一次现代诗的朗诵会,这就是美国著名现代诗人魏尔伯的个人朗诵会,魏尔伯是余光中喜欢的现代诗人,他早就选译过魏尔伯的诗作。

　　六年前,在卡拉马如,余光中也听过魏尔伯的诗朗诵,当时,人满大厅,余光中只能坐在外面,倾听魏尔伯的声音。而此次,在摇滚乐的冲击下,听现代诗的年轻人已所剩无几,著名如魏尔伯,一场诗歌朗诵会也不过招来百余人。

　　面对诗神被冷落,诗人不禁黯然神伤。然而,哀伤愤激很快就被抛弃,诗人开始认真思考个中缘由,深入探究摇滚乐的魅力所在。不久,妻子和四个女儿飞来丹佛团聚,余光中有更多的精力来研究摇滚乐。回国之前,他翻译了美国音乐家奈德的长篇论文《论披头的音乐》,撰写《现代诗与摇滚乐》。对于余光中的创作生涯,可以说,七十年代是从丹佛启幕的,那热烈的前奏就是美国民谣和摇滚乐。

一九七一年夏,结束了两年异域山囚的生活,余光中一家回到台北。不久,一九七三年,著名的《现代文学》杂志在十三年的苦斗之后,宣告停刊。《现代文学》是台湾大学外文系学生白先勇、王文兴等人于一九六〇年创办的纯文学刊物,它是一批如今蜚声中外的现代作家的摇篮。十三年来,余光中也为它付出了许多心力。

自《现代文学·创刊号》起,余光中就不断给它写稿,在上边发表的诗文翻译,数量可观,分量最重的是《天狼星》,占据该刊那一期三分之一的篇幅。主编白先勇过意不去,表示要付一点稿酬。余光中笑着说:"刊物又不赚钱,免了吧。"后来,诗人回忆此事,觉得因为发表《天狼星》,引来洛夫的《天狼星论》,通过辩论,缩短了个人创作史上浪荡西方不知回归的曲折路途,这收获是任何稿酬无法相比的。

除了免费写稿,余光中还直接参与编务。他在《现代文学》先后担任过编辑委员、总编辑、顾问,甚至是发行人。《现代文学》第十六期到第二十一期就是他一手主编。一九六四年九月,他去美国,乃由何欣接手。一九六八年,余光中再度主编《现代文学》,他在社务和编务两方面都力求变革,社务上坚持给作者发稿费;编务上,则大力推出新人,从第三十七期到第三十九期,每期都以当代中国作家的大幅照片为杂志封面,先后是白先勇、於梨华、周梦蝶。随着时光的流逝,他们果然成为杰出的作家,艺术成就已为海内外文坛认可,证明余光中不凡的识人眼光。

不少论者将《现代文学》看作"全盘西化"的阵地,其实不然,余光中等人在大力译介西方现代文学的同时,也不忘品析中国古典文学,推出本土作家。

现在这份刊物停刊了,但文学现代化的浪潮已经不可阻挡。回台不过半年,余光中敏锐地察觉到,诗坛乃至文坛后浪推前浪,正酝酿着一场新的变革。余光中在大波涌起的浪潮中推波助澜,他此时写下的一系列论评显示出弄潮儿的本色,其中尤其值得注意的是《现代诗怎么变》和《后浪来了》。在那里,他详尽分析了六十年代与七十年代的现代诗及其作者群的差异。

首先是对生活的态度。他认为,六十年代的诗人,心目中只有少数先知先觉的贵族，只有文化上的精英，所以一提到"大众化"就感到格格不入，紧张失措。六十年代的诗人，在气质上大半都很严肃，太严肃了，以至容易走向悲观和狂狷。由于太相信现代西方的艺术理论，他们对于活生生的现实，不是想超越，就是想逃避，很容易遁入个人的孤绝世界里去。结果是自我剖析式的作品流行，诗的题材渐趋狭窄。而七十年代更年青一代的作者，有意跳出"深度"的陷阱，向较为广阔的现实寻找题材。对于艺术的"大众"，他们比较有耐性去探讨。对于生活，他们也很严肃，可是愿意沉静地注视，安详地接受，不肯加以意识流的割裂。对于生活，他们并不认定必为悲哀。他们并不像先驱那样急于否定社会和某些文化传统；面对适合的题材，他们会表现出较为肯定和开朗的心胸，甚至表现出某些幽默、和谐与喜悦的境界。

其次是对文化传统的态度。六十年代的中年诗人，多半来自大陆，拥有深厚的传统文化背景。他们对于中国传统的态度，具有一种矛盾的紧张性：一方面他们在创作上要"反传统"，另一方面又患上文化上的（也是地理上的）无可奈何的乡愁。心存故土，不是写乡愁，便是架空地写所谓现代人的孤绝感，很少注视自己脚下土地真切的现实。而七十年代更年青的一代，在海岛上长大，在生活上既未经历过那种分割和对立，在心理上也就缺少那种矛盾的紧张性。他们对于本国传统既缺少上一代那种压迫感，相对地，对于外国的新潮也不像上一代那样急于追求。他们对于新古典和超现实或者国际化的兴趣，并不那么浓厚。台湾的社会和自然，才是他们的生活背景。他们可以厌憎或喜爱这一切，但是必须把它变成诗。

再次是对语言的态度。六十年代的现代诗，最高的成就是意象；最大的弱点也在意象；过于繁复的意象阻塞了节奏，甚至湮没了意义。古典词汇、抽象名词、专有名词、拗口的文言句法、生硬的欧化语态，加上蔽天塞地的意象，形成语言空前的污染。这也是一般读者难以接受现代诗的原因。六十年代的现代诗，以早期的新诗为革命的对象，所以在语言上避免平面化而追求立体化。七十年代的现代诗，厌倦了六十年代老现代诗的铺张和堆砌，自然要求净化语言。装饰性的人名和地名，中国和西洋的典故，突兀生硬的警句，阻塞节奏的文言，曲折难通的句法，污染视域的意象等等，都是新一代诗人语言净化的对象。

在繁忙的教学、创作和论评的间隙，余光中仍然继续关注新大陆的摇滚乐，写了几篇长文向台港的艺术界介绍和推广美国的摇滚乐。

这些文章有《苦雨就要下降》，介绍一九七一年纽约举办的一场为东巴基斯坦难民募捐的摇滚音乐会；长篇译文《披头的音乐》，译文投给《中国时报·人间副刊》，适逢台湾地区与美国关系低迷，主编王鼎钧对稿件的处理颇为踟蹰，最后还是刊载了；还有为《皇冠》杂志撰写的题为《听，这一窝夜莺》的系列文章，本拟介绍六位美国摇滚乐的女歌手，后因事多而只写了两篇，即《论琼·拜斯》和《论朱迪·柯丝玲》。这两篇文章虽说涉及摇滚，但并不深入，主要还是偏于分析和介绍这两位女歌手在美国民歌复兴上的功绩。

这段时间，余光中还去首尔参加了第二次亚洲文艺研讨会。这是一次集合了各国音乐、文学、美术、戏剧多门类艺术家的盛会。余光中回来后作文《汉江之滨》记述这次盛会，其中着重介绍了联邦德国音乐家鲍里斯的论文《二十世纪西方音乐对音响的新观念》，这篇论文也涉及当代摇滚乐在音乐史上的地位和意义。

从二次赴美接触摇滚乐，到一九七四年在《听听那冷雨·后记》中评定摇滚乐，时间有十年之久，这期间余光中对摇滚乐的认识和态度，也是几经变化的。

开初，只是好奇，并不认为它能撼动古典音乐，对它并不是十分留意。三度赴美时发现它风靡西方的魔力，开始认真研究它，并且对它有相当的迷恋，非常欣赏它的歌手、它的旋律、它的歌词。自科罗拉多州回台湾后，模仿巴布·狄伦的歌词，作《江湖上》一诗。同时，还写了《歌赠汤姆》和《民歌手》两首诗，前者赞颂摇滚歌手汤姆·琼斯；后者更表现了余光中对民歌手行吟生涯的向往。写得清新活泼，值得一读：

　　　给我一张铿铿的吉他
　　　一肩风里飘飘的长发
　　　给我，一个回不去的家
　　　一个远远的记忆叫从前

给我的狗
送它一枚小铜钱

江湖上来的,该走回江湖
走回青蛙和草和泥土
走回当初生我的土地
我的父,我的母
给我的狗
给它一根肉骨头
我是一个民歌手

风到何处,歌就吹到何处
路有多长,歌就有多长
草鞋就有多长,河水多清凉
从下游到上游
我是一个民歌手
岁月牵得多长
歌啊歌就牵得多长

多少靴子在路上,街上
多少额头在风里,雨里
多少眼睛因瞭望而受伤
我是一个民歌手
我的歌
我凉凉的歌是一帖药
敷在多少伤口上

……

余光中努力向文化界介绍摇滚乐艺术,说他"原想为这一种新艺术撰写或翻译一本专书，因事忙未能如愿"。

今天看来，事忙当然是搁笔的重要原因，但也还有其他原因，至少是这么几个：一、余光中发现摇滚已经有所变质，有些摇滚"声色繁茂，俯仰于迷幻之境"，原来倡导博爱与自由，现在"沦为暴力与迷乱……丧失了原始的天真"。因此，对它的态度有所改变，认为它在文化上并"不全是正面的"。二、余光中热衷摇滚，原想为现代诗寻觅新的出路，改变其"曲高和寡"的尴尬局面，并非要在台湾倡导摇滚乐运动。本来是要"借他人酒杯浇自己块垒"，借民歌之力为现代诗注入新的活力，目的既然达到，当然不妨"得鱼忘筌"。

因此，余光中的乐评究竟在多大程度上把握了摇滚乐的历史真实，对我们并不重要。重要的是余光中希望现代诗人从摇滚乐中汲取什么，余光中的创作又从摇滚乐中获取了什么。

在《现代诗与摇滚乐》一文中，余光中扼要地比较了摇滚乐与现代诗的区别：前者在野，拥抱自然；后者在朝，拥抱都市。前者对于诗的纯粹性不感兴趣，敏感且乐于处理和应对当代各种社会问题；后者重视形而上的技术，追求个人的梦的世界，经营矛盾语法，对于社会意义和时代精神避之唯恐不及。

余光中认为："摇滚乐是一种洋溢着同情和活力的新艺术，它绝少现代诗中常有的颓丧和无聊。"

不久后余光中发表《论琼·拜斯》一文，更直截了当地赞扬那些有民歌清新之气的摇滚歌手，并为民歌下了定义："所谓民歌，不仅是一种歌颂的方式，还是一种信念，一种情操，一种生活态度，最重要的，是江湖的一股沛然之气，是草野的清新，泥土的稚拙，人性的纯真，而不是枝枝节节，技巧上的小花招。"

从这些话中，我们可以了解诗人从《在冷战的年代》到《白玉苦瓜》创作路向的转折和变化，这种变化的新动力就是上述民歌精神。

五十年代末，台湾青年热衷于"热门乐团"，多以翻唱西洋歌曲为主，歌坛上没有自己创作的歌曲。七十年代初，杨弦、胡德夫、李双泽因缘际会，互相鼓励，尝试学习美国六十年代的民谣歌手，写自己的歌。一九七五年，毕业于台大农学院的杨弦，在台北中山堂个人演唱会上唱了八首由余光中诗歌谱成的歌曲，同年杨弦发布了《中国现代诗歌》专辑，专辑中收的全是以余光中诗作谱曲演唱的歌，被歌坛认为是第一张有资格被称为"民歌"的专辑。这是一个标志性的事件，从此，那种文学气质浓厚、充满大时代使命感的"中国现代民歌"成形，从杨弦开始，替现代诗谱曲演唱蔚成风气。

余光中对现代民歌运动多有鼓励，一九七五年，他从香港赶回台北参加杨弦的个人演唱会。一九七七年，他无法出席杨弦第二张专辑《西出阳关》的首发式，但从香港发专文祝贺。此文题为《杨弦扬弦》，文中满是深情地写道：

> 不见杨弦，竟已快两年了。他的旋律仍在我心中低低迁荡，每次袅袅升起，都召我回到两年前那一个多雨的夏夜——中山堂里，两千位年轻的听众，青睐所投的焦点上，杨弦之声为七十年代台湾的新旋律，绽出了一苞娇艳的蓓蕾……"小小天问"的柔美，"摇摇民谣"的活力，"乡愁"的凄楚与甜蜜……都使聆者盈耳难忘。也有听不很顺耳的，说这些不能叫民歌。我曾说过，杨弦之声不是古典曲，不是摇滚乐，也非正宗的中国民谣，而是三者的融合与变调，里面有一样东西是新的，年轻的，具有变得更新更活更能扣响当代青年心弦的潜力。那就够了。二十年前，我们的现代诗、现代画、现代音乐，不也是"四不像"吗？相信目前杨弦的独弦清扬，必会引出众弦高扬的盛况来的。
>
> ……
>
> 年轻的新歌手，在这清明断肠的雨季，在灿烂缤纷的杜鹃花季，又将推出新的音乐会和唱片了。这一次，杨弦之声将因洛夫、杨牧、罗青、晓风等名家的新词儿更形丰富，也可视为诗与歌的再行新婚之礼。杨弦自己也写了几首歌词，左手诗，右手曲，更要自奏自咏，令我想起今之连纳·柯恩，昔之白石道人。这些新作之中，如"美丽的稻穗"的纯美，"恒春海边"的明丽，"带你回花莲"的敲打效果，"生日歌"的活泼，都值得一听。"西出阳关"的沉雄悲壮，可谓杨弦最新力作，歌首喷射机的重音对照古阳关的怀旧，乃神来之笔。隔海东

望,遥祝杨弦成功。

八十年代中叶,"民歌"渐渐成为历史名词,但是它在全盛期打下的基础,让台湾流行音乐拥有长期发展的雄厚资本。八十年代末期以降,台湾之所以能在华文世界占据流行音乐的龙头地位,民歌时代奠定的坚固基础,绝对是最重要的资产。民歌时代那股初生之犊不畏虎的"原创精神"、反映出新世代思维的"时代意识",屡经变迁,流传迄今,仍然是创作歌谣最珍贵的核心价值。

收入《白玉苦瓜》诗集中的诗,可以看出,诗风为之一变。以民歌风歌咏田园的,有《电话亭》《雨季》《投胎》《车过枋寮》《摇摇民谣》等;以民歌风抒发乡愁的是《民歌》《乡愁》《乡愁四韵》《罗二娃子》……今天看来,最为出色的是后一类,如《乡愁四韵》:

　　给我一瓢长江水啊长江水

　　酒一样的长江水

　　醉酒的滋味

　　　是乡愁的滋味

　　给我一瓢长江水啊长江水

　　给我一张海棠红啊海棠红

　　血一样的海棠红

　　沸血的烧痛

　　　是乡愁的烧痛

　　给我一张海棠红啊海棠红

　　给我一片雪花白啊雪花白

　　信一样的雪花白

　　家信的等待

　　　是乡愁的等待

　　给我一片雪花白啊雪花白

　　　　给我一朵腊梅香啊腊梅香

　　　　母亲一样的腊梅香

　　　　母亲的芬芳

　　　　是乡土的芬芳

　　　　给我一朵腊梅香啊腊梅香

　　这首诗浅白真率且朗朗上口，易懂好听，又蕴含着丰厚强劲的美感。

　　全诗有四个意象：长江水、海棠红、雪花白、腊梅香。它们是我们民族文化心理中为人熟悉的形象，分开来看，不足为奇。然而，经过诗人精心组合，却有化平凡为神奇之效。其精妙之处有四：

　　诗形上，相互钩联中发展演进，此其一。全诗四段，字数、句式基本一致。由于句式相仿，虽不押韵，以四个意象为中心的四个段落依然显得一气呵成，回环往复，使乡愁情思的主旋律在变化中不断得到加强。

　　意象上，整体经营，层层推进，此其二。长江水是部分，海棠红是整体。醉酒的滋味和沸血的烧痛，比较多地属于生理上的反应；家信的等待和乡土的芬芳则更多的是心理上的感觉。由部分而整体，自生理深及心理，显出纵深感。

　　形象鲜明，唤醒通感，此其三。四个意象共同作用于我们的视觉、味觉、听觉、触觉和嗅觉，遥相呼应，把我们所有的感官都打通了。每一个意象都不是平面粘贴，而是立体引申铺展：一瓢长江水——酒——醉酒——乡愁。一张中国地图——海棠——红——血——沸血——烧痛。一片雪花——白——信——家信——亲友——等待。一朵腊梅——香——母亲的芬芳。

　　其四，语言纯净，清淡中见隽永。纯净不是一种消极的放松，它要以淡取胜，以简取繁。语言在晦涩中见深奥，是一种冒险的艺术；语言在清淡中见隽永，更是艺术中的艺术。好比泳装走秀，若有欠缺，很难掩饰。

　　《乡愁》和《民歌》的手法也与此相类，这几首诗，意念十分单纯，意象十分清晰，但两者交相反射彼此呼应的过程，则错综有致，富于张力。不再像老现代诗中常见的那样，牺牲明朗，赢得紧张。在语汇的选择上，硬而不生，软而不烂，形成一种自然而不松弛的弹性之美。它们共同之处在于讲究篇法,而不流于雕琢字句有句无篇。恰如武功臻于化境的高手,不让人看出他怎么出手那般,你无法摘句式说出它的妙处,因为它凭借的是整体的力量,而整体的力量究其根本是一种生命境界。

梁启超在《中国的韵文里头所表现的情感》一文中说,中国文学多半以含蓄蕴藉为原则,但是有一类文学表达情感,是突然奔进,"用极简单的语句,把极真的情感尽量地表出";是情感烧到白热,"便一毫不隐瞒,一毫不修饰。照那情感的原样,迸裂到字句上"。

梁启超说:"这类文学,真是和那作者的生命分劈不开——至少当他作出这几句话那一秒钟的时候,语句和生命是迸合为一……所以这一类我认为是情感文的文中之圣。"

任公所说,一毫不隐瞒,一毫不修饰,照那情感的原样,迸裂到字句上,这话恐怕也不尽符合真正的艺术创造过程。但他说的这类文学是文章之圣,因为生命和语句合一,确实一语中的。《民歌》《乡愁》《乡愁四韵》就是这类文学,就拿《乡愁》来说,文字清新浅白,有如童谣(在大陆被收入《中国儿童阅读精品・诗歌卷》),然而,它凝聚了诗人一生的情感,自幼及老的沧桑体验:邮票、船票、坟墓、海峡……又如《民歌》,歌里回荡着中华民族的声音:声在黄河涛里,声在长江浪里,声在我的你的他和她的,在每一个华人的血脉中,只要还有一个华人的血脉未曾凝冻,中华民族的歌声就不会绝响。

也许,在宏大的生命境界面前,太多的技巧分析是画蛇添足吧。

《白玉苦瓜》结集出版九年间,已印了十一版。不但读者反应热烈,诗评家、作曲家也纷纷垂青,先后将其中作品谱曲的有戴洪轩、杨弦、李泰祥、罗大佑、郑华娟、王洛宾等音乐家。一九七四年夏天,杨弦和一些年轻歌手第一次演唱《乡愁四韵》,大受欢迎。一九七五年六月,他们在台北中山堂举行演唱会,演唱《白玉苦瓜》中的八首诗,配上舞蹈家刘凤学的编舞,更赢得两千听众的热烈喝彩。这种火爆场面,促使台湾某基金会快速启动,出版了《中国现代民歌集》的唱片。从此,开一代之风,在台港地区,许多歌手、作曲者都努力从现代诗中汲取养分,许多现代诗人也力求将诗"入乐",现代诗和歌曲、舞蹈的结合蔚成风气。二○○二年一月,还是在台北中山堂,杨弦等歌手再次演唱余光中的《乡愁四韵》等歌曲，依然爆满，数千名买不到票的听众站立于外面的广场，通过电视大屏幕欣赏这场演唱会。

在大众传播时代，一切流行之物磨损折旧的速度都在加快，而好诗应该是最耐久的艺术品，《白玉苦瓜》并未因几十年的岁月流逝而褪色。

三度赴美，多少挣扎；在中西古今之间入而复出，出而复入，几番出入，诗人真正成熟了。在《白玉苦瓜》的自序中诗人有这样的总结："少年时代，笔尖所沾，不是希颇克灵的余波，便是泰晤士的河水，所酿的也无非是一八四二年的葡萄酒。到了中年，忧患伤心，感慨始深，那支笔才懂得伸回去，伸回那块大大陆，去沾汨罗的悲涛，易水的寒波……怀古咏史，原是中国诗的一大主题……现代诗的三度空间，或许便是纵的历史感，横的地域感，加上纵横相交而成十字路口的现实感吧。不肯进入民族特有的时空，便泛泛然要'超越时空'，只是一种逃避。"

综观《白玉苦瓜》一集，已呈现一种回归本土的成熟。在夏日悠悠的岛上，常绿的棕榈树下怀念旧乡的腊梅，还有儿时的冻疮。笔下不再是星座、海伦、天使；而是后土、八卦、手相、禅理、莲花落、民谣……一切古中国的层层叠叠的记忆和意象皆蠢蠢蠕动，争先恐后地涌出诗人的笔尖。整本诗集大都是怀乡——地域之乡、历史之乡和文化之乡，三者交相辉映。它既可以归入小传统的台湾乡土文学，也可以归入大传统的中国文学，更属于充满创造精神的现代中国文学。

"我是谁"的迷惘不再，人生、自我乃至艺术已经有了明确的意义，诗人和他的诗歌都步入成熟之境，就像这一时期代表作《白玉苦瓜》一诗中所咏叹的：

似醒似睡，缓缓的柔光里
似悠悠醒自千年的大寐
一只瓜从从容容在成熟
一只苦瓜，不再是涩苦
日磨月磋琢出深孕的清莹
看茎须缭绕，叶掌抚抱
哪一年的丰收像一口要吸尽

古中国喂了又喂的乳浆

完美的圆腻啊酣然而饱

那触觉,不断向外膨胀

充实每一粒酪白的葡萄

直到瓜尖,仍翘着当日的新鲜

……

……一只仙果

不产在仙山,产在人间

久朽了,你的前身,唉,久朽

为你换胎的那手,那巧腕

千眄万睐巧将你引渡

笑对灵魂在白玉里流转

一首歌,咏生命曾经是瓜而苦

被永恒引渡,成果而甘

　　此诗分三节,每节十二行,首节描写渐渐成熟的白玉苦瓜,以玉的温润、玉的缜密、玉的光泽表现苦瓜的成熟之美;第二节回顾白玉苦瓜孕育成长的历史;最后一节赞叹它的永恒不朽。这首诗表面上是诗人对一件古代工艺品的咏叹,其实内涵丰富,它涵盖了对艺术、对个体艺术生命乃至对民族文化成长、蜕变、成熟的礼赞和慨叹。

　　白玉苦瓜是台北故宫博物院珍藏的传世玉品,余光中说:"瓜而曰苦,正象征生命的现实。神匠当日临摹的那只苦瓜,像所有的苦瓜,所有的生命一样,终必枯朽。但是经过了白玉也就是艺术的转化,假的苦瓜不仅延续了,也提升了真苦瓜的生命。生命的苦瓜成了艺术的正果。"这便是咏物寓理,借苦瓜的艺术转化阐明艺术创造的意义——短暂而容易受伤的生命,经过艺术,变成恒久。

　　白玉苦瓜也饱含民族文化的光荣和耻辱。玉器和苦瓜本身就是极富汉族民族性的两种物品,前者更多为士大夫用于托物言志,后者是中国百姓特嗜的菜肴。中国艺人雕刻而成的白玉苦瓜引人揣度中华民族灿烂的历史文化,诗歌中也屡屡暗示白玉苦瓜的民族性,说它吸吮了"古中国喂了又喂的乳浆","用蒂用根索她的恩液"……在成长过程中,它和整片大陆一样,"被皮靴踩过,马蹄踩过/重吨战车的履带踩过",这里已经从灿烂的古代伸入充满国耻的近代。

白玉苦瓜还同时隐喻诗人对自我艺术生命成熟的咏叹和感慨。第二节开首写地图,写母亲的乳汁,明写苦瓜,暗喻自我。"不幸呢还是大幸这婴孩?"这种发问,乃是自《敲打乐》以来自己与自己激辩复激辩的回声,诗人这时已有了答案,"我是谁"的迷惘之雾终于澄清,所以,有这般宁静而自信的心音:

> 犹带着后土依依的祝福
> 在时光以外奇异的光中
> 熟着,一个自足的宇宙
> 饱满而不虞腐烂

诗人巧妙地将自己的名字嵌入诗中,这正是伴随成熟而来的自信。白玉苦瓜成为艺术品的过程,也就是诗人一生不断蜕变终成正果的投射。当然,回首来时路,念及自己蜕变之前的种种青涩与稚嫩,诗人也不免慨叹——"久朽了,你的前身,唉,久朽"。

诗人在这里还称颂了"换胎的那手,那巧腕",感恩之情溢于言表。这让我们想起此前《自塑》一诗,诗中描写一个苍老、愤怒的石匠,奋力举锤敲凿,将诗人的生命打磨淬砺。这石匠,就是悠久的中国历史文化,也是近代以来中国的沧桑与苦难。当时,诗人正承受着石匠的打磨,诗人自述是"敲落虚荣,敲落怯懦/敲落一鳞鳞多余的肌肤/露出瘦瘦的灵魂和净骨/被旋风磨成一架珊瑚"。字里行间,更多地流露出苦行僧式的担当,而今,他已能平心静气地欣赏自己,欣赏那终于打磨成型脱胎而出的清莹饱满。

所以,诗中说,"一只仙果/不产在仙山,产在人间"。所以,诗人并不自满自得,而是感恩戴德。

下篇

（1975—2000）

第十一章　谁说迟开就不成花季

三重挑战

适应：铿锵中的凄然

全盛：逆风赫赫，淡而愈远

临别：酣甜一觉十年

地利人和

霜后的清香是烈士的清香
风里的美名是晚节的美名
淡而愈远，辟邪，与茱萸齐名
谁说迟开就不成花季？
古神话里早登了仙籍
唯大勇才敢向绝处去求生
九九大劫日偏是你生日
平地已风紧，更何况是登高？
西风压东风倒了华裔
桃之夭夭尽逃之夭夭
凡迎风红妆的都红过了
唯压你不倒，压不倒
逆风赫赫你标举的灿烂
列黄旗簇金剑耀眼的长瓣
昂向秋来肃杀的风霜
绽不尽重阳高贵的徽号
落英纵纷纷，也落在英雄的冢上
更冷酷的季节，受你感召
有梅花千树竞发对冰雪
你身后，余音袅袅更不绝
煮茶或酿酒，那纯洁
久久流芳在饮者的唇上

——《菊颂》

一九七四年八月，余光中应香港中文大学之聘，出任中文系教授。老父和岳母因行走不便不想远迁而留居厦门街老屋，他携妻女一起赴港。从此开始十年的沙田山居。

香港任教薪金丰厚，中文大学风流云集，沙田山居风景绝佳，余光中后来回忆中大生活，认为是他一生中过得最安稳、最舒服、最愉快的日子。

然而，初到香港，首先面临的并不是安逸或退隐，而是一种挑战，对此，未到香港之前，余光中就已经知晓。

余光中此时已经四十六岁了，在旁人看来，这已经不是一个继续冲刺的年龄；况且，多年劳作，硕果累累，无论在学界还是在文坛，余光中都已是地位稳固，尽可逐期领取名声的利息，在台北安度一生。

余光中的想法总是与众不同，他从古今中外的艺术史上清醒地看到，艺术家常常通不过两大考验：一是中年。许多艺术家少壮时才气焕发，一鼓作气，表现不俗，但常见不思补养而一味逞才，中年以后便无以为继。只有少数能够才穷则思变，不愿就此把彩笔交还，得以奋力突破艺术生命的更年期。二是成名。成名不一定就是成功。成名能使人满足，满足于已有的一切，满足于稳定的地位和安逸的生活，满足于重复成名作的风格。成名对于艺术家的考验，并不亚于失败。

因此，余光中总是愿意去面对挑战，从危机里找寻转机、生机。他的处世格言是：

> 每一根避雷针都相信，
> 敢于应战的，不死于战争。

七年前，在一篇纪念英国大诗人叶慈逝世二十八周年的文章中，他屡屡称赞叶慈的不断蜕变，努力超越自己的进取精神。叶慈中年至七十三岁逝世的创作晚期，屡屡有超越前期的重要诗作推出，终于成就一位大诗人。余光中指出："四十三岁的叶慈已经是爱尔兰最有名的诗人，且已出版了六卷诗集，但是他较重要的作品，那些坚实有力的杰作，根本尚未动笔。如果当时叶慈便停止创作，则他充其量只能算一个次要诗人。"

字里行间，是对前辈的礼赞心仪，亦隐隐可见诗人的自励和自许。

新的环境当会激发出新的生命活力、新的创作风采，对于余光中，这位对创作所处空间特别敏感的诗人尤其如此，几次新大陆之行已证明了这一点。

七十年代的香港，在位置上，是距离大陆与台湾最近的国际性大都市，相对于海峡两岸的禁闭和禁忌，它同时又是中国都市中资讯最方便、政治最敏感而却又是言论最自由的地区。在这样一个文化多元而气氛诡异的都市里写诗作文教书，作品主题必然有所不同，文学生命也将会另呈风貌吧。当然，首先，你得通过一场试炼，或者磨难。

没有浪漫的憧憬，而是满怀挑战之心，绷紧了神经来到这风雨满城充满变数诡异杂乱的港都。这种心情充分体现在余光中的《台风夜》中，这是他来到香港后写的第一首诗：

> 高高把八号风球吊起，啊海神
> 听风暴，驱整个南中国海
> 澎澎湃，澎澎湃湃，捣一个半岛
> 把黑暗笞起一道道白痕
> 这样的夜，枕来枕去不安稳
> 枕过来谣言，枕过去回忆
> 一张脸，一切成两面
> 冷冷的鼻尖现在是半岛
> 半岛的气候你必须承受
> 听左颊摇撼摇撼着风雨
> 右颊鞭打鞭打着浪潮，两侧都滔滔

然而，虽有感喟，更有无惧迎战。所以，诗中又有：

> 不再是轻易惊悸的少年
> 即使噩梦，也敢于醒着目做
> 又何用一夜数惊

听千寻海啸,应我心血正来潮

东坡水谪,华发随一苇飘飘

……

香港的挑战主要来自三个方面:政治环境、学术环境和地域环境。

香港的政治与台湾截然不同。那时正值"文革"后期,"左"焰在中国大陆高扬,香港作为大陆的后门口,当然不能不受波及。许多报刊都对右派诗人余光中有一种本能的警觉和偏见。

来港前夕,友人曾劝余光中慎重,在信里说,香港"左"焰正炽,你受不了"左报左刊"的攻击。余光中回信道,挨骂已成家常便饭,耳皮早磨厚了。果然,到港不久,一阵排炮就从"左"边轰来。余光中虽然不屑还击,却我行我素,依旧说他想说,写他想写,一时间,香港报刊批判余光中的声浪一浪高过一浪,有诗有文,飞短流长。字数前后相加不下十五万字,罪名不外乎"反华""反革命""反人民"。当然,也有对其诗文的"大批判",有一篇文章这么说:"你精致的白玉苦瓜,怎么经得起工人阶级的铁锤一挥……时间到了,你终难逃人民的审判。"

学术环境的挑战是转系改行。在台湾十几年都是教外文,现在不但要教中文,一度还担任中文系系主任,要做学术行政工作,面对复杂的人际关系。香港的学术圈也免不了山头和宗派,中文大学的不少先生开始也不能接受余光中,他们说,余光中外文系出身,只得过爱荷华的硕士。写的是白话文,凭什么来中文系教书,当主任。有人上课时公然对学生大贬余光中……

地域环境的挑战有两重:第一,香港是一个以工商立埠的城市,当时重商拜金之风胜过台湾。加上教育偏重英文,中文程度比起台湾普遍偏低,纯正的文学刊物也少,所以,文学家在此发展多有局限。第二,香港是一个粤语世界。俗话说,天不怕,地不怕,只怕广东人说官话。余光中后来回忆道,初来香港,觉得可怕极了,不管你是慈禧,还是林黛玉;夏洛克还是恺撒大帝,在香港的戏台和电视上,开口闭口都是抑扬的粤语。媒体和剧场尚且如此,日常生活中就更不能不会粤语,否则,不但无法与学生深入沟通,连衣食住行都不方便。

这些挑战来势汹汹,却被惯于以凶险为起点的余光中一一化解。和从前一样,诗人在迎战中又得到一次历练,生命又一次蜕变,艺术再创新局。

> 暴风雨之下,最宜独行
> 电会记录雷殛的一瞬
> 凡我过处,必有血迹
> 一定,我不会失踪

地域上的挑战比较容易应付,余光中两年内就已经听得懂七八成粤语,以后更是能用粤语与人交谈,甚至用粤语抑扬顿挫地吟起古诗来。同时,他也努力在香港地区的文艺青年,首先是大中学生中,鼓励中文写作的风气,在各种征文比赛、文艺营及每年一度的朗诵节中,余光中不是担任主讲,就是担任评判;对于香港的各种现代诗刊,也大力支持。香港文风为之一振。

电影导演陈锦昌,当时是中文大学学生,与胡燕青、钟伟民、王良和等余门弟子不同,他只是旁听过余先生的课。据他回忆,当时由于余光中担任文学评判,使文学评判的风气为之一变:"结束了以往评判团就左翼文学路线之激烈争辩而渐趋一统,香港诗风归向学院派……新批评和英美诗派抬头……唐诗宋词翻身,意象派大行其道。"另一位学生黄秀莲回忆,当时余先生在中大授课,选修者一学期达一百二十人,破了中文系的纪录,为此,课堂改在能容纳百多人的新亚人文馆内,"那扇形的教室没有窗,可是余教授却打开了一扇大大的文学之窗,让我们窥见璀璨的星空"。她说:"余教授居港十年间,于校内校外出席过无数次文学讲座,我觉得他对文学,有一种传道一样的热忱和使命感。"

香港地区的文风,尤其是现代诗和现代散文的创作,在余光中到港后的十年间,有很大的发展,就是戏剧与翻译,也有明显的进步,这些成绩都有余光中的一份心力和汗水。

学术环境的改变,促使诗人在学术与创作上打开了新的路向。他开始更为系统地研究五四文学,研究中国古典文学,收获颇为可观。对朱自清、徐志摩、郭沫若、戴望舒、闻一多、老舍的评论,对龚自珍、中国山水游记的研究,都取得了足以傲视同行的成就,赢得了学界的尊重。

对于政治上的压力,诗人采取的是柔韧胜刚强的化解之道。

早在少年时,余光中就熟读苏轼的《留侯论》,那气势不凡的开篇深深攫住了他的心灵——"古之所谓豪杰之士者,必有过人之节,人情有所不能忍者。匹夫见辱,拔剑而起,挺身而斗,此不足为勇也。天下有大勇者,卒然临之而不惊,无故加之而不怒。此其所挟持者甚大,而其志甚远也"。现在经过多年的历练,面对横逆,余光中更有独到的应对方法。他绝不与朝他汹汹砍杀的卫道者正面交锋,叫阵对骂,而是以诗文来表现自己的立场与观点。对于这种方法他有深刻的自省,风趣十足地在《蟋蟀与机关枪》一诗中形象道出:

> 你说蟋蟀和机关枪辩论谁输谁赢?
> 当然是机关枪赢
> 它那高速而剧烈的雄辩
> 火舌犀利,齿光耀得人目眩
> 向来辩论是冠军
> 一开口轰动众山都响应
> 嗒嗒嗒,一遍又一遍
> 回声空洞不断如掌声
> 我想蟋蟀是没有发言权的
> 除非硝烟散净,枪管子冷却
> 准星怔怔地对着空虚
> 除非回声一下子停止
> 废弹壳,松果,落满一地
> 威武的雄辩住口后
> 英雄坟上悠悠才扬起
> 狗尾草间清吟正细细
> 说给凝神的夜听
> 也许歌手比枪手更耐听

> 机关枪证明自己的存在，用呼啸
> 蟋蟀，仅仅用寂静

现今，大批判的枪炮果然早已销声匿迹，流为笑谈，而歌和诗依然在静静地流布。

过关斩将，化解困厄，属龙的诗人终于在九龙半岛上跃上龙门。

香港岁月，是余光中的文学生命中极为灿烂的一页，无论诗歌、散文、翻译、论述还是学术活动，都是丰收的季节。为论述方便，我们把它分为三个时期来论述。

第一期，一九七四年八月至一九七七年八月，这三年为适应期。

学粤语，开新课，安新家，接触新朋友。诗文创作较少。共得诗四十一首，约每年十首，在《与永恒拔河》一书中占七分之四。但散文、书评、文论却相当可观，有《青青边愁》一集，约二十一万字。

在《青青边愁》的后记中余光中平静地总结了到港四年的生活，几重挑战，一一过关。从到港之初《台风夜》中的紧张应战，到《青青边愁》的后记中的坦然抒怀，可以看出，诗人到港四年后，已基本适应此间生活并游刃有余。

这时期最大的关卡是政治上的压力，而也恰恰是这方面的压力促使余光中在创作与学术上都获得新的丰收。

《与永恒拔河》第一辑是"九广铁路"，该辑专收诗集中抒发大陆情结的篇章，一共十七首，有十二首为适应期所作。

余光中在此前也有许多写大陆的篇章，在美国抒发乡思，在台湾怀念故土，但都不如此辑中的诗有切肤之痛，佳作迭出，如《公无渡河》《九广铁路》《梦魇》《灯下》《沙田之夜》《望边》《海祭》，或沉痛或抑郁，或滑稽梯突，或凄然而笑，风格多样。

> 你问我香港的滋味是什么滋味，
> 握着你一方小邮简，我凄然笑了
> 香港是一种铿然的节奏，吾友
> 用一千只铁轮在铁轨上弹奏

　　　　向边境,自边境,日起到日落

　　　　北上南下反反复复奏不尽的边愁

　　　　剪不断碾不绝一根无奈的脐带

　　　　伸向北方的莽莽苍苍

　　　　又亲切又生涩的那个母体

　　　　似相连又似久绝了那土地

　　　　一只古摇篮遥远地摇

　　　　摇你的,吾友啊,我的回忆

　　　　而正如一切的神经末梢

　　　　这条铁轨是特别敏感的

　　　　……

　　这首《九广铁路》集中地表现出余光中初到香港北望大陆的心情。《与永恒拔河》中把十七首抒发乡愁描写大陆的诗归为一辑,以“九广铁路”为题,可以看出这铿然的节奏在诗人心目中的震撼。

　　散文与小品的创作,则和诗歌的风格不太相同。这时期有《高速的联想》《沙田山居》《花鸟》《不朽,是一堆顽石》《思台北念台北》《龙年迎龙》等杰作。

　　《花鸟》是首次将笔锋转入闲逸,《沙田山居》是一幅静观自得的工笔画,它们都有别于过去余光中所作的雄奇磊落气吞山河的长篇散文,显示其散文创作的新路向,预示作者的散文风格将有所蜕变。

　　在学术研究与文艺评论上,因为开课的需要,也因为不满于“左”派“政治挂帅”和“泛述草评”的新文学史研究格局,余光中开始系统地研究新文学早期作家,尤其是名家的作品,此时从授课讲义中整理出来的有评朱自清、郭沫若、戴望舒、闻一多四家的文章。《骆驼与虎》《闻道长安似弈棋》等随笔里也有“普罗八股”及工农兵文艺路线的批评。

　　《哀中文之式微》是有感于香港地区中文水平低落而作,而这正是香港时期余光中全面研究中文恶性西化与善性西化的学术动力。

　　第二期,一九七七年九月至一九八二年二月,五年四个月的时间。

　　这一时期是余光中香港时期最灿烂的岁月,也是余光中文学生命的一大高潮，称之为香港全盛期。

在诗歌创作上是丰收的季节，共有诗一百二十二首（其中《山中暑意七品》算作七首，《六把雨伞》计为六首，此时另有《相思树下》一首，后收入诗集《安石榴》），平均每年二十首以上。由于心境更加澄定，下笔更为从容，笔力愈加遒劲，组诗增加，木屐写了三次（《木屐怀古组曲》），雨伞作了六种（《六把雨伞》），还有松风六奏、山中暑意七品，都是同一题材从多个侧面反复刻画，从多种角度深入开掘。除了组诗之外，还有先后对同一人或同一题材的不断吟咏，如《念李白》《戏李白》《寻李白》，又如《水仙乡》《水仙节》《水仙缘》，《姮娥操刀》也是两首。

佳作迭出，大略可以分为六类：

咏个人生命或诗人自塑仍有相当比重，其佳作有《白即是美》《旗》《菊颂》《独白》《船湾堤上望中大》《不寐之犬》《五十岁以后》《厦门街的巷子》等，它们与此前的《自塑》《白玉苦瓜》等诗一脉相承，而风格更趋沉静内敛，心境平和，进入生命的秋季，明净无瑕，静静地成熟。

抒情诗与民谣风格的诗歌依旧不减，前者有《小褐斑》《发树》《贴耳书》《雪崩》《梅雨笺》《风铃》《蛾眉战争》《水仙缘》《磁观音》等；后者以《木屐怀古组曲》（三首）为代表，尚有《听蝉》《两相惜》等。

诙谐与风趣之作继续增多，如《游龙山寺》《第几类接触》《割盲肠记》《惊蛰》《戏李白》等。

咏民族历史文化的诗歌达到思想与艺术的高峰，取代了此前直抒乡愁国难的作品，它们是《漂给屈原》《湘逝》《蔡元培墓前》《老火车站钟楼下》《夜读东坡》《戏李白》《寻李白》《念李白》《刺秦王》《橄榄核舟》《梅花岭》等。

以闲逸小品玩味风景寄托飘逸情致之作，有《沙田秋望》《暮色之来》《清明前七日》《秋兴》《中秋》《秋分》《山中传奇》《夜色如网》《黄昏》《黄昏越境》《夜深似井》《夜开北门》《松下有人》《松下无人》等。

前四类诗作延续和发展了此前的诗题，稍加变奏，限于篇幅就不详加分析。后两类诗作最能代表余光中香港全盛期的成就，应该多加推敲。

为中国文化、中国历史造像，将民族记忆熔铸于诗史中，是当代中国诗人不能回避的重大课题。

余光中此前的中国情，主要根植于童年和少年对大陆那一点"顽固的记忆"，他当然也曾讴歌中国历史文化，但都比较零碎，《白玉苦瓜》时期，作者自称"到了中年，忧患伤心，感慨始深"，于是更多地从民族记忆中汲取养分。此时回溯历史文化作有《大江东去》《飞将军》《诗人》《水仙操》等，除《白玉苦瓜》《大江东去》达到他提出的现代诗的三度空间（历史感、地域感、现实感）的标准外，其他几首都显得比较笼统单薄，无法达成古今相映、历史与现实交互投射的美学效果。

香港时期的杰作则立体得多，因篇幅所限，我们这里以三首诗歌做抽样分析，它们是《公无渡河》《唐马》《漂给屈原》（前两首发表于香港适应期末期，亦可以作为抽样分析的样品）。

先说《公无渡河》，全诗如下：

> 公无渡河，一道铁丝网在伸手
> 公竟渡河，一架望远镜在凝眸
> 堕河而死，一排子弹呼啸过去
> 当奈公何，一丛芦苇在摇头
>
> 一道探照灯警告说，公无渡海
> 一艘巡逻艇咆哮说，公竟渡海
> 一群鲨鱼扑过去，堕海而死
> 一片血水涌上来，歌亦无奈

《公无渡河》古诗原收于汉乐府《箜篌引》，相传一狂夫从激流中过河，其妻呼喊劝阻，不听，狂夫被冲走，其妻感念迸发，引箜篌作此悼亡曲。

这是一首哀而不伤，音韵结构非常动人的美丽短歌——
公无渡河——高声制止！
公竟渡河——低声悲叹。
堕河而死——无限哀伤。

当奈公何——绝望沉静。

全诗以"公""河"（何）的音韵交替反响、回环往复来加强悲情的感受。面对巨大悲剧，并不涕泪交流，一泻如注，而是委婉冲淡，哀而不伤，表现出中国古典的悲剧精神。

余光中将此小诗引入自己的诗作，加以变化发展，以达成古今互证。

深圳河畔大鹏湾边偷渡者的悲惨境遇与古代悲剧中"堕河而死"之"公"，其人物、动作和结局几乎是相同的，变的是出现了铁丝网、望远镜、探照灯、巡逻艇等现代场景与事物，第二段更从河延伸到海，从妇人的"当奈公何"到诗人的"歌亦无奈"……这首诗歌里浓缩了香港的现场、中国的现实、民族的亘古悲剧和诗人永恒的哀伤，短短八行，张力饱满，咫幅千里。

《唐马》一诗计有三十九行，不分段，一气呵成。

全诗可分为三个部分，先写唐三彩陶马的前身，它是戍守边关的神驹，"长鬃在风里飘动／旌旗在风里招"，"每到春天／青青犹念边草，月明秦时／关崤汉代，而风声无穷是大唐的雄风"。作者并用一连串迫促的语句、紧促的节奏写马奔的气势："泼剌剌四蹄过处泼剌剌／千蹄踏万蹄"。

第二部分笔锋一转，意境由豪迈转入悲凉，神驹变成陶马，在玻璃柜这"透明的梦境"中惨遭"公开的幽禁"，它不能"突围而去"。只有"怒齿复瞋目"，成为"任人亲狎又玩赏"的"精巧宠物"。

当时，苏联在中国北方虎视眈眈陈兵百万，对我边防时常骚扰挑衅。就在此诗写作之前，一九六九年，中国军人发起珍宝岛自卫反击战。因此，诗人怀着强烈的民族心写道：

> 仍穹庐苍苍，四野茫茫
> 胾槊无声，五单于都已沉睡
> 沉睡了，眈眈的弓弩手射雕手
> 穷边上熊觊狼觎早换了新敌
> 毡帽压眉，碧眼在暗中窥
> 黑龙江对岸一排排重机枪手

大敌压境,熊觊狼觑,神驹何在?猛士何在?就在陈列陶马的博物馆旁边,是跑马场,壮士骑手的子孙早已不谙骑术,只诵马经,他们"患得患失/壁上观一排排坐定";神驹的后代沦为赌具,正在芳草地上一圈圈地追逐。不是追逐胡骑与羌卒,而是银杯和银盾。

全诗就在这辛辣的嘲讽中终结。

《唐马》在叙述上忽古忽今,忽断忽连,参差错综,大开大阖,将许多戏剧性的场景一一拈出,似电影蒙太奇一般频频变换——最先出场的是一匹古战马,虽然在现代,也可以看出它的雄姿。

写景正迫,忽入写境,从这骏马的眼中耳中,镜头拉回古代,跳跃过一个个浓缩的境界:秦月、汉关、大唐风。马蹄达达,叩神州,"青史野史鞍上蹬上的故事,无非你引颈仰天一悲嘶/寥落江湖的蹄印",叙事未终,又接论断——"皆逝矣/未随豪杰俱逝的你是/失群一孤骏"。镜头又拉回现今,原来这古战马是被关在玻璃柜中的陶马。接着又推回古时,天苍苍野茫茫,汉家劲敌五单于已长眠不醒了,转瞬又到现代,边境上换了毡帽碧眼的新敌,而"是谁的魔指瞑瞑一施蛊,缩你成如此精巧的宠物?"。论断未尽,又接叙事,写门外的赌马,写骑士的子孙"不谙骑术,只诵马经",全诗叙事里有议论,议论中有抒情,摇曳不尽,耐人寻味。

唐马本是民族活力蓬勃剽悍强盛的象征。

唐朝是中华民族最为自豪的盛世,而骏马正是盛唐文化的表征。从隋末到初唐,战事频仍,北讨南征都离不开骏马。直到唐朝开元年间,朝廷还蓄养着四十万匹马。苏轼在《书韩干牧马图》中说:"南山之下,汧渭之间,想见开元天宝年,八方分屯隘秦川,四十万匹如云烟。"

在这种环境中,咏马、画马、雕马,成为当时的艺术时尚。

唐代著名的工艺家阎立德雕有"昭陵六骏";画家韩干有《牧马图》,曹霸有《九马图》等杰作;诗人李贺有《马诗》二十三首。大诗人杜甫自少年到晚年,更是不断借骏马抒情言志。青年时期写出著名的《房兵曹胡马》;中年离乱有《瘦马行》《高都护骢马行》《天育骠骑歌》等,并请画家韦偃在草堂东壁画上两匹骏马,自题诗云"时危安得真致此,与人同生亦同死";晚年还作《江汉》——"落日心犹壮,秋风病欲疏。古来存老马,不必取长途"。

　　骏马，是杜甫人格的投射，自我的写照。杜甫对马有深刻的观察和认识，他总是把握骏马的内在气质和外在形态，写出马的血性和风姿，不落纤巧。他笔下的马，或逸态萧疏，竹批双耳；或势可万里，风入四蹄；或临阵无敌，堪托死生；或英雄不遇，空负千里之志。都能独步千古，与盛唐精神相称。杜甫的马诗，为余光中所深爱，特别是《房兵曹胡马》，他多年玩味，曾撰文细加分析，对此诗中勃然不磨的英雄之气有深深共鸣。

　　《唐马》前十三行上承老杜马诗精神，唤起读者的民族记忆；接着回到眼前现实，直陈北方强敌，与历史交相投射，至此诗已成立体，虚实相生，古今映衬，悲欣交集；但诗人并不满足，再凭空一翻，更指当下身边，忧国之心，更深一层。遂成三度空间。

　　屈原也是诗人崇敬的前辈，端午节在台湾又是诗人节，余光中多年来总在这个时候以诗文凭吊前辈并自我激励，此时，先后以屈原为题材的诗有五首之多。

　　前两首是《淡水河边吊屈原》（一九五一年诗人节）和《水仙操》（一九七三年端午节）；此时所作《漂给屈原》居中，是第三首；后两首是《招魂》（一九九〇年端午节前夕）和《凭我一哭——岂能为屈原招魂》（一九九三年六月十六日）。

　　第一首为少作，有明显的新月痕迹，豆干体，虽然在练字上已颇具功力，有"江鱼吞食了二千多年，/吞不下你的一根傲骨"的佳句，但未发展出醒目有味的意象和惊动唇舌的节奏。第二首将屈原佩剑戴冕的形象与自家的盆中水仙相映衬，结构圆融，佳句浑成——"把影子投在水上的，都患了洁癖/一种高贵的绝症/把名字投在风中的/衣带便飘在风中/清芬从风里来，楚歌从清芬里来/美从烈士的胎里带来"。但追怀前贤之际对现实的投射较弱，是佳作而非杰作。

　　后两首从浪漫怀古转入写实伤今，现实感极强，但因直陈其事，卒章显其志的写法使之激昂有余，形象稍弱，诗味不足。而香港时期写的《漂给屈原》（一九七八年四月二十三日）则能在现实与历史、地域与民族、意象与节奏、字句与篇章结构等各个相反相成的环节上，形成恰如其分而又饱满深蕴的张力：

　　　　　有水的地方就有龙舟
　　　　　有龙舟竞渡就有人击鼓
　　　　　你恒在鼓声的前方引路
　　　　　哀丽的水鬼啊你的漂魂
　　　　　从上游追你到下游那鼓声
　　　　　从上个端午到下个端午

　　诗的第一段,从端午节龙舟竞渡鼓声齐鸣的景象入手,写国人以节庆追踪屈原哀伤美丽的魂魄。

　　　　　湘水悠悠无数的水鬼
　　　　　冤缠荇藻怎洗涤得清?
　　　　　千年的水鬼唯你成江神
　　　　　非湘水净你,是你净湘水
　　　　　你奋身一跃,所有的波涛
　　　　　汀芷浦兰流芳到现今

　　湘水中有无数屈死的水鬼,而只有屈原受后人凭吊千年不绝,余光中说,不是湘水净化了你,而是屈原你啊,让湘水永远清澈,使岸芷汀兰永世流芳。第二段隐隐点出是屈原高洁的人格和不朽的诗句,使湘水使中国所有的山水都富于诗意。

　　　　　亦何须招亡魂归去
　　　　　你流浪的诗族诗裔
　　　　　涉沅济湘,渡更远的海峡
　　　　　有水的地方就有人想家
　　　　　有岸的地方楚歌就四起
　　　　　你就在歌里,风里,水里

　　第三段,反身观照。有水的地方两句,以相同的句式呼应本诗起首两句。但在诗意上却更进一层，从屈原说到从时代和地理上都距离屈原更远的，放逐于大陆之外的中国诗人。他们也许并没有参加发源于汨罗江的招魂祭拜仪式，不击龙舟鼓，不食端午粽；然而，屈原，已成华夏诗魂，他已经融入中文，随着风，随着水，随着中国人的足迹，随着中国诗人的歌，遍布世界，不须为他招魂，蓝墨水的上游是汨罗江。

写此类诗，对作者的见识和想象都极富挑战意味，并非单纯凭资料和知识，也非"我手写我口"用白话抒写古事，作古诗的白话版就算完事。有见识才能剪裁资料，由表及里，有想象才能制造戏剧场面和刻画心理活动。余光中说其此时诗作："在处理古典题材时，常有一个原则，便是古今对照或古今互证，求其立体，不是新其节奏，便是新其意象，不是异其语言，便是异其观点。"仅从上面三首诗看，可见此言不虚。

此期闲逸小品大略可以分为时序的描摹与物象的参赞，前者主要是对秋色、暮色与夜色的描摹，更多取法于印象派绘画；后者写松，富于禅意，精神更接近中国山水画，与陶令多有遥相呼应。

这里，我们先对余光中的暮色描摹做些分析。

仔细阅读余光中的"暮色诗"可以发现，大多数并非隐喻式的个人生命慨叹，而是如同印象派莫奈作品纯粹的景色描绘。

这种景色描绘不是摄影般的写实，它重视结构与比例，不太关心题材的意义；注重光与色的变幻，忽略社会现实的表现，因此更为抽象玄妙。

早在六十年代，余光中就极为关注西方抽象画创作，在《从灵视主义出发》一文中，他提出艺术创作三要素：物——物质世界、自然，我——艺术家自我，道——精神世界的本质。

余光中认为，艺术创作的过程就是"我"透过"物"去把握"道"，"道"透过"物"展示"我"。这是一个以有限追求无限、以有追无的过程，其中有理智活动，主要体现于"我"对"道"的追求；也有感官经验，存在于"我"与"物"的交流之间。

比起为人生为社会的艺术，这种从抽象画总结出的艺术创作观是一种较纯粹的艺术观，它是出世的离群的，是道家而非儒家的，因此，在《从灵视主义出发》一文中，余光中论证抽象画的"道"时以老子的《道德经》

为例。

但是,在很长一段时间,余光中一直在政治、文化的漩涡中身不由己,他没有多少闲暇和机会来尝试此类纯粹的艺术创作观。爱荷华时期曾稍做尝试,但最终只成他抒发乡愁国恨的点缀装饰。此时此地,安定的环境、秀美的山水、从容的心境使他能够真正静下心来实际操作。他要用最纯粹的物象来表现最丰富的道,一偿蕴积多年之心愿。

法国印象派画家(尤其是莫奈)总是刻意把握瞬间视觉以及光对物体的作用,余光中认为,日出和日落,都是极为壮丽的视觉经验。在对中国山水游记的研究中,他发现,古代作家也常描述这种经验,但除了明末王思任,中国古代作家中少见全神投入去追摄霞光夕景的大手笔。

中国文学中,色彩浓重的描摹并不多见。这与中国画色少墨多,不关心光影对比,崇尚淡远的观念紧密相关,或许也与道家"五色令人目盲"的哲学观念相关。然而,在受众习于彩色电视的今天似乎有重加修正的必要。余光中有意师法法国印象派画家,用绚丽文字着色,把暮色作为超脱纯粹的物象,去捕捉它,描绘它。

这需要有一双敏锐的眼,有一支多彩的笔,更需要一颗灵秀的心。

"只要桌灯不拧亮黄昏,暮色就依然是暮色。"香港时期,余光中每日里从黄昏到夜色降临这段时间最是空闲,这也是光色变幻交错最为频繁快速的时刻,余光中总是珍惜这最敏感的时刻。

不忍开灯,对着吐露港上夕曛余晖,对着八仙岭下的紫霭苍茫,红尘淡去,铿锵远了,余光中写出一首首"暮色诗"。这是对大自然之美的礼赞,也是艺术求道的见证。

······
所有窗口都向西所有的眼眸
霞光不可留依然要挽留
最后的绚烂逡巡在树尖
听半山的天籁向谷底沉淀
鸟声把岑寂留给虫声
八仙岭宽宽的僧袖只一挥

　　　　　　壁上的残曛便收过去了
　　　　　　茫昧中,仍有一双眼眸
　　　　　　贪嗜这一盘浮金到潜紫
　　　　　　不忍拧亮是一盏台灯
　　　　　　……

　　余光中和山和海和落日一齐屏住呼吸,在黄昏这浑然的时辰,却浑然不觉昼已隐然转向夜,接缝处却找不到一点破绽一丝皱纹。

　　他非常欣赏这样的时刻,他称黄昏为阴阳轮回的仪式,华贵的典礼,安静的时辰安慰的时辰一切都撤防的时辰,在这样的时候,诗人说"我的心是一座无雉堞的边城/四门和八道敞向古今/就最薄的那一片暮色移来/不动声色/也轻易将它占领"。

　　他用了许多拟人化和戏剧性的方法描绘黄昏,说它是一道寂寞的戍关,西门开向晚霞的艳丽,晚霞一出去就中了埋伏,红旗一翻全变了黑旗(《黄昏》);说断霞是落日的签名,有效期间是黄昏(《山中签名》);说"黄昏是偷渡客,在夜色这黑衣帮接应下,趁我这缉私的边警,一个分神,就把满天的紫水晶、赤玛瑙、黄玉统统走了私"(《黄昏越境》)。

　　流沙河曾在《诗人余光中的香港时期》一文里,将写暮色的作品归并一处,认为是余光中"向晚意识"的表现。

　　什么是"向晚意识"? 流沙河以李商隐"夕阳无限好,只是近黄昏"来概括。他还说《山中传奇》和《黄昏》都是向晚意识的流露。他认为它们及一些写黄昏和用黄昏作背景的诗是佳品。感情虽然悲凉,但"顺应了生命的节律,表现了人性的真实,抒发了迟暮的伤感"。

　　这种说法值得推敲。如上所述,余光中对暮色的描绘并无迟暮伤感,更说不上是自甘迟暮地顺应生命节律。还应该看到,暮,对于余光中,并非仅仅是日之末,更是夜之初,是灯下与永恒拔河的就位之时,是一天中生命最亢奋最自由时期的开端,与其说他怀着伤感看待黄昏,不如说他对黄昏暮色充满了欣赏和赞美。

　　黄昏,在余光中的诗歌里,常常是唯美而抽象的。后来在高雄,他仍然不断地歌咏它。他说,西子湾的黄昏,高楼对海的苍茫时刻,是落日在海葬之前,用满天壮丽的霞光,向世界说再见,就像男高音为歌剧收场。

再来说松姿礼赞。

松是余光中喜欢的树木,与相思、木棉、紫荆同为他诗里吟咏最多的物象。沙田山居,落地长窗阳台下是吐露港,一望澄净,海与楼和诗人之间却巧妙地虚掩着一排马尾松,颇有僧气,犹如罗汉把关,不让壮阔秀丽风水被作家的慧眼一览无余,魅力大打折扣;也不让作家的昼啸夜吟悉被山鬼水妖摄去;更挡住了山海那边嚣嚣的政治口号、红尘与市声……

> 江湖上有许多风声吗?
> 为何吹到我耳里
> 只化作这一片
> 泠泠松涛的忘机?
> 一整部战国策的嚣嚣
> 苏秦哭,张仪笑
> 都被护山的一排排松树
> 拂成古穆的琴操

挺立的苍干,疏疏的翠柯,披上其密如绣其虚如烟的千亿针叶,无论近仰远观,久而久之就会有那么一点禅意。松的一切都会使人感到肃静高古;即使是满地的松针和龙鳞开剥的松果,也无不蕴含诗意……余光中说:"在一切花香之上,松香是最耐闻的;在一切音籁之上,松涛是最耐听的。"

难怪诗人以松为题的诗作这么多——《松下有人》《松下无人》《空山松子》《松涛》《一枚松果》等小品,临别时还有《别门前群松》。

《松下有人》略带自嘲,忘机中有分心,面壁中不应挂虑身后虚名;《松下无人》就已禅意颇深,写出澄净透明的心境,连细碎的山间鸟鸣也无法在作者心中觅得停处。《一枚松果》和《空山松子》同样写山落松果,而角度不同,前一首诗中,作者是当事人,松果落在头上,引来惊喜,细究因缘——"小小的松果未必有意/冥冥的造化未必无心"……后一首诗,诗人是旁观者。两诗一有我,一无我,同《松下有人》《松下无人》一样,恰成有趣对照。

在《松涛》中，将山风喻为一位隐士，住在如古钟般的深山里，长袖飘飘，不经意抚弄中，把一排排高肃的古松弹响，发出"清香的高频率共振"，写得逸兴遄飞。与此略同一派仙风道骨的还有《清明前七日》，把雨中的松针写得灵秀宁静，仙气飘逸，关红尘车声于岚气之外。这些写松的诗歌，余光中自己也有所分析，他说："在松涛净化之下，此心一片明澈，不再像四十多岁时那样自扰于'我是谁'的问题。而渐趋于'松下无人'的悠然自在"。

无论歌咏山间暮色或者抒写松下心境，漫溢的都是面对自然的灭人交通感和缅怀乡土的亲切感，一端近乎色彩与形状，一端则近乎玄想和禅境。

这些诗歌中表现出一种凝静之境。

我们所面对的世界，我们的生命起源，归宿和处境，根本上是令人费解的，从古至今一切哲人总是力求对此有所解析，多智且多情多感的诗人更企图以直觉去参透破解，终生不懈。中国文学和哲学将世界与人性之本原称为"道"，用各种方式去推导它，更用直觉去感悟它。中国的艺术传统中，常要通过有形的景物表现无形的神秘力量；以空寂旷远的情韵、幽邃神秘的道心或禅意将纷乱而有限的生命纳入永恒而完整的存在。美学家李泽厚对此有精辟阐述："天地自然在昼夜运转着，变化着，更新着，人必须采取同步的动态结构才能达到与整个自然和宇宙同一，这是'与天地参'，即人的身心、社会群体与天地自然的同一，亦即'天人合一'，这种同一或者合一，不是静态的存在，而是动态地进行……'天人同一''天人相通''天人感应'是华夏美学和艺术创作中广泛而持久流行的观念。"

在古代诗人中，余光中向往李白的狂放不羁，喜好李贺的瑰丽多姿，欣赏苏轼的处变不惊洒脱旷达，追慕龚自珍的一往情深剑气箫心……但由于时代和个人的经历，他骨子里更多地烙下了儒家的入世和担当。刚健进取的风骨，这是儒学推崇的人格风范。《论语》里有"刚毅木讷，近仁"，"三军可以夺帅，匹夫不可以夺志"，"岁寒然后知松柏之后凋"……孟子推重大丈夫，称"浩然之气"的特征是"至大至刚"。风骨自刘勰后成为华夏诗学中的重要范畴，初唐杨炯在《王勃集序》里指责齐梁文风"骨气都尽，刚健不闻"，陈子昂提倡"汉魏风骨"，以后以"风骨"论诗文成为盛唐乃至中国诗史的普遍风气。它激起华夏诗人的进取心，扩大了诗人的民生关怀与历史胸襟，尤其在山河残破民生凋敝之时，华夏诗人总慷慨任气又不免悲悯，豪壮俊朗中每带悲凉。

屈原、诸葛亮、杜甫、史可法的心忧天下的胸襟，将个人痛苦泯化于全民族苦难的生命境界和知其不可而为之的道德勇气，早已深植于余光中的血脉之中。但是，余光中也是一个立体的生命，他能进入多种诗境，因为他有多种生命境界。

在此前的《火浴》一诗中，余光中展示了两种生命境界：一种是勇士，一种是隐士、智士。前者如凤凰浴火，后者如天鹅沐水，他写道：

　　　　有一种向往，要水，也要火／一种欲望，要洗濯，也需要焚烧／净化的过程，两者，都需要／沉淀的需要沉淀，飘扬的，飘扬／……或浴于冰或浴于火都是完成／都是可美的完成

余光中选择了火浴，他的一生，大体而言，是焚烧的升华；然而，这不等于他就全然排斥隐士的一面。在《假如我有九条命》一文中可以清楚地看出这一点。在那里，诗人幻想自己能够分身有术，有九条命，分别用来应付现实，照顾亲友，完成使命，发展兴趣……但结尾说："最后还剩一条命，用来从从容容地过日子，看花开花谢，人往人来，并不特别要求追求什么。"这就是余光中生命中静观自得无为恬静的一面，它在香港全盛期展现得最为充分。

这一时期，余光中的散文创作并不算多，一九七九年一年忙于撰写中文西化的语文论文章，全年无散文。较多产的年份是一九八〇年和一九八二年，每年超过十篇。

但就是这些散文却显示出余光中散文创作的转折和变化，别开生面，奇峰突起。

这变化可以从观念、题材、风格三方面来谈。

在去香港之前，余光中的散文是更接近散文诗的。这与他的散文观

有关，当时他极力以诗入文，主张为文近诗。到了七十年代，他对此已略有修正。余光中散文观转变与下面几个因素密切相关：

其一，是沙田文友的影响，如宋淇、高克毅、陈之藩、思果，他们的散文风格都偏向闲逸、舒缓、从容、诙谐一路。

这里特别值得注意的是思果。思果，本名蔡濯堂，江苏镇江人。学历只是初中，却有二十本著作，中英文皆十分了得。

思果虽然年长余光中十岁，但与余光中的交往最为密切。早在来中大之前，余光中和思果已是好朋友，他们对于翻译的艺术，有很多共同的见解。一九七三年，余光中就撰写了《变通的艺术》一文，向文化界力荐思果《翻译研究》一书，文中还顺带推崇思果的散文艺术，说思果散文"清真自如，笔锋转处，浑无痕迹……"，追求的正是孟浩然"微云淡河汉，疏雨滴梧桐"的恬淡境界。他说自己的散文理论与散文创作都与思果截然不同，他坦诚："思果先生的散文是此道的正格，我的散文走的是偏锋。"

一九七七年，思果也来到中文大学翻译中心任职，为期四年，余蔡二人得以朝夕相处。黄国彬在回顾沙田岁月时说："蔡、余二人虽然都可独当一面，但他们的戏合演最精彩。从一九七七年到一九八一年，余、蔡二人，犹石钟山与水；二人相聚，犹石穴罅窍，波浪风水相吞吐，发出涵淡澎湃之声。"余光中自己也认为，沙田高士相聚作风雅谈，若思果和宋淇在座，堪称风景。

不过，宋淇由于身体的关系，在座的时候不多，而思果因为一度单身在港，便成了余府的常客。余光中说，神聊时轮到思果坐庄，总是唇掀古今，舌动风雷："说到兴会淋漓，题无大小，事无庄谐，都能引人入胜，不觉星斗之已稀。"有一次，余光中被他的滔滔不绝催眠了二十分钟，警觉后才发现思果侃侃清谈津津乐道的，竟是思果的痔疮发展变化史。从此，对思果这"迷人的唠叨"颇有戒心，可还是防不胜防。终于又有一次，余光中开车载思果去尖沙咀赴晚宴。车上，思果绣口一开，余光中的锦心就茫然，等锦心变为戒心，车已开过海底隧道，只好七弯八拐再寻回头路。应该说，思果对"话"的提炼，对余光中过于诗化的散文语言是一种冲击。

其二，因为在中文系任教，便用了更多的时间和精力于中国文学，对中国古典散文典范之作中所包孕的散文观有了更为深入全面的感悟，这也促成了他散文观念的变化。

文学的门类特性是由它生长其中的美学传统所决定的。对于中国散文的特点，作家孙犁曾做过这样的概括："是组织要求严密，形体要求短小，思想要求集中，其取胜之处，从不在于诗，而在于理。它从具体事物写起，然后引申出一种见解、一种道理，形象而有力地说服人们，教诲人们，这就是散文的生命所在。"

回顾中国散文史，说理性叙述性的散文在每个重要的历史阶段都处于主流地位。先秦时代，诸子散文主要属于哲学范畴而不是文学范畴。虽然它有很强的文学性，特别是庄子的散文，印证其理论的不但有形象化的寓言，有时还有片断的情节和浓厚的艺术氛围，但从整体上看，它仍是哲学论著。此后，有秦汉的史传文章、赋体之文及书信奏疏，众体纷呈。晋代文艺理论家陆机曾撮其大要，在《文赋》中论列了此前的各种文章体裁："赋体物而浏亮。碑披文而相质。诔缠绵而凄怆。铭博约而温润。箴顿挫而清壮。颂优游以彬蔚。论精微而朗畅。奏平彻以闲雅。说炜晔而谲诳。"按现今的观点，碑、诔、铭、颂因多是追记或赞颂亲朋故旧之作，可称之记叙散文；论、奏、说、箴则是以说理议论为主，应归入杂文或论说文一类；赋，今人常以为是抒情散文，每将自己的长篇抒情散文冠以××赋。而古人却不这样认为，如李善注《文赋》"赋体物而浏亮"一句为"赋以陈事，故曰体物……浏亮，清朗之称也"。可见是注意到赋质朴直陈的特质。又如《文心雕龙》说："赋者，铺也，铺采摛文，体物写志也。"认为赋在文辞上讲铺陈文采辞藻，而总体上还是建立在咏物叙述的框架内。这点从历代赋之名作也可看出，庾信的《哀江南赋》、杜牧的《阿房宫赋》和苏轼的《前赤壁赋》，都是咏物叙事中抒发情感，着重于阐发事理。

在魏晋之后，散文的抒情成分加重了。昭明太子萧统选文，不录经、史、子的文字，以为只有"沉思翰藻"，方可称作"文"。他把讲究文采风情、音韵修辞的"文"与不重修辞、质朴无华的"笔"相对，过分注重篇章的外形之美，酿成后来选派的流弊，作文徒然玩弄辞藻声律，绮靡妍巧，彩丽竞繁，伤其真美。但先秦诸子的说理论辩传统，史迁、班固的叙事风格，毕竟无法抹杀。因痛恨初唐文坛上的萎靡颓唐之风，唐宋古文家打起"复古"旗号，极力主张复归经史，要求文中有"风骨""兴寄"，不以"炳炳烺烺，务彩色，夸声音而以为能也"，散文开始取代骈文而居于领导地位。钱锺书在《中国诗与中国画》一文中明确指出，相对于"诗以言志"，中国文学批评对散文或古文的要求是"文以载道"。

唐宋八大家创造了中国散文史上前所未有的业绩，确立了删落浮艳、真气流纷、精练而不伤于雕琢的优美自然的文体，也奠定了中国人心目中散文独特的审美规范——一种把叙述性、知识性、哲理性与情趣相统一的审美范式。于形象、文采之中注重哲理、事实的传达，成为中国散文家所推崇的风格。中国古代的散文，与其说"主情"，不如说是"主味""主情致"。这是一种较之"情感性""抒情性"远为细腻微妙的美感，属于中国传统美学的特有范畴。

五四时期张扬个性，反对文以载道，少见地强化了散文创作中的情感因素，传统散文的审美范式受到动摇，但它作为特定的艺术形式，作为中国人艺术地把握世界的特殊方式，与汉语的方块文字，与中国人的审美心理是那么的密切相关，这使它终究能走出短期的混沌不明。在被诗歌大举侵袭几乎沦为诗歌的一块殖民地之后，又顽强地显露出它强有力的本体性和它在中国文学门类中的独特地位。

在早期散文理论中，余光中强调文字和节奏的试验，强调以想象的大幅跨越和浓密的意象增加散文的密度，以诗为文，这是作者其时扬诗抑文的文学观的表现。

一九八〇年，余光中写下《缪思的左右手》，对先前的看法进行了修正，他开始把"诗文双绝"作为自己的追求目标，而不再认为散文是自己的"诗余"。在这篇文章中，他首次强调知性，说："好的散文有一种综合美，不必全是美化抒情……《前赤壁赋》美得像诗，但是感性之中有知性，并不'纯情'。许多拼命学诗的散文，一往情深，通篇感性，背后缺乏思想的支持，乃沦为滥情滥感，只成了空洞的伪诗。"他还指出，即便是诗质的散文，和诗歌也是有区别的，前者现实一些，后者更多想象；对于情景，前者是渐入的，后者是投入的；前者比较客观，对读者要维持一种对话的姿态，后者比较主观，倾向于独白，不需太理会读者。他还认为，同一题材可以用诗来处理,也可以写成散文,视情形而定,二者并无高下之分。正如"李商隐的爱情不必铺张成散文,反之,沈复的爱情如果全都'密码化'成律诗绝句,我们就无缘分享《浮生六记》中那些韵事趣事了"。

在评论英国批评家卡莱尔雄劲突兀的"吟啸文体"时,余光中特别摘引现代作家布洛克的评语,"如果一位作家长期使用这样的风格,就像一个人声嘶力竭在说话,总使我们感到疲倦"。

在《记忆像铁轨一样长》的后记中,余光中更直截了当地说:"三十几岁时,我确是相当有意以诗为文,甚至有点主张为文近诗。现在,我的看法变了,散文毕竟非诗,旗可以迎风而舞,却不可随风而去,更不可变成风。把散文写成诗,正如把诗写成散文都不是好事。观点变了,写法也跟着变了……散文不是我的诗余,散文与诗,是我的双目,任缺其一,世界就不成立体。"

他还明确指出,《沙田七友记》《我的四个假想敌》《何以解忧》等篇,都是"本位散文",不是以诗为文就文得起来的。

当然,散文观变化最深层的因素是余光中整体美学观的变化和整体生活环境的变化。

美学观的转变,是从都市转向自然,从悲观的否定到乐观的肯定。稍早于香港时期,余光中已经意识到,太严肃、太紧张,容易走向悲观和狂狷。应该严肃对待生活,但也应该有耐性去探讨生活,沉静地注视,安详地接受生活,不必认定生活就是悲哀。应该表现较为肯定和开朗的心胸,他说:"喜悦之情,只要不沦为俗滥的甜美,正可表现勃然的生机和自然的活力。"

整体生活环境的变化,就是中文大学所给予他的丰厚待遇,宽敞的居室。加上优美宜人的山光海色,还有声气相投、诗文唱和的沙田文友。对于这时期的生活,余光中有这样的描述:"开始的几年,这些学府与文坛的朋友大半是一壶清茶或一樽美酒,斯斯文文地坐而论道。舌锋到处,从李白到徐志摩,从莎士比亚到泰戈尔,从秦始皇到毛泽东,从胡适到鲁迅,无不放言褒贬,阔谈终夕。要讲自由,那真是中国人言论最自由的地方了……后来的几年,对香港的认识更深,感情更浓,沙田的朋友们就时常登山涉水,临风远望,倒不一定是远望中原,而是怀着依依惜别的心情,回顾沙田的日月,香港的山海。就这样,我们攀登了八仙岭、大帽山、飞鹅山、大岭峒,从山形各殊的高度与角度,去认识香港的山容水态。"

想法变了,写法当然也就变化,无论在题材还是在风格上,这时期余光中的散文创作都有明显的变化和发展。

题材明显扩大,许多琐事轶事、生活中的点滴乐趣都化为写作的题材。这方面先有《花鸟》,当时熟悉余光中散文的朋友都认为这篇小品不像出自一个壮怀激烈的诗人之手。然后是颇有新世说之风的《沙田七友记》,以闹显静的《牛蛙记》,调侃现代生活之无奈的《催魂铃》……《我的四个假想敌》写女儿长大带来的矛盾心情,《春来半岛》写香港的各种植物,《吐露港上》对沙田的日色、夜色远观近看。《秦琼卖马》《高速的联想》写汽车,《轮转天下》写自行车和三轮车……抒情言志之作少了,而咏物寄怀和寓情于景之作明显增加。

风格上的变化,大略表现在感悟方式、叙述方式和遣词造句这三个方面。

叙述方式上,从"独白"转为"诉说"。

余光中六十年代至七十年代前期的抒情散文,在叙述方式上,常用的是独白式的口吻。与戏剧上的"独白"不同,这里说的"独白"常常不以"我"领起,而是以"他"来展开叙述,这里的"他"是余光中虚拟的自我幻象。在对"他"的内心世界的描绘中,余光中浓缩地打开了自己的生命履历,跳跃地展示自己的心理流程。当时余光中沉浸于个人经验中——一些骄傲和愤怒,记忆和想象,他尝试着把这些心思和情绪压缩转化,构筑一个诗的世界,在那世界里重新认知自己,从而和周遭现实保持一定距离,甚至和自己保持一定距离。

而现在,余光中结束了成长经验的内省,异乡的孤独自语和愤怒青年的自我激辩,激情和浪漫有所削减,他更重视在从容冲淡中经营意蕴。壮怀激烈、热情紧张转为静观自得、幽默风趣。这种感悟方式的变化必然导致叙述方式(口吻语气)的变化。

余光中用平静的、诉说式的方式来结构他的散文。从前,他的散文面对的是个人的内在世界自说自话;现在,他更多的是面对着假想中的读者朋友,和他们一起分享自己现实生活中的种种趣闻乐事。

为此,余光中要拟定一个或一群"假想听众",对着他们促膝而谈,在《我的四个假想敌》中,说到最后,竟忍不住让隐形的听众现身,与作者一问一答,几个来回……

为此,余光中要追求一种现场感和谈话风,《吐露港上》的领起是——"如果你是一只鹰",这样的句式,这个"你"的介入,使读者与作者之间缩短了心理距离,读者仿佛融入语境,化作其中的"你",面对作者聆听亲切的话语。这时期的一些散文,"呢""吗""吧"等语气助词也出现较多,显然是适应一种略带口语化的语气。

叙述方式的改变也带来遣词造句的变化。我们试将下面两部分的散文作一比较:

> 叶珊和我,相近之处甚多,相远之点亦复不少。比如挥笔行文,他绝少泄露原名,我绝少遁迹笔名。他豪饮如长鲸吞海,我酒量十分迷你。他顾盼之间,富于名士风味,虽未深入希癖之境,对于理发业的生意,亦殊少贡献,我的生活,相形之下,就斯巴达得多。他和少聪结婚四年,"人口政策"一直严守道德经的古训,我一时失策,竟为中国的"人口爆炸"添了一分威力,结果是尾大不掉,狼狈一如飞不起的风筝。

> ……我风雨如晦,他水波不兴。我怒目作金刚,他低眉成菩萨。夏菁就是这样有容且无欲。在文坛上,他躬耕于"纯文学",不求闻达于七厅八组,更不求奖金与出国开会。在家庭里,他是一个怕太太怕得恰到好处的丈夫,管孩子管得近乎老庄的父亲。在中国,他是一个人淡如菊交淡如水的君子。在西方,他是一位处处可以为家但时时不忘忧国的世界公民。宛在水中央,在异国的一小屿上,他是一洒自给自足的喷水池。

以上两节分别选自写于一九七〇年的《在水之湄》和《宛在水中央》两篇散文,下面两节选自写于一九七八年的《沙田七友记》:

国松唇上那一排短髭并不难看,只可惜坐拥如此的戟鬣竟不解痛饮,真是虚张声势了。他为什么想起要蓄髭,事先有未取得太太同意,非我所知。五年前我也曾放下剃刀,一任乱髭自由发挥,养了两个礼拜,镜子里看来似乎也有点规模了,我存倒没说什么,只是姑息地好笑,却被尚俭看见,笑我黑白二毛,不够统一。一沮之下,尽付与无情的锋刃。但每次见到国松,在五官之外无端又添上半官,雄辩滔滔之际,唇张须扬,还是可美的。

维樑体貌既丰,亦有减胖之意,一度与周英雄等少壮派拜在思果门下,勤习太极拳法,不知怎的,似乎未见实效。所以他最怕热,夏天来我家作客,全家都感到紧张,深恐热坏了他。他坐在那里,先是强自忍住,一任汗出如蒸,继而坐立不安,仓皇四顾,看是否仍有一扇窗挡在他和清风之间,未尽开敞,终于忍不住站了起来,把所有的窗户逐一扭开,到再扭便断的程度,好像整个房间患了恐闭症一般。其实这时户外并无风的喜讯,他这样做,除了汗出加剧之外,毫无益处,主人看了,心里更热。其实釜底抽薪之法,端在减胖,如能减到我这般瘦,问题自然消失——到了那时再烦心冬天怕冷,也不算迟,何况亚热带原就冬短夏长。看到维樑怕热,我就想到纪晓岚和乾隆之间的趣事。如果我预言不差,只怕维樑不容易瘦回去了,加以他性情温厚,语调在深邃富足之余有金石声,乃是寿征,很有希望在晚年做一个达观而发福的文豪。

这两部分都是写人散文,而文字风格却并不相同,写于七十年代初的散文,接近骈体,讲究文体典雅,对仗工整;而香港之作,则更加散文化,文白交融,一方面坚拒漂白了的"大白话",一方面又适当增添些旧小说的语言和句法,使文句简洁浑成,颇有雅舍笔法之意趣。

此时,写人、写景亦有变化。不重诗情画意的感性,而在人情世故、事态物理的意趣之间。

试将《山盟》《丹佛城》与《山缘》《飞鹅山顶》的山色描绘稍加对比,就可以发现两者风格的差异。前者意象稠,节奏快,浓得化不开;后者气定神闲,简而实繁,淡而实醇,绚烂归于平淡,另是一番境界。

黄国彬在《余光中的大品散文》一文中认为,余光中香港时期的一些散文是好散文,但并非余家独门绝技,因为这类散文在其他作家的散文集中也可以找到。他推崇的是余光中的大品散文,即以《逍遥游》《鬼雨》《咦呵西部》为代表的诗化散文,认为这些才是余光中散文的特色。然而,从散文本位的角度来看,余光中来香港之前的散文创作更具有试验的性质。当时,为了回应他散文革命的口号,为了实践他的"密度""弹性""质料"三说,其散文创作中不可避免地有许多"做"的成分,有些地方失于雕琢堆砌,如七宝楼台拆下来不成片断,耀目夺魄而不耐咀嚼。其长处在于豪气干云,感性逼人,其短处在于缺乏知性的调剂,轰轰烈烈而余味不足。

中国杰出的古典散文家不追求或者有意避免散文美学效果的外溢,甚至有意抑制渲染和声色之美,而力求在效果的内涵上下功夫。因为他们知道,内在效果与外在渲染,或者说留白与色彩在文章(画面)的处理上恰恰成反比。当外在渲染过甚,则内在意蕴可能弱化,而低调素描,冲淡诙谐,反而能造就一种"质而实绮,质而实腴"的高远不凡的诗境。

千百年来,中国散文正宗往往在清淡中见韵味,而非在瑰丽奇伟中见生命。余光中的试验在这点上丰富了中国传统,自有其功绩。

此时,从绚烂归于冲淡,比起其他未向现代艺术拜师的散文家,他的散文色彩更为浓烈,感染力更为强劲,但也应该看到,他早期散文创作中追求华贵重视修辞的倾向,固然丰富了散文(散文诗)的表现技巧;但有时用力太过,也造成烦冗、破碎,阻碍了意境的圆融和深远。

香港时期的诗文真正奠定了余光中"诗文双绝"的文学地位。当然,古典的高雅不能否定浪漫的飞扬,阿波罗的含蓄亦无法减损狄奥尼奈斯的淋漓,反之亦然。

这一时期,理论和评论方面的佳作也是喷涌而出,主要是有关中文西化问题的论述以及山水游记的研究,我们将在下面加以论述。

翻译的成果也极为可观。七十年代,香港在对外交流上的活跃程度并不亚于台湾,因此翻译上的成就和阵容还要在台湾之上。

宋淇主编的《译丛》是十六开的大型中译英期刊,取材、文笔、编排、插图、校对都很讲究。除此之外，香港还有《读者文摘》中文版和《今日世界丛书》。翻译团体也是阵容齐整，中文大学设有翻译系，大学之外，有囊括全港翻译人才的香港翻译学会，经常举办大规模的翻译研讨会。在这样的环境中，余光中的翻译热情高涨。几年中，他翻译了《土耳其诗选》、王尔德的《不可儿戏》，重译了《梵谷传》。

第三期，一九八三年一月至一九八五年九月。这两年半是临别期，诗文的产量均有所下降。

在第六苑宿舍书斋面海的窗下写作，吐露港的波光，八仙岭的山色照人脸颊，增色诗文。当时，生活优裕，心情安稳，北望故土，东眷故岛，生命的棋子落在一个最佳的静观角度。余光中教了大半辈子书，却是第一次住进校园。在校园，优美的风景，有助文气；而高士荟萃，谈笑皆鸿儒，大益文思；俯仰山水，涵濡人文，余光中与梁锡华、黄国彬、思果、黄维樑诸友一起，把沙田写上中国文学的地图。

去高雄之前，在"九七"的未知和临别的压力下，感情的张力为之一变，从闲逸平淡转为紧张和冲突。从《山缘》、《飞鹅山顶》、诗集《紫荆赋》的后半部分，都可以看出这种转变。

"十年看山，不是看香港的青山/是这些青山的背后/那么无穷无尽的后土/四海漂泊的龙族，叫它做大陆/壮士登高叫它做九州/英雄落难叫它做江湖/看山十年，恨这些青山挡在门前/把那片朝北的梦土遮住。"

初到香港的三年，余光中诗歌的基调是铿然的节奏，随着九广铁路上北上南下的火车而震颤。在答友人的诗中，他曾以为这就是香港的滋味了。香港，在当时，只是供他北望的楼台，登临之际，他要拨开眼前的梦魇，遥望童年，窥探少年。

这时，只是在这时，当托脚十年的楼台即将失去，他才恍然而惊，脚下的土地不是看台，而原来是乐土。

> 只为了小时候，一点顽固的记忆
> 看山十年，竟然青山都不曾入眼
> 却让紫荆花开了，唉，又谢了
> ……

他日在对海，只怕这一片苍青
更将历历入我的梦来
——凌波的八仙，覆地的大帽
　　镇关的狮子，昂首的飞鹅
将缩成一堆多妩媚的盆景
再一回头，十年的缘分
都化了盆中的寸水寸山
顿悟那才是失去的梦土
……

"姑且的家"原来是当然的家，他似乎无可挽回地要失去这个家了，但并不会完全失去，永远失去，因为最美好的记忆、最真切的感觉，千丝万缕，已经都留在他的诗文里，任谁也夺不走的。

这时期，他的乡愁之作开始有意无意地减少。有意是因为努力开拓新的题材。七十年代末期，有论者指出，诗人忧国怀乡的诗歌主题不宜一再重复，以免沦为陈腔。诗人深以为然。无意是因为对香港的现状和未来更加关注，并潜意识中增强了为即将告别的香港景物"立此存照"的紧迫感。

《过狮子山隧道》《别门前群松》《香港四题》《紫荆赋》《东京上空的心情》等诗反映"九七"来临前某些港人的情绪，是诗人有关香港题材的最集中的一组作品。他顾虑重重地一再询问："时光隧道的幽秘／伸过去，伸过去／——向一九九七／迎面而来的默默车灯啊／那一头，是什么景色？"（《过狮子山隧道》）"一弹就破一吹就散的红雾／十三年的风雨经得住吗"（《紫荆赋》），"紫荆花开十三载／究竟靠向怎样的对岸"（《天后庙》），"不再是罂粟花了／却还未成为梅树／水边这浅绯的情影／该怎样接枝的问题"（《紫荆》）……

对香港的关切和担心，溢于言表。十载香港的生活，余光中对香港有了家园般的感情，因此才对"九七"特别在意，他的诗反映了一部分港人那个时期对香港前途的迷茫情绪。

此外，这个时期，余光中还写了《昭君》《黄河》，为中华文化造像；写了一些轻快的小诗，如《初春》《布谷》《雾失沙田》《松涛》等，是上一期同类题材的变奏。

在香港这样一个国际化的大都市中，余光中也有意识地从外国的资讯，如电影、书籍、电讯中寻觅诗歌题材，如《甘地之死》《甘地朝海》《甘地纺纱》《哀鸽——库页岛上空招魂》《致欧威尔》《国际会议席上》等。另外，《捉放蜗牛》幽默可喜；《东京新宿驿》《两个日本学童》《伞中游记》记叙了日本之游的多重体验，复杂然而从容，平淡中内蕴丰富，与从前新大陆之记游风格全然不同。

一九七八年，在《与永恒拔河》后记里对香港诗作的风貌和动机，有初步的评估："香港在各方面都是一个矛盾的对立。政治上，有的是楚河与汉界，但也有超然与漠然的空间。语言上，方言与英文同样流行，但母音的国语反屈居少数。地理上，和大陆的母体似相连又似隔绝，和台湾似远阻又似邻近，同时和世界各地的交流又十分频繁。"他还指出，他所处的沙田那种田园风味在喧闹拥塞的香港，又是很特殊的。所以，他可以说是"身处例外之例外"。

余光中是一个对地理环境极为敏感的作家，他几次创作风格的蜕变，地理环境的改变都是重要的因素。

香港比之台北，与大陆似相连又似隔绝，让诗人对故土"心情波动，梦魂难安"，因此，才会大量涌现《九广铁路》《海祭》《梦魇》《中秋月》《北望》这样关怀和贴近大陆现状之作。香港比起美国，与台湾似远阻又似邻近，让诗人对岛屿既有切肤的感受，又多了距离的透视。因此，思念台湾亲友描写台湾风物的诗文也有了新的风貌。

沙田在香港，对于作家，可以说是提供了仁山智水，最安定的栖枝，余光中得以从容推出许多静观自得幽默风趣的诗文。

香港独特的地理位置（包括和这种地理环境密切相关的政治生态语言环境）使余光中的创作有了新的视角新的题材，刺激和调动了余光中长期蕴积的思想艺术资源和创造能量，这是许多论者早已注意到的。但是，地利不如人和，倘若没有与家人的心心相印款曲相和，没有和友人、同人、学生的同声相应同气相求，没有和大陆台港百姓民众息息相通血脉相连，即便有了沙田，也无法见其所见，写其所写。

唯有大爱，才有大诗人。

第十二章　老得好漂亮

在渐暗的窗口赶写一首诗
天黑以前必须要完成
否则入睡的时候不放心
只因暮色潜伏在四野
越集越密,吞并了晚霞
暧昧的窗口已受到威胁
雪净的稿纸恐将不守
像谣传即将放弃的孤城
桌灯在一旁几度示意
只等我招手,愿来救急
却被我拒绝了,说,这场对决
是我跟夜晚之间的竞赛
不容第三者来搅乱规则
正如白昼被黑暗否定
黑暗也被否定于繁星
不过那将是高处的判决
入睡以后或者会梦见
说着,灰霭已逼到纸角
阴影正伸向标题,副标题
只剩下笔尖还不肯放弃
还在重围的深处奔突
相信最后会破阵而出
只为了入睡前能够安枕
要乘天未黑透就完成
在快暗的窗口抢救的诗

——《在渐暗的窗口》

任何一个立足点,是终点,也是起点,有的靴印到此停止,有的,从此地开始。一九八五年,诗人又面临着生命的新起点。

年初,台湾中山大学创校校长李焕从大洋那边向沙田发来邀请函,请余光中回到高雄,出任台湾中山大学文学院院长兼外文研究所所长。余光中愉快地接受了。

这年九月十日,余光中定居西子湾。来高雄不久,就屡屡有记者提出这样的问题:"余先生,对高雄这片'文化沙漠',您有什么感想?"余光中说:"我没有资格回答高雄是不是'文化沙漠'这个问题。其实,这并不重要,我认为,人杰方能地灵。只要高雄人心头有青绿的生机,笔头有滋润的水气,高雄必然能成为文化名城。"

余光中公开表明:"我来高雄,不是来享受文化,而是来开垦文化,我是归人,不是过客。"

当时,在台湾,《联合报》与《中国时报》两大报的副刊是作家的"必争之地",而余光中却停掉他在《中国时报》开的专栏"隔海书",转而为高雄的《台湾新闻报》"西子湾"副刊开"山海经"专栏。

渐渐,余光中以南部人自居自傲,为了南部的山海风光和南部的淳朴民风。他说:"相对于台北的阴抑,我已惯于南部的爽朗。相对于台北人的新锐慧黠,我更倾向于南部人的乡气浑厚。"

一九八九年,余光中更告别居住了二十多年的台北市厦门街,把一切都搬来高雄。

厦门街,113巷,余光中的"家巷",巷头连接厦门街,巷尾通到同安街。这里留下许多文化历史足迹:五十年代台湾《新生报》的宿舍,彭歌和潘垒在这里住过;六十年代《文学杂志》的社址,夏济安、吴鲁芹在这里出没,黄用和王文兴也曾在这里卜居……余光中半辈子在这里消磨,母亲在这里谢世,四个女儿和十七本书在这里诞生……

余光中搬出这条街,搬出台北,甚至少去台北,怕去台北,绝非他要忘了台北,而恰恰是他忘不了台北,忘不了他的老台北,那满盛着他的初做丈夫,初做父亲,初做作家和讲师……一切记忆的台北。

所谓乡愁,如果是地理上的,只要一张机票或车票,带你到熟悉的门口,就可以解决了;如果是时间上的呢,那所有的路都是单行,无法逆驶。

诗人这样感慨。

台北变了，台湾也变了。十一年后重回台湾，诗人觉得自己像是个山中一觉十年的隐士，下得山来，闯进一个陌生的世界。余光中曾写过厦门街小巷内熟悉的足音：

踢踢踏
踏踏踢
给我一双小木屐
让我把童年敲敲醒
像用笨笨的小乐器
从巷头
到巷底
踢力踏拉
踏拉踢力

但这木屐声已被机车的厉噪所淹没。余光中也写过这里美丽的夜色：

厦门街的小巷纤细而长
用这样干净的麦管吸月光
凉凉的月光，有点薄荷味的
月光
……

如今，景物全非，九重葛、扶桑花掩映的矮墙头，连带扶疏的树影消失了，代之蠢起的是层层叠叠的公寓，和另一种枝柯的天线之网，巷中漫步，难见月色。

一个陌生的世界。

陌生且令人不快、不安，从报上读到的，电视上看到的，在街上遇到的，大半都不能让诗人高兴。驾车穿越双黄线，在医院和剧场里害别人吸二手烟,在街头用凄厉的扩音器叫嚣政治口号或狂播歌仔戏,排酒席霸占大半个街面,随地吐槟榔如吐血……

一个亮丽但嚣张的世界,并不是加上"过渡""多元""开放"这些美丽的名词,就可以让人心安理得去拥抱它的。

对于台湾的负面经验——或诗人所称的"负文化",诗人有诗。

早在香港时,余光中就写了《敬礼,木棉树》,对木棉击败玉叶金花、木兰,高票当选高雄市市花表示祝贺。诗中以市花的竞选对比政治上的竞选,对贿选大加针砭——"这才是美丽的选择/不骂对手,不斩鸡头/要比就比各自的本色/红仙丹与马樱丹/黄槐与木兰/把路人引诱过来的/不是红苞①,是红萼/你最生动的竞选演说/是一路烧过去/满树的火花……"

当时的台湾,选举的闹剧甚嚣尘上,竞选者斩鸡头,发毒誓,跪菩萨,骂脏话,余光中写了《拜托,拜托》;以后又写下《深宵不寐》、《海外看电视》、《白孔雀》、《无缘无故》、《读唇术》、《同臭》、《深呼吸》、《飞越西岸》、《秋后赖账》、《夜读曹操》、《高尔夫情意结》(三首)等诗歌。这些诗歌,有对政治作秀嘴脸的勾勒,对媒体炒作喧闹的厌恶,对十多年来台湾政局的不满和不安。诗人塑造了一个政治病毒患者,他因幢幢黑幕窃窃丑闻夸夸谎言而患病,病中他在深呼吸:

> 对着海峡的空空,茫茫
> 水平线总没有谁在牵线了吧?
> 潮水汹汹,也不像有谁在鼓动
> 落日一沉,对着无主的晚景
> 他开始深呼吸
> 从鼠蹊到小腹到横膈膜
> 从腐败的肺叶烂蜂窝的肺泡
> 从长苔的支气管支气管到气管
> 从生菌的咽喉与鼻窦他呼出

---

①　诗人在诗后记中明言,红苞是"红包"的谐音。

驱妖赶魔他狠命地吐出

日夜积压的那一腔暮气

掀顶而出的那一股怒气

庚气，脾气，小气，鸟气，废气，晦气

还有流气，油气，邪气与腥气，种种

坏风气，恶习气，令人丧气又生气

⋯⋯

余光中也在诗中表达自己矛盾而不安的心境。如《夜读曹操》中，他缅怀乱局中的古代烈士，那暮年壮心不已的曹公。夜读的他，虽然有烈士的幻觉，但又颇为无奈，他通过对饮料的选择形象地传达他的尴尬：

苦茶令人清醒，当此长夜

老酒令人沉酣，对此乱局

但我怎能饮酒又饮茶

又要醉中之乐，又要醒中之机

他只能夜读曹操，让暮年的壮心沉浸其中：

独饮这非茶非酒，亦茶亦酒

独饮混茫之汉魏

独饮这至醒之中之至醉

当然，诗人并非只能束手无策毫无作为，他写下《喉核》《麦克风，耳边风》《十八洞以外》（统称《高尔夫情意结》）。对那喜欢玩高尔夫的台湾政要及其治下的贪婪特权集团作无情的嘲弄，在诗中他发出这样的警告："小心了，否则你显赫的名字／有一天落进／我的诗句的小注里，沦为僻典。"

除了诗歌，散文中也有直接的指责，如《没有邻居的都市》《双城记往》《三都赋》都有对台北当局纵容下政治乱象的批判，他说台北的政局，如同慈禧听政时的北京——"是非不分,公私相淆,忠言不纳,贤臣见黜","台北似乎失去了心,失去了良心、信心。令人不能谈情、说理、守法,教我如何向心"。这种激烈的批判,为诗人历来文章中少见,即使在飞扬的文星时代。但也不奇怪,坚持不懈地批判强权,是诗人的一贯作风,写于五十年代的《诗人之歌》中就有这样的句子:"对任何的暴力不将头垂下/我自由的歌声谁敢定市价?/我与其做一只讨好的喜鹊/不如做一只告警的乌鸦。"

九十年代的台湾,不仅政治环境恶化,自然环境也日渐凋败,余光中奋笔直书,写下《控诉一支烟囱》《警告红尾伯劳》《挖土机》等诗。

这些诗可以按主题称之为环保诗(生态诗),但它们也都是一些有趣的诗,而不仅仅是标语口号,它们有奇想有妙喻警策之言,因此,更加扩大了它们的社会反响。如《控诉一支烟囱》中将烟囱比喻为"流氓""毒瘾深重的大烟客""破坏朝霞和晚云的名誉",把整个城市当作私有的一只烟灰碟。这首诗歌发表后,高雄市议员曾以它在议会上质询高雄市环保局,诗人渡也不久也响应附和,在报上发表《和余光中控诉一支烟囱》。

《警告红尾伯劳》从遍地的捕鸟器谈起,警告鸟类当心,以免在烧烤店里被倒挂,只有"向反了的天空去寻找/远在西伯利亚/不归路那头的家"。说挖土机,是贪婪逐利的象征,"嗜土的样子就像嗜血/那一排无可理喻的怪牙/只要一口咬定/就缺了一大块风景"。它总是蛮横而且狰狞地怪叫——"凡我到处,谁都挡不住……你要的风景吗,还你!"一阵骨碌碌之后,吐出一大口泥沙……

> 美,已经从无奈的指缝
> 从合污的岛国永远失踪
> 随着珍禽罕兽的爪痕
> 随着藐姑射的传统,随着
> 最后一滴清澈的冰水
> 头也不回,告别了雪峰
> 只剩下无助的我们
> 按时纳税,填表,选骗子或流氓

七点看荒谬,八点看荒唐……

为抗击"负文化",余光中在高雄策划或参与了多次艺术活动,最热烈的是一九八六年的"木棉花文艺季"。余光中担任总策划,他为文艺季创作主题诗《让春天从高雄出发》,谱上曲后由台湾中山大学合唱团演唱,希望借文化的春季将高雄纯朴的民风由南向北传向全岛。

他还与众多诗人在高雄许愿池畔举办"许愿之夜",率众吟诵他的《许愿》:

> 让所有的鸟都恢复自由
> 回到透明的天空
> 不再怕有毒的云雾
> 和野蛮的烟囱
>
> 让所有的鱼都恢复自由
> 回到纯净的河川
> 不再怕肮脏的下游
> 和发酵的河岸
>
> 让所有的光都恢复自由
> 回到热烈的眼睛
> 不再怕僵硬的面孔
> 和冷漠的表情
> ……

在高雄,余光中还邀集林清玄、张晓风、席慕蓉、钟玲、罗青、蒋勋共同为摄影家王庆华镜中的垦丁景色配写诗文,合为《垦丁公园诗文摄影集》出版,余光中共写了十九首,约占全集诗文的四分之一,他作《有福同享》为序,序中说:"……在挖土机、扩音器、猎枪与烟囱之外,为人、为神、为万物保留一片清净的乐土……游人徜徉其间,可以消闲度假,养性怡情。学者往来其间，可以观察自然，研究生态……这世界，是万物所同住，神人所共有，凡有生命的都有权利。让草木鸟兽各得其所而生机无碍。让我们以虔敬与感激的心情来爱惜这世界。所谓天堂，原在人间。"

除了为垦丁景物造像外，诗人还以南部的水果为题，写了十首诗。诗人说，这也是他诗歌的"本土化"，"岛之南部，素有水果王国之美誉，一位诗人在齿舌留香之余分笔颂歌一番，该也是应尽的本分"。

这些诗歌及诗人参与和推动的一系列文化活动，都表明了诗人对台湾乡土的深切而真挚的情感，与上述那些表现台湾"负文化"经验的诗歌一体两面，一正一反，映衬着诗人的爱与憎。

以"中国结"为题的诗歌，余光中写过两首。第一首写于初到高雄，一九八六年三月。诗中有这样的句子："这结啊已经够紧的了／我要的只是放松／却不知该怎么下手／线太多，太乱了／该怎么去寻找线头……"

两年后，他又作《中国结》，似乎已经为"放松"找到"线头"。那就是脚踏实地，亲近生活其中的大地，把握当下，以此缓解永远的郁结，沉重的心结。

> 这一头是岛的海岸线
> 曲折而缠绵，靠近心脏
> 那一头是对岸的青山
> 脐带隐隐，靠近童年

这首《中国结》里"心脏"和"脐带"的比喻，已经表明了诗人对创作、对生活新的定位。无怪乎，在这时期的诗文中，余光中把许多篇幅给了高雄。

所谓的家，不应只是祖传的一块地，更应是自己耕耘的一块田。对于台湾成长的作家，台湾自然就是他们的家，这也许不是出生权，却一定是出力权。余光中是这么说，也是这么做的。

一九九二年九月，应北京中国社科院外文研究所之邀，余光中往北京讲学一周，这是离开大陆四十三年后第一次踏上这块土地。诗人站在北京街边的垂柳下，看着满街的自行车如潮水般向前涌去，一时不知说些什么。北京的学者问余光中有什么感觉，他说"旧的太旧，新的太新"。旧的，指故宫；新的，指满街的新楼洋房。

余光中对阔别多年的大陆有一种陌生感，而大陆诗坛却已经从诗歌里识得这位游子。早在一九八二年，四川的诗刊《星星》就刊载了余光中的诗歌。从那以后，大陆的诗人、诗评家和读者就不断把热切的眼光盯住彼岸的诗人，把他从香港一直追到台湾。诗人在香港、高雄发表的新作，一经刊出就会引来海峡两岸和香港的评论和转载；而诗人早期在台湾、香港发表的作品也有大陆的诗评家开始选编评论。诗，比人更早踏上故乡大地，这对诗人是莫大的安慰。当然，诗人并不意外，六十年代，他就曾自信地说，我的诗不会没有读者，中国几亿人都将会成为我的读者。不到二十年，这个预言实现了。

余光中自一九九二年首赴北京之后，几乎每年都会来大陆讲学，他被山东大学、厦门大学、苏州大学、南京大学等多所大学聘为客座教授，每到一地，他都应邀发表讲演，讲演主题计有"龚自珍与雪莱""散文的知性与感性""创作与翻译""音乐与诗歌""艺术经验的转化"等。他到过故宫、长城，到过杜甫草堂、武侯祠，走上岳麓书院的讲坛，重回母校南京大学、厦门大学，登了泰山、游了桂林，从东北三省到江南五市处处留有他的足迹。他还拜会了许多文学前辈，如冯至、卞之琳、巴金、朱光潜、柯灵，广泛地接触了大陆许多诗人、评论家和文学爱好者。

所到之处，触景生情，写了不少诗，如《登长城》《访故宫》《嘉陵江水》《浪子回头》《成都行》《只为了一首歌》《小毛驴》《桐油灯》等。

对于乡愁，余光中这时有了新的想法，他说，"所谓乡愁，原有地理、民族、历史、文化等层次……它应该是立体的"，"地理的乡愁要乘以时间的沧桑，才有深度"。他又说，"两岸开放交流以来，地理的乡愁固然可解，但文化的乡愁依然存在，且因大陆社会的一再改型而似乎转深"。此时，他的乡愁诗并不算多，却有了新的风貌。节奏放缓，感念沉潜，乡愁不仅是故乡的思念，故地的追寻，还是历史文物和艺术精品中蕴含的民族记忆。乡愁已成为一种看得见摸得着的现实，它就是脚下的土地和身旁的人群。读读下面这首《小毛驴》吧：

你说，锅铲刮锅底和驴子叫

是世上最最难听的声音

别这么说吧，我笑道

锅铲我管不着，可是驴子

那样嘶叫，一定有他的隐情

衬着北方多空旷的风景

一切牲口里我最爱驴子

你仔细看他温柔的眼睛

有什么比那更忧郁，更寂寞

如果北方是一座大磨，他的一生

就绕着磨子，拖不完地拖

不是歇在颤风的白杨树下

默默地守住他主人，就是

拂着高柳在车道旁慢踱

冒着尘土，跟在全世界的背后

竖着长耳，举着细蹄，望着

无始无终，直到天涯的远路

——那侧影，瘦褐而涩苦

需要棱角峥峥的木刻

而非黄胄倩巧的水彩

才能匹配北地的村民

用深邃的额纹和更深的眼色

迎向肃杀的霜雪，千古的风沙

正说着，又传来长城下

载货路过的一声驴鸣

诗以亲切诙谐的口吻开篇，结尾略显苍凉。全诗写的是驴，却深含着诗人对中国北方农民的赞颂，坚韧而勤劳，善良却不乏苦涩，温柔中有忧郁，作者在此中写出了中国的灵魂。全诗平淡自然，似乎不加苦思而信口成章，诗境已臻老杜"老去诗篇浑漫与，春来花鸟莫深愁"般浑厚；比起《扬子江船夫曲》的粗放，这首诗更细致；比起《一枚铜币》的悲悯，它更昂扬；比起《旺角一老媪》的依稀，它更真切。

在高雄的十五年间，余光中写了六十多篇散文小品，出版了小品集《凭一张地图》，散文集《隔水呼渡》《日不落家》。这些散文小品集以描写旅游感受的小品和长篇游记居多。《隔水呼渡》共有十六篇，其中十三篇为游记；《日不落家》全书二百四十三页，游记七篇达一百二十页。

余光中嗜游成癖：少年时在山国四川凭一张地图神游世界，成年后壮游新大陆。旅游的感受（神游的知性与壮游的感性）刺激了他的散文创作。一九五八年，他写下的第一篇散文《石城之行》，就是一篇游记。

从那以后，他在新大陆纵横几度，轮转万里，写下《南太基》《黑灵魂》《四月在古战场》《丹佛城》《咦呵西部》等多篇游记；也去了菲律宾、澳洲，都有游记为证。

香港时期，余光中潜心研究中国历代游记，特别是明清时代与五四初期的游记。一九八二年八月到十二月，他一气呵成，写下《论民初的游记》《中国山水游记的感性》《中国山水游记的知性》《杖底烟霞——山水游记的艺术》四篇论文，共四万多字。他细致地比较和评析前人在游记创作中的得失，对游记的知性与感性，游记中的抒情、写景、叙事、议论，对游记作家的游历与创作的关系等一系列问题进行了清晰的透视。

这些论文虽然附有详尽的注解，但并不套用许多理论术语，而注重实际的创作。如果说游记是一片广阔无边的海洋，那么评论家余光中所写的游记研究，并不是海洋学家的海洋研究报告，而更像是一位海中探险的船长写出的航海日志。这种日志，主要目的不在于评定前人，而在于从前人创作中汲取养分，调整和充实自己的游记创作。

长期的创作磨砺和理论思考，终于形成新的高潮。

高雄时期，游记在自己散文创作中的占比如此快速加大，连作者自己也不免惊讶。

除了主观上的兴趣，努力和准备，客观上出游的机会和时间增多，也是重要原因。八十年代中期以后，余光中的文学成就日益受到海内外文化界的肯定和关注，他与世界的互动更为密切与频繁。他经常应邀去国外大学或社团作文学讲演或担任文学活动的主持人、评审；出席一年一度的国际笔会大会;还要利用假期到海外探亲访胜……出国游之余还有乡土游,利用各种机会亲近南台湾的山水草木……

每次游罢归来,他总喜欢搬出照片(其中许多出自余夫人之手,余夫人迷上摄影并颇有造就,作品为多家杂志选登)、幻灯片、图片、小册子、纪念品等等,向来访的朋友一一报告赏心乐事。但说得舌敝唇焦,却总觉得词不达意,意犹未尽。他就转而写成游记,对外,可以一劳永逸,提供给所有的朋友,识与不识的;对内,可以借此补走马观花之不足,把囫囵的经历提高为艺术的境界,使匆匆的观光变作心灵的滋养。

在这时期发表的游记中,篇数最多且最为精彩的是欧洲的游记。余光中对于欧洲,情有独钟,因为,这里有许多艺术胜地、艺术名流是他神交已久且魂牵梦系的。虽然,进入现代,欧洲已略显"迟暮",但依然十分"美人","伦敦吧,成熟之中仍不失端庄,至于巴黎,则不仅风韵犹存,更透出几分撩人的明艳"。北欧秀雅,南欧艳丽,东欧的小国经济并不发达,但传统的建筑,依然一派大家风范,十分耐看。西班牙虽然既干又荒,但想起法耶的钢琴曲,想起洛尔卡的诗和格雷科的画,就十分温馨。

一九七八年以来,余光中"老兴"大发,二十年间,欧游多达十二次,最长达一个半月,有伉俪同游,更有三代齐聚的畅游,有跟着导游的团体游,也有就凭一张地图,驾车在全然陌生的路上,让奇异的城名街名接引——深入安达露西亚的歌韵,露瓦河古堡的塔影,纵贯英国,直入卡利多尼亚的古都外岛,而为了丈量德国有多长,更从波罗的海一车绝尘,直切到波定湖边(Bodensee)……

那么中世纪,那么文艺复兴,那么巴洛克,岂是一口深呼吸所能吸尽;博物馆、美术馆、广场雕塑、古堡宫殿、大教堂,还有名人故居、战场陈迹、伤心的哭墙、斑驳陆离的墓地……就像一部摊开来的西方艺术发展史,撞击着我们这位自少年时起就千百遍与之神交的诗人的心房。

这时期的游记是余光中散文创作中的又一座奇峰。这种评价可以从下面三方面的变化中得到明证。

其一,情感内容和情感方式的改变。

游记中总有一位焦点人物,"我"或"他"。一位活生生的旅人,走动在山水名胜或人文景物之间。读者正是追随着这位人物的视野和心灵来了解山水景物的。余光中游记中的这位人物，不论高雄时期或此前，总是情感丰富，观察犀利，活力充沛。但是一以贯之中又有变化，这变化之一就是这位人物的情感内容和情感方式。

此时游记与新大陆时期的游记相比，从骚动不安甚至孤独焦虑变为沉静自得，合群通达，从执着追寻到开阔包容。

在新大陆时，余光中多数时候为独游，思亲忆旧怀乡，在回忆与期盼之间彷徨；并且，他一直在"你不知道你是谁"和"你知道你不是谁"之间寻寻觅觅，不安且焦虑。八十年代中期，他已经从曾经"是瓜而苦"，终于"成果而甘"；到高雄后，更是自悟地写下：

> 后半夜独醒着对着后半生／听山下，潮去潮来的海峡／一样的水打两样的岸／回头的岸是来时的岸吗……此岸和彼岸是一样的浪潮／前半生无非水上的倒影／无风的后半夜格外地分明／他知道自己是谁了……

他曾写过这么两句诗："你不知道你是谁，你忧郁／你知道你不是谁，你幻灭。"现在他说，要印证自己的生命，可以在这两句诗之后再加上这么一句："你知道你是谁了，你放心。"

生命境界的提高带来了新的情感内容，他不再恣意自剖，反复争辩了；他能够沉静地欣赏，欣赏异国情调和不同的民族性：瑞士人的安详且富于理性，法国人的浪漫情调，德国民族的秩序感和音乐素养……他也能平静地"欣赏"旅途中突如其来的小小"横祸"。在布拉格之游中，同行者，尔雅的主人隐地的皮包被窃，尽管遭窃，隐地仍能保持平常心，视为缘分。余光中对此境界极为欣赏，在游记中有这样的描述："偷，而能得手，是聪明。被偷，而能放手，甚至放心，就是智慧了。"

他还能通达地反观自身，在曼谷玉佛寺大堂，屈身下跪久了，无意间把腿一伸，脚底对住了玉佛，为寺人所纠正，一时忐忑不安，下午便捐黄缦为黑佛披肩，以满足潜意识中的赎罪之感。然而，在游记中叙述此事后又引《六祖坛经》之例，说不可将求福视作功德，泰然自贬，坦然一笑。

其二，创作心理活动中知性和感性的融合。

创作的心理活动大体可析为两个层面,感性与知性。

感性是创作心理中心绪、情绪与激情的活动,以及这些活动表现出的敏锐的感官经验,这在游记中尤为重要,因为游记本来就应该"游目骋怀,极视听之娱"。

知性是对感性活动提供的素材加以综合认识的创造能力①。余光中将其分为两端,知识与思考,在游记中就是所游名胜的地理沿革、文物兴替和游者的感悟。

余光中此前的游记感性十足,此时的游记仍然保持了这种充沛的感性,能给读者现场感,使之如闻其声,如见其色,如入其境。不过,与此前散文不同的是,它减少或摒弃了大幅度的变形而增加了真实的生活细节,冗长浓稠的意识流不见了,大段的纯粹抒情也少见。

知性的活力是明显加强了,这表现在,大量地理和人文背景知识介绍的有机融入,作者说,出游之前他一定会多读有关图书,去泰国前,读了六七本有关图书,还有《大唐西域记》和《六祖坛经》,也尽量学习该地的语言(比如去西班牙前,他就掌握了西班牙语的基本句法和词汇)。出游后,要消化带回来的地图和其他资料,有时还利用钞票、钱币、车票、导游手册甚至签证上的图案。这也表现在对所游之地的历史文化的深思。余光中每到一地,每面对一处古迹、一位人物,他都会自然而然地联想到中华文化的相关部分。他有时简直是携古人同游,这时的游记中,联想到的文人墨客志士仁人有陈子昂、李白、徐霞客、苏舜钦……攀史考特(司各特)之塔,会自然想到林琴南,他曾称史考特为"西国史迁";在瑞士险峻的火车隧道中,想到如果韩愈面临这般山形,一定会写出怪中有趣的诗歌……

————————

① 台湾文学界所使用"知性"一词与大陆文论界的"知性"并不相同。在大陆,知性是从黑格尔、马克思那里找来的,是德文 Verstand,又曾译作悟性或理解力。知性介于感性与理性的中间阶段,它是"分析的理智所作的一些简单的规定",它"将对象的具体内容转变为抽象的、孤立的、僵死的"。只有理性才能克服知性分析方法所形成的片面性和抽象性,而使一些被知性拆散开的简单规定经过综合恢复了丰富性和具体性,从而达到多样性统一。台湾文学界的知性来自英文的 intellect,指的是人类的精神作用中,相对于感情和意志的一种知的机能或思考力,指人类对感觉和知觉所取得的素材加以整合。

此时文化思考最为突出的是对宗教的思考明显地增强了。

余光中自称此时最爱看庙看寺。在欧洲，他仰瞻低回与巍峨的教堂，当阳光穿透玻璃彩窗，他总是惊喜地仰面，接受一瞬间壮丽之启。在东南亚和日本，则流连于佛寺的古风与禅味。对那长眉修目、隆鼻宽唇、垂耳及肩的庄严佛像俯首下心。

余光中未曾皈依任何一种宗教，但也并不是一个理直气壮的无神论者。在内心深处，他对于有信仰有依归的教徒总是羡慕的，对于建筑壮丽、香火肃穆、仪式认真隆重的寺院教堂总是尊重和心怀敬畏。

他常常把教堂和寺庙作为旅游中歇脚的场所，在那里静静地闭目沉思。旅游时身是客，人于生之途中又何尝不是过客，在远离尘世、尘嚣的处所，令人醒爽的清凉世界，"可以想一想灵魂的问题，而且似乎会有答案"。

《雨城古寺》《逃犯停格》《梵天午梦》《耶释同堂》《黄绳系腕》《德国之声》都不同程度地涉及宗教问题并申明了作者近乎泛神论的观点：面对大自然的秩序与壮观，例如星空与晚霞，很难做一个无神论者；面对生死之无常，祸福之无端，病痛之无奈，也很难不向冥冥中更高的力量求助。

知性的加强还表现在结构安排上更为精心，为便于读者阅读，此时的游记开始标出阿拉伯数字，划分出醒目的段落。

其三，写景、叙事、抒情、议论四种基本方法的运用更加自如，相映生辉。

散文创作中按其功能不同，一般分为写景（或描写）、叙事、抒情、议论四种基本方法。对这四种方法的驾驭可以考验一个散文家的功力，运用这四种方法的方式则可以看出散文家的风格。

在此前的游记中，余光中偏重于抒情及写景，叙事较少，议论也大都融入抒情之中，此时的游记有了改变。

首先，写景在保持原有的特色之外又略加变化，余光中的游记一贯以色彩感和想象丰富而见长，早期的游记也有写景，但大都不以准确刻画取胜，而以传达内心情感心绪见长。可以说，那时的游记景中无事，旁若无人。

此时写景依然保持了强烈的色彩感和现场感，保持和延续前期散文的精辟和气势的水准（如黄国彬所说的"大品散文"）。

试举一例：

　　典型的西班牙野景，上面总是透蓝的天，下面总是炫黄的地，那鲜明的对照，天造地设，是一切摄影家的梦境。中间是一条寂寞的界限，天也下不来，地也上不去，只供迷幻的目光徘徊。现代人叫它做地平线，从前的人倒过来，叫它做天涯。下面那一片黄色，有时是金黄的熟麦田，有时是一亩接一亩的向日葵花，但往往是满坡的枯草一直连绵到天边，不然就是伊比利亚半岛的肤色，那无穷无尽无可奈何的黄沙。所以毛驴的眼睛总含着忧郁。沙丘上有时堆着乱石，石间的矮松毛虬虬地互掩成林，剪径的强盗——叫 bandido 的——似乎就等在那后面。

　　法国风光妩媚，盈目是一片娇绿嫩青。一进西班牙就变了色，山石灰麻麻的，草色则一片枯黄，荒凉得竟有一种压力。绿色还是有的，只是孤伶伶的，点缀一下而已。树大半在缓缓起伏的坡上，种得整整齐齐，看得出成排成列。高高瘦瘦，叶叶在风里翻闪着的，是白杨。矮胖可爱的，是橄榄树，所产的油滋润西班牙人干涩的喉咙，连生菜也用它来浇拌。一行行用架子支撑着的，就是葡萄了，所酿的酒温暖西班牙人寂寞的心肠。其他的树也是有的，但不很茂。往往，在寂寂的地平线上，什么也没有，只有一棵孤树撑着天空，那姿态，也许已经撑了几世纪了。绿色的祝福不多，红色的惊喜更少。偶尔，路边会闪出一片红艳艳的罂粟花，像一队燃烧的赤蝶迎面扑打过来。

　　山坡上偶尔有几只黑白相间的花牛和绵羊，在从容咀嚼草野的空旷。它们不知道佛朗哥是谁，更无论八百年回教的兴衰。我从来没见过附近有牧童，农舍也极少见到，也许正是半下午，全西班牙都入了朦胧的"歇时榻"（siesta）吧。比较偏僻的野外，往往十几里路不见人烟，甚至不见一棵树。等你已经放弃了，小丘顶上出人意外地却会踞着、蹲着，甚至匍着一间灰顶白壁的独家平房，像是文明的最后一哨。若是那独屋正在坡脊上，背后衬托着整个晚空，就更令人感受到孤苦的压力。

　　独屋如此,几百户人家加起来的孤镇更是如此。你以为孤单加孤单会成为热闹,其实是加倍地孤单。从格拉纳达南下地中海岸的途中,我们的塔尔波横越荒芜而崎岖的内华达山脉(Sierra Nevada),左盘右旋地攀过一棱棱的山脊,空气干燥无风,不时在一丛杂毛松下停车小憩。树影下,会看见一条灰白的小径,在沙石之间蜿蜒出没,盘入下面的谷地里去。低沉的灰调子上,感觉到有什么东西在移动。定睛搜寻,才瞥见一顶 sombrero 的宽边大帽遮住一个村民骑驴的半面背影。顺着他去的方向,远眺的旅人终于发现谷底的村庄,掩映在矮树后面,在野径的尽头,在一切的地图之外,像一首用方言来唱的民谣,忘掉的比唱出来的更多。而无论多么卑微的荒村野镇,总有一座教堂把尖塔推向空中,低矮的村屋就互相依偎着,围在它的四周。那许多孤伶伶的瘦塔就这么守着西班牙的天边,指着所有祈愿的方向。

　　为了不破坏原文一气呵成的美学效果,展示作者在写景中依旧宝刀不老,笔墨酣畅,想象丰富,情感饱满,我们不得不花上较长的篇幅引述。

　　类似如此健笔淋漓的场景描写,在此时的游记中并不少见,如《梵天午梦》中对泰国佛寺的描写,浓墨重彩,表现出强烈的色彩感;《红与黑》中对斗牛场景的描写,也是极具现场感,使人如闻其声,如入其境,惊心动魄。

　　但是,余光中此时的写景又有所变化。

　　主要是:一是景中有人,以前的游记焦点总是对准内心,现在开始描写同游者。这时期在余光中游记里出现的人物有高岛(王庆华)、隐地、高天恩、楚戈、金兆、钟玲、黄维樑等,有些虽然几笔勾勒,却都栩栩如生。

　　二是许多写景的句子,以叙事出之,如《山色满城》中写鹰巢饭店一段:"朝外一望,才明白为什么要叫鹰巢了。原来整个店就岌岌可危地栖在桌山西台的悬崖边上,不安的目光失足一般,顺着砂岩最西端的陡坡一路落啊落下去,一直落到大西洋岸的克利夫敦镇,被一片暖红的屋顶和前仆后继的白浪所托住。"这一段写鹰巢饭店位居险要,原是写景,却用叙事的方式,化静为动。在叙事中用了一系列动词,"栖""失足""顺着""落""托住",显得动作鲜明,富于戏剧感,不仅是触景生情,而且是景由心造。

三是写景中有意穿插对话、议论,放缓节奏,表现出作者能收能放的写作功夫。如《依瓜苏拜瀑布记》,第二部分写大瀑布,如果将那些纯粹写景的段落连接起来,也就类似《咦呵西部》那些气势磅礴的早期游记了,可作者并不肯重复自我,"非不能也,是不为也",他有意在这些写景文字中穿插导游与游人的对话、游人自己的对话和行进路线,让读者更能从容分享这壮丽的景观。他也有意在感性描绘中适时议论,使文势有起伏,有对比,澄清经验,引导感性。

其次,是叙事成分的增加。游记的客观性增强,对客观的人文背景和地理历史沿革有了更多的关注。在叙事中,秩序井然而机动。如《雪浓莎》一文,先写有关这一古堡的历史记载:家族的庄园——法王的行宫——法王情侣的花园——法国皇后荒唐的游园——遁世的修道院——启蒙运动杰出人物雅聚的文苑;续写夜游古堡,再写白天细细观赏古堡,层次分明,娓娓动人。又如《红与黑》中斗牛士屠牛的程序,也是交代得非常清楚,并引人入胜,不显刻板枯燥。

再次,此时的散文也延续了议论警策、论中生情的风格,如《桥跨黄金城》的一段:

> 桥真是奇妙的东西。它架在两岸,原为过渡而设,但是人上了桥,却不急于赶赴对岸,反而耽赏风景起来。原来是道路,却变成了看台,不但可以仰天俯水,纵览两岸,还可以看看停停,从容漫步。爱桥的人没有一个不恨其短的,最好是永远走不到头,让重吨的魁梧把你凌空托在波上,背后的岸捉不到你,前面的岸也捉你不着。于是你超然世外,不为物拘,简直是以桥为鞍,骑在一匹河的背上。河乃时间之隐喻,不舍昼夜,又为逝者之别名。然而逝去的是水不是河。自其变者而观之,河乃时间;自其不变者而观之,河又似乎永恒。桥上人观之不厌的,也许就是这逝而犹在、常而恒迁的生命。而桥,两头抓住逃不走的岸,中间放走抓不住的河,这件事的意义,

形而上的可供玄学家去苦思，形而下的不妨任诗人来歌咏。

风景是一面镜子，浅者见浅，深者见深。古人云，境由心造。面对风景，一个大诗人总会在其中照出，并且造出自己的哲思和兴致。

此外，写景、议论、抒情、叙事四者的融合更加老到。

如下面一例：

> 一座悠久而宏伟的大教堂，何止是宗教的圣殿，也是历史的证明，建筑的典范，帝王与高僧的冥寝，经卷与文献的守卫，名画与雕刻的珍藏。这一切，甚至比博物馆还要生动自然，因为一个民族真是这么生活过来的，带着希望与传说，恐惧与安慰。
>
> 那么一整座庄严而磅礴的建筑，踏实而稳重地压在地上，却从厚笃笃的体积和吨位之中奋发上升，向高处努力拔峭，拔起棱角森然的钟楼与塔顶，将一座纤秀的十字架，祷告一般举向青空。你走了进去，穿过圣徒和天使群守护的拱门。密实的高门在你背后闭拢，广场和市声，鸽群和全世界都关在外面，阒不可闻了。里面是另一度空间和时间。你在保护色一般的阴影里，坐在长条椅上。正堂尽头，祭坛与神龛遥遥在望，虔敬的眼神顺着交错而对称的弧线上升，仰瞻拱形的穹顶。多么崇高的空间感啊，那是愿望的方向，只有颂歌的亢奋，大风琴的隆然，才能飞上去，飞啊，绕着那圆穹回荡。七彩的玻璃窗，那么缤纷地诉说着《圣经》的故事，衬着外面的天色，似真似幻。忽然阳光透了进来，彩窗一下子就烧艳了，晴光熊熊，像一声祷告刚邀得了天听。久伸颈项，累了的眼神收下来，落在一长排乳白色的烛光之上，一长排清纯的素烛，肃静地烘托着低缓的时间。对着此情此景，你感觉多安详啊多安定。于是闭上了倦目，你安心睡去。

这里有对大教堂的议论和描写，有游人进教堂后各种动作的叙述，也有满浸着宗教氛围的心灵抒情，但它们又是融为一体无法分割的。议论中情感饱满，将静谧的教堂描写得灵动升腾，使空间加入叙事时间中；

抒情并不空洞呼喊,而是造境,亢奋的颂歌,七彩的玻璃,烛光的清纯肃静,倦目的安歇凝神,这一艺术境界烘托出宗教的崇高和虔敬。

"散文美"相对"诗美",其形式上的美感即表现于组织上的更大自由,更其"参差错落"。中西散文的不同之处在于中国散文不但讲究"笔路"——纪实性、说理性、解析性,而且讲究"文章"——融合了诗情的风采和音乐的韵律,后者在西洋散文中是极少见的。这里说的"文章",广义地说也就是语句、语汇的组合方式及选择提炼。散文中的"情致""情味",在很大程度上,来自文字的趣味。余光中此时的散文文字,可用炉火纯青来形容。"纯青"指火的颜色,炼剑的炉火本是猛烈的大火,赤红鲜明,最后热度高到顶点,颜色反而淡若无色。这时期的文字,形式自然,若不经意,但厚积薄发,内蕴丰沛,越是有智慧的句子越近似家常话,完全不需要修辞上的雕琢装饰来彰显文采。

梁实秋曾说过,中国人是最怕旅行的。有钱人不愿离乡背井,墙上挂一张图画,看看就可以当"卧游";穷人就是遭逢饥荒,也不愿逃荒,害怕在旅行中流为饿殍,失掉最后的权益。

梁实秋的说法当然是一种夸张的打趣。中国历史上也有游侠、游学、游说、游历……文学中有瑰丽的《逍遥游》和无羁的《徐霞客游记》,有"桑弧蓬矢"的民间习俗……但也应该承认,在中国文学史上,游记倘不和怀乡、离乱、忧国、思亲相联系是不被推崇的。放在安土重迁的传统背景上,余光中对中国游记艺术价值的发掘和游记创作上的戛戛独造,就更鲜明地显现出其在中国当代散文史上的开创性。

在高雄,余光中在中山大学甲栋四楼的教授宿舍住了将近十五年。靠在阳台的栏杆上,或者就着书房的窗口,都可以越过凤凰树梢,俯眺船来船去的高雄港,把眼光放得更远,越过长堤一般的旗津,浩阔的台湾海峡尽在望中。

晴朗的日子,空气纯净透明,海阔天空,尽收眼底,最美的是目光尽处那一条水平线,渺渺令人玄思无限,天和海在那里交界,云和浪在那里汇合。它其实是海的轮廓,永远不能让人接近,更不能把它追逐到。但就是这样一条欺眼的幻线,可以无中生有地将远方驶来的船只淡出,也可以将出海离港的巨轮拐走。

　　黄昏时分,落日成了美感的焦点,一切遐思和远望的靶心,天苍苍海茫茫之中的游目因它而定位。在这样的时刻,余光中总是凝神忘机,书总是摊开而不看,笔总是握而不写。

　　深夜,伏案写诗之时,似乎只有孤灯相伴,忽然汽笛一声,原来是一艘货轮进港了。诗人忽然体会到世界之大还有人陪他醒着,分担着他的寂寞,倍感温暖……

　　余光中在香港中文大学的楼居也是面海,虽然号称吐露港,但它只是海的内湾。余光中形象地说,那一片潋滟,虽然是海的婴孩,却更像湖的表亲。除非是起风的日子,不然都是波平浪静,朝夕不惊。而在高雄,诗人才真正是居住在海的隔壁,无壁可隔的隔壁,这里的浪潮之壮,水平线之玄,海上落日之美,还有气势宏伟的港和深宵低鸣的船笛,皆为沙田所无。

　　中国有漫长的海岸线,中国人自远古时代就不断地望海,出海,讨海,从徐福探东海到郑和下西洋。但作为一个以内陆文化为正宗的民族,海洋在中国文学中长久以来得不到应有的表现,虽然庄子有南溟的《逍遥游》,曹操有《观沧海》,但都只是片断。不比西方,从古希腊古罗马的史诗,到康拉德和梅尔维尔的小说,海洋的壮阔神奇和种种令人莫测的性格都得到淋漓尽致的表现。

　　余光中早就决心要在这方面作些开拓,这位酷嗜《白鲸记》的诗人,从小也有几次难忘的海上航行经历,也多次在海上观涛赋诗,早期的咏海诗有《早潮》、《海之恋》、《鹅銮鼻》、《海妻》(四首)、《瞥》、《蒙特瑞半岛》、《海峡》等。旅程最长的一次海上航行,是首度赴美归国,那次余光中横渡太平洋,从旧金山经日本、琉球,沿着台湾东岸,绕过鹅銮鼻而抵达高雄,历时约一个月。这次航行的印象和心情,后来就成了《天狼星》中《多峰驼上》一诗的素材。这首诗虽然着重刻画自我摇摆于旧大陆和新大陆之间的矛盾心情,但也不乏对海上之旅的描摹,如比喻船行海天之间波涛之上为"乾坤俯仰,巍巍骑多峰驼背上",勾勒海上景色——"在蓝起蓝伏的山坡上/谁在滑峻峭的滑梯?/在日起日落的大空间/谁在玩抛球的游戏?"。

　　现在与海为邻,应该实现开拓中国海洋文学的愿望了,余光中的号召引起台湾作家的反响,青年作家林耀德一九八七年以"海事"为题主编了一本文学作品选,搜集了当代作家"真正展示了中国海洋文学风貌"的作品。

诗人自己更是诗兴大发,在临海的高楼,为海,这个好邻居,写下了许多动情的诗文。

他实地描摹海港的繁忙和海轮的出港:

> 向那片蛊蓝巫蓝又酷蓝,无极无终
> 伸出你长堤的双臂
> 一手举一座灯塔
> 向不安的外海接来
> 各色旗号各式名目的远船
> 吞吐累累货柜的肚量
> 吃水邃深,若不胜长程的重载
> 远洋的倦客踏波而来
> 俯仰更颠簸,历尽了七海
> 进港的姿态却如此稳重
> 船首孤高,傲翘着悬崖
> 后面蠢一排起重机架
> 楼舱白晃的城堡,戴着烟突
> 驶过堤口时反衬得灯塔
> 纤秀而小,像一对烛台
> ……
> 更外面,海峡的浩荡与天相磨
> 水世界的体魄微微隆起
> 更远的舷影,幻白贴着濛濛青
> 已经看不出任何细节了
> 隐隐是朦胧的巨舶两三
> 正以渺小的吨位投入
> 卫星云图的天气,众神的脾气

他也虚拟海的性格和脾气：

　　……
　　最豪爽的邻居
　　不论问他什么
　　总是答你
　　无比开阔的一脸
　　盈盈笑意

　　脾气呢当然
　　不会都那么好
　　若是被风顶撞了
　　也真会咆哮呢
　　白沫滔滔

　　绝壁，灯塔，长堤
　　一波波被他笞打
　　所有的船只
　　从舴艋到艨艟
　　都拿来出气

　　有谁比他
　　更坦坦荡荡的呢？
　　有谁又比他隐藏着
　　更富的珍宝
　　更深的秘密？
　　……

　　他写海涛——"是骤生也是夭亡的典礼/刹那的惊叹，转瞬的繁华/风吹的一株水晶树/浪放的一千蓬烟花/为何偏向顽石上长呢？/为何偏向绝壁上开？/壮丽的高潮为什么/偏等死前的一霎才到来……"

他写海岸——"……远方，是蓝幽幽的天色/近处，是黑阒阒的地形/只有中间闪动着一片/又像是水光又像是时光/从一个吹笛的银梦里/满满地流来"。

他写海边黄昏的苍茫时刻，写西子湾边的月色有异，也写海峡阻断而形成的思乡梦境；写高倍望远镜中的岬头和石矶，精细而写实；写望海的遐思，抽象而缥缈：

> 比岸边的黑石更远，更远的
> 是石外的晚潮
> 比翻白的晚潮更远，更远的
> 是堤上的灯塔
> 比孤立的灯塔更远，更远的
> 是堤外的货船
> 比出港的货船更远，更远的
> 是船上的汽笛
> 比沉沉的汽笛更远，更远的
> 是海上的长风
> 比浩浩的长风更远，更远的
> 是天边的阴云

层层推进，由近（岸边）及远（石外晚潮——堤上灯塔——堤外货船），由目及到声闻，由声闻到触觉（长风）。长风之后回到阴云，又由虚转实，似乎技穷，谁知诗人凭空一翻，又写出：

> 比黯黯的阴云更远，更远的
> 是楼上的眼睛

全诗戛然而止。楼上的眼睛，是想象之物，又是实在之景，以此作结，妙在视点转换，将望海人望海之景转为被远方眼睛观照之境。

　　没有最后这一句,全诗已经够美,它简洁而生动地呈现出一幅幅画面,层层推进,回环交叠,匀称而不单调;加上这后一句,则主客易位,更具有一种巧结连环的意趣,引动一种交相投射的哲思。再说下去就超出写海的话题了。

　　海天壮阔的场景,让诗人怡情养性,让诗人有壮阔与神奇可供笔下驱遣,诗人将高雄港,将南中国海,收入诗中,从此这一片海就为诗人所有,为诗人所有之后,也就为天下的读者所共有。

　　在永恒的海潮声中深夜独坐,心境有时澎湃,有时宁静,有时也不觉涌起一种"烈士暮年"的沧桑感,毕竟是七十岁了。

　　三十多年前,余光中写过《七十岁以后》,勾画出一些退化了的文化前驱:

> 七十岁以后我就握一柄圆滑的烟斗/或者抽,或者不抽/青烟就从斗魁里升起/记者们迷惑的眼里/那就是一缕芬芳的文化了//之后,把斗口翻过来/向一只麒麟叩一叩/有文化的烟灰就落进烟缸里去了/叩一叩,用同一只手/用一只手,三十岁,举火炬/七十岁,举烟斗,有些颤抖……

　　现在,余光中也到了七十岁,但依然是个愤怒的老年,冷眼观世,热心写诗,敢爱敢憎,无意潇洒,老而能狂,狂得漂亮。

　　环顾四周,在这块苍老的土地上,气候还是那么年轻善变,时时要掀起大台风,直径九百万公里的大台风。高雄港,当然不是避风港,他也不愿躲入避风的角落,即使找得到。所以,他的感慨和沧桑就愈发强烈了:

> ……
> 照着白发的心事在灯下
> 起伏如满满一海峡风浪
> 一波接一波来撼晚年
> ……
> 有一天,白发也不在灯下

一生苍茫还留下什么呢？

除了把落日留给海峡

除了把灯塔留给风浪

除了把回不了头的世纪

留给下不了笔的历史

还留下什么呢，一生苍茫？

……

留下的当然不只是苍茫，是满心的爱化成的诗文，这些诗文要写给亲爱的家人。

首先是母亲、父亲和岳母，这时期为他们作的诗有《悼亡父》《母与子》《母难日》等。

然后是妻子。这时期的情诗依然很多，最著名的是《三生石》和《珍珠项链》，另外还有《削苹果》《私语》《悲来日》《仙枕》《给星光一点机会》《因你一笑》《风筝怨》等。

这些情诗表现出对夫妻两人能否携手走完一生的担忧——"烛啊愈烧愈短／夜啊愈熬愈长／最后的一阵黑风吹过／哪一根会先熄呢，曳着白烟？／剩下另一根流着热泪／独自去抵抗四周的夜寒……"（《三生石·红烛》）

这些情诗引起很大的反响，如《三生石》组诗发表后，就博得宋淇、思果、流沙河、黄维樑、曾敏之、黄坤尧等作家学者的好评。最令人称奇的是，历史小说家高阳，一位一生潜心于故纸堆不解蟹行文的文学大师，也一改看低新诗的姿态，将《三生石》改为七绝，公开宣布他对此诗的深深喜爱。

还有女儿。女儿也长大了，她们分散在各地，有的在北美落户，有的在西欧求学，一家人分布东西半球，你睡我醒，"不可同日而语"，余光中将这绵延全球的家庭比拟历史上的"日不落帝国"，戏称之为"日不落家"。

夫妻俩总是坐在电视机前看世界各地的天气预报而想念四个女儿，余光中回想他们一家六口围坐一桌的灿烂灯光，同坐一车的长途壮游。当她们幼时，余光中曾在诗中许愿，希望她们眼中的反光永远是阳光，而不是火光，"希望她父亲送给她的这世界／比我父亲送给我的更像一件玩具"。当她们已是少女,余光中担心冥冥之中有四个"少男",不,四个假想敌,偷偷袭来,时机一到,便会叫他岳父。余光中真希望这样的少男多吃几口闭门羹,慢一点出现。可是,又希望他们能够一个个地现身。

一九九〇年,长女珊珊出嫁。余光中以婚礼为题,作《面纱如雾》,诗作里写自己挽着女儿缓步于铺着红地毯的教堂长廊,女儿兴奋,远眺着蔷薇色的未来,而自己却在回顾过去的岁月:

> 透过梦幻的白纱如雾
> 透过一张圆顶的纱帐
> 里面正睡着一个女婴
> 我摇着一架小推车,轻轻
> 摇着也是这样的七月
> 摇着厦门街深长的小巷
> 摇着被蝉声催眠的下午
> ……

接着,是孙子和孙女。他们的出世,对于诗人也是一种新的生命经验。诗人写了《抱孙》《抱孙女》《为孙女祈祷》。他在朗诵会上,自作解人,笑语听众:"这种题材,许多诗人都写不成,不是因为已经才尽,便是因为早已夭亡。"

当然,这些诗文还要写给历史。

近四十年来台湾文学创作也是余光中此时的思考重心。早在七十年代初期,余光中就写下《向历史交卷》,对二十年来台湾文坛隐然成形独具特色的文学群体、文学类型及文学思潮进行了精辟的分析和总结。

现在又过去了二十年。两岸文学交流更为密切热络,文学活动和文学创作也日益高涨。许多问题已经看得更为清晰,但也有许多问题因政局的动荡开始陷入暧昧混乱之中。

怎么评价四十年来的台湾文学?两岸文学或两种不同社会制度下成长起来的文学应如何携手合作,共同缔造辉煌的中华文学?

余光中这时期的一系列文章对此有清晰的剖析。

对于四十年来台湾文化圈（包括与台湾密切相关的香港及海外华人文化圈）内的中国文学，余光中在《向历史交卷》一文中曾强调它的特殊性，他说："在台湾，平时与战时的难以划分，传统文化与西方思潮的难以谐和，农业社会进入工业社会的价值脱节，大陆迁来海岛的郁闷心境和怀乡情绪，二十年来（一九五〇——一九七〇）表现在作家的笔下，相激相荡，形成了一种新的文学，一种异于五四早期新文学的所谓现代文学。"

现在，大陆也经历着"传统文化与西方思潮的难以谐和，农业社会进入工业社会的价值脱节"，两岸文学交流也在某种程度上促成了两种曾经被割裂文学的融合。

经历了香港时期，加上多次与大陆作家会面，余光中对大陆文学和中华文学的历史传统也有了更深入的了解。一九八九年，他在一部由十六位著名作家编选的文学大系的序言里写道："台湾的文学该如何定位呢？历史到了目前的急转弯大转弯处，必然有人会着眼于它和大陆的血脉相连，梦魂相牵，也有人会着眼于它和大陆的时空相悖，境遇相违。"

接着他回顾和分析了中国历史上一些标榜地域特性的文学流派，以及在政体或种族上与汉族有差异的文学家。他指出："在当时，这种差异想必都颇重要，但放在中华民族的滚滚长流里，久而久之，当然都同其回旋而起伏了。"

无论身在大陆，在台湾，还是在海外，只要能用中文写出经得起历史考验的优秀作品，就必然成为中华文学中的传世瑰宝，这是余光中所坚信的。当然，判定作品、作家乃至文学流派、文学运动的价值，必须放在更大的背景、更长的时间上来考察衡量，文学艺术的成就并不像科学或体育那么容易鉴定，设定几个指标，便一目了然。

七十年代末期，有些作家以台湾为一岛屿而感到孤立、气馁；也有人说台湾囿于地理，文学难见伟大气魄。余光中不同意这些观点，他反对因为处于地域或政治的边缘就患上文学自闭症。早在一九八〇年他就说过："岛屿只是客观的存在，如果我们竟因此在主观上强调岛屿的地区主义，在情绪上过分排外，甚至在意识上脱离中国文化的大传统，那就是地区的囿限又加上心理的自蔽。"在今天，他依然坚持这一观点。

同时，余光中也反对因处于地域中心政治中心而自命为文学主流，而将中心之外的文学贬为支流。他认为,台港澳及海外的杰出作家总加起来,其分量未必比大陆轻许多。有四十年,文学在大陆陷入低潮或濒于停顿,而此时,中华文学传统却在台港澳及海外绵延不绝。他说:"蓝墨水的上游虽在汨罗江,但其下游却有多股出海。然则所谓中原与边缘,主流与支流,其意义也似乎应重加体认了。"

进入九十年代,在台湾,有一种势力要极力否定台湾人也是中国人,不愿接受中国历史,企图割断中华文化与台湾文化血脉相连的关系。他们视中国文学为外来文学。在这样的气氛下,谁声明要坚持做一个中国作家,那简直是负有"原罪"。

余光中说:"在台湾,一位不识时务的'中国作家'要承受两方面的压力,一面来自排斥中国文化、反抗中原霸权的'文化乡土化';另一方面来自美国文学理论颠覆第三世界各民族传统的'文学国际化'。"当这样一位中国作家来到大陆,他又被划为台湾作家,评论他的标准也常常是思想是否进步,有无爱国精神,能不能做人民的代言人。

面对这种种压力,余光中一方面拥抱乡土,一方面寻根大陆,放眼世界。他认为,闭岛拒陆或是坐陆凌岛都是单向心灵,都是自闭自囿,都是用偏见、浅见隔绝两岸文学心灵的活跃交流。

余光中注重两岸乃至海内外的文学交流,他不断提倡和参与有助于光大中华文化、活跃艺术创造的交流。但他不会改变自己几十年一以贯之的写作立场,这就是,不唯此起彼伏的口号、主义马首是瞻;而以中国文化为本位,歌咏祖国河山,拥抱人民大众,弘扬历史文化。他曾这样扼要地概括这种写作立场:"一位中国作家只要真能把中文写好,写美,就已经尽了他爱国之责了,因为历史和文化就在那语言之中。"

他还进一步阐释道:"英国人宁失印度而不愿失去莎士比亚,倒不是因为莎士比亚写了英国史剧,而是因为他把英文写成了艺术。时到今日,印度果然已失去,但莎士比亚依然长存。艾略特在叶慈去世后,以叶慈为题发表的演讲,是这样结束的:'一位艺术家,在十分诚恳地为其艺术工作时,即等于为他的国家和全世界服务了'。歌德也说过:'世无爱国之艺术,亦无爱国之科学。'"

十余年间,余光中回祖国大陆游历演讲参加文艺盛会超过二十次,北起黑龙江、吉林、辽宁,南到广西,聘请他为名誉教授的学校有二十余所,包括北京大学、南京大学、厦门大学等名校。

每到大学演讲,总是盛况空前,但是最令余光中感动且难以忘怀的演讲有两次,而且都是在湖南。

一次是在一九九九年中秋前夕,于长沙岳麓书院"千年论坛",秋雨绵绵不尽,余光中站在遮雨的大厅上演讲,而四百多名观众立于阶下,雨势数度转剧,而听众穿戴着雨衣雨帽,秩序井然,无一人离场避雨,令余光中"心有不忍",认为是"我平生最难忘的一次演讲"。

另一次是二〇〇五年,参加端午节祭屈原盛典。在岳阳的汨罗江畔,主持人宣布大诗人余光中来此主持祭典,余光中便独立祭坛,面对江边三十万观众,开始朗诵为这盛典所作《汨罗江神》:

> 烈士的终站就是诗人的起点?
> 昔日你问天,今日我问河
> 而河不答,只悲风吹来水面
> 悠悠西去依然是汨罗

他低沉圆润、略带江南味的嗓音,通过高音喇叭,掠过空阔的江面,摇撼着六十万只耳膜。

他领诵完前四句,台下六百人的儿童诵诗队,三百青衣童男和三百红衣童女立刻接了下去,齐声诵道:

> 鼓声紧迫,百船争先
> 旗号翻飞,千桨破浪
> 你仿佛在前面引路
> 带我们去追古远的芬芳

> 历史遗恨,用诗来弥补,江神
> 长发飘风的背影啊
> 回一回头,挥一挥手吧

在波上等一等我们

合诵完毕,余光中将祭文投入面前火舌抖搂的钵里,焚寄灵均,又拿起自己从台湾带来的五只大粽,拎到江边,一一投入水中,这是诗人一生中最有意义的手势了。

多年前,余光中就这样说过:"这世界,我来时收到她两件礼物,一件是肉身,一件是语文。走时这两件都要还她。一件已被我用坏,连她自己也认不出来,另一件我越用越好,还她时比领来时更新更活。纵我做她的孩子有千般不是,最后我或许会被宽恕,被她欣然认作自己的孩子。"

　　人生到处知何似,应似飞鸿踏雪泥
　　泥上偶然留指爪,鸿飞哪复计东西

东坡的诗句放旷飘逸,却不免有些虚无;而余光中于达观洒脱中有执着,他生命的定点就是弘扬光大中文,覆盖了民族记忆,大地河川的美丽母语——中文。所以,他要用这样的诗句应答他可敬可亲的苏髯:

　　九百年的雪泥,都化尽了
　　留下最美丽的鸿爪,令人低回

第十三章 西而不化与西而化之

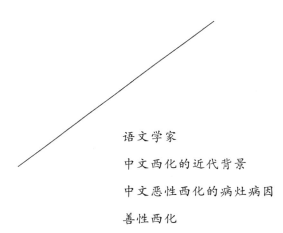

共工撞缺的天空，女帝啊，当年

全靠你灵巧的臂腕，在上面

一块接一块，用瑰丽的彩石

及时，把神话的穹顶顶住

裂缝和缺口都堵住，焊住

你披空的长发随风飞扬

掀动极光的天幔多诡幻

流星雨不断，五色争耀的陨石

从你旺盛的炼炉，旺比火山

泻着熔浆，带着炙炙的炽响

终于各就各位，镶嵌成墙

把壮烈的天灾，那一场，挡住

而健忘的我们每到黄昏

似懂非懂地回头西顾

早已看不出灿灿的晚空，哪一片

是烧艳的炼石，哪一片

是共工额血飞溅的斑点

啊神话，你惨痛的身世

早已隐名为绚烂的晚霞

——《祷女娲》

写余光中不写他的汉文学语言论,就好比写克劳塞维茨而不写他的《战争论》一般。

余光中不仅是对汉语有着高度的驾驭能力的语言大师,也是对汉文学语言特征语言变迁有着深入研究和独到认识的语文学家。近五十年来,作为大学中文教授、文学评论家和多家文学杂志的主编,他总是把汉文学语言的独特性与表现力作为他教学、选编及批评的起点与基石;作为翻译家、外文系教授,他也在教学与翻译的实践中不断探究汉语与英语之间的差异,通过分析与比较,深刻地把握和阐明了汉文学语言独有的文化特征和发展规律。

迄今为止,余光中已发表了一百多万字的学术论述和文学评论,其中以全文或大部篇幅论述汉文学语言的文章有三十余篇,最重要的是《中文的常态与变态》《论中文之西化》《从西而不化到西而化之》《白而不化的白话文》等八篇,均在万言之上。在这些文章中,余光中从纯正的汉语语感出发,以古今中国文学作品里丰富的汉文学语言材料为分析依据,对古代汉文学语言、初期白话文与现代中文的特点,汉文学语言的特殊功能和语法特点,作了多方的探讨,表现出他独有的汉文学语言研究方法。

汉语作为一种具有独特风格的语言,是汉文化存在与发展的载体,以汉文学语言的特点来观照和诠释百年来的汉语文学,可以突破文学研究中"泛述草评"的困局。余光中在此一方向的尝试及其隐然成形的理论,值得当今中国文学研究者认真梳理和总结。

中文西化问题是余光中汉文学语言论中的重要组成部分,它突出地表现了余光中的语言发展观,也是余光中对现代汉文学语言发展做出的重要贡献。

作为作家,特别是对字汇和句法的创新有着强烈欲望的现代诗人,余光中在语言操作上是一个创新者甚至是革命者,他说过:"作家的第一任务便在表现自己,为了完美的表现,他应该有权利选择他认为最有效的文字和语法。限制作家的语言,等于限制他表现自己的幅度和深度。"与此相适应,六十年代,余光中的文学语言论力主突破以"纯净"为宗的白话文观。为此,他强调文学创作中词汇与句法应该适度欧化,反对沦为贫乏与单调。他心目中的现代汉文学语言应该是"以白话为骨干,以适度的欧化及文言句法为调剂的综合语言"。同时,他也注意到中文恶性西化的问题。在《剪掉散文的辫子》和《几块试金石——如何识别假洋学者》两篇文章中,他列举了许多恶性西化的句子,批评了一些学者的食洋不化。

六十年代末到七十年代初,余光中对中文恶性西化的指摘已不再局限于学术界和翻译界的病态。那时,他已经翻译了近十部书,其中两部是欧美现代诗,还有长达三十多万字的《梵谷传》。埋头于横行的洋文中,却不为所囿,入而复出,全得力于一个语言艺术家对优美而独特的中文的敏感。

通过翻译,余光中更深入地察觉出中英文在形、音、文法、修辞、思考习惯、美感经验、文化背景上的差异。在《翻译与创作》一文中,他列举了公式化翻译体的西化病句,指出劣译泛滥于大众传媒并开始腐蚀文坛,危及一些抵抗力薄弱的作家,"如果有心人不及时加以当头棒喝,则终有一天,这种非驴非马的译文体,真会淹没了优美的中文"。《变通的艺术——思果〈翻译研究〉读后》一文更是应和与推崇翻译家、散文家思果对劣译的批评,并进一步指出,"畸形欧化"是目前英译汉里最严重的病症,那些"貌似精确实则不通的夹缠句法,不但在译文体中早已猖狂,且已渐渐被转移到许多作家的笔下。崇拜英文的潜意识,不但使译文亦步亦趋模仿英文的语法,甚至陷一般创作于效颦的丑态。长此以往,优雅的中文岂不要沦为英文的殖民地"?

一九七五年,余光中到香港中文大学任教。香港为英人占据多年的东方商埠,重商轻文且轻视中文教育,因此,中文恶性西化的现象比台湾更加严重。余光中到港不满一年,便有感而发,写下《哀中文之式微》,面对的已不再是译界的少数同行,而是广大的读者大众。

余光中此文剖析了从学校到整个社会中文水平普遍低落的原因,他指出病因在于:一、学校教育中课程门类烦琐,重视和突出数理工商,中文不受重视。二、汉语课本的范文,多是二三十年代新文学作品,"大半未脱早期的生涩和稚拙",误导学生。三、西化的浩劫。又可分为直接与间接的两种,直接的原因是英文灌输多而中文底子薄,表达方式、思考方式难免西化。间接的原因是"生硬的翻译,新文艺腔的创作,买办的公文体,高等华人的谈吐,西化的学术专著"诸多方面的影响。香港十来年是余光中学术活动最为活跃的时期,为清算恶性西化,他追根溯源,奋力著述,仅一九七九年这一年,他就写下五篇论文《横岭侧峰面面观》《论中文之西化》《早期作家笔下的西化中文》《从西而不化到西而化之》《徐志摩诗小论》,约四万三千字。

八十年代至今,余光中仍然不懈地批判恶性西化,此时相关的论文有《论民初的游记》《中文的常态与变态》《白而不化的白话文》。与六十年代不同,这一时期余光中更多地强调中文的常态,《中文的常态与变态》中,他着重指出:"中文也有生态吗? 当然有。措辞简单,语法对称,句式灵活,声调铿锵,这些都是中文生命的常态。能顺着这样的生态,就能常保中文的健康。要是处处违拗这样的生态,久而久之,中文就会污染而淤塞,危机日渐迫近。"

语文学家余光中的"中文西化论"的主要内容可概括为三个部分:

一、近百年来中文西化的历史文化背景分析(尤其着重分析它与历史上几次汉语变迁文化背景的异同)。

二、早期及近期中文恶性西化的病症及病因。

三、倡导尊重汉语发展的规律,在吸取西方的词汇和句式时,应不悖中文的常态,做到善性西化。

语言是一种历史的存在,汉语史上任何一个特定阶段的语言结构形态都既是过去结构形态发生演变的产物,又是下一阶段结构形态发展演变的起点,它总是随着社会交际环境及语言结构内部要素之间的变动而演变。两千年来的汉语史已证明了这一点。

春秋战国时期,汉族与周边民族的语言有很大差异,《左传·哀公十四年》有这样的记载:"我诸戎饮食衣服不与华同,贽币不通,言语不达。"由于合盟、商贸、吞并,以后汉语逐渐融合了周边民族的语言。五百年后的汉代,由于和西域的交往日益频繁,大量西域语言成分进入汉语。以后,从东汉到唐末的八百年间,大量佛经译成汉语,梵语的语言成分逐渐融入汉语基本词汇,受佛教逻辑思维的影响,汉语的组织形式更加严密化。最后是清末至今,尤其五四前后的二十年间,西学东渐,不但在词汇上新词大量增加,词法结构和句法也有许多变化。

　　余光中比较分析了汉语言史上两次最大的语言变动——梵语的引进与英文的渗入。他指出,梵文影响的范围,仅限于僧侣和少数高士,而英文不但借基督教广为传播,且纳入教育正轨,成为必修课程。另外,梵文进入中国时,中国文化正当盛期,自有足够的力量加以吸收融汇;而英文大量输入之时,"正值中国文化趋于式微,文言的生命已经僵化,白话尤在牙牙学语的稚龄,力气不足,遂有消化不良的现象",因此,"梵文对中文的影响似乎止于词汇,英文对中文的影响已经渗入文法。前者的作用止于表皮,后者的作用已达周身和关节"。

　　余光中分析和批评了助长中文恶性西化的观点。诸如,新文化运动初期,贬斥汉语,甚至欲废汉语而以世界语或拼音文字取而代之;三四十年代,提倡翻译要忠实原文,宁肯牺牲中文的习惯用法。余光中还进一步对恶性西化的中文作实证分析和病理解剖。

　　首先是针对早期文学作家笔下的西化现象,涉及的作家有十余人,包括鲁迅、林语堂、曹禺、艾青、沈从文、何其芳、戴望舒等著名作家。余光中此举并非吹毛求疵,存心贬低五四作家的文学历史地位,而是担心那些"盘踞在教科书、散文选、新文学史"中的经典范文,生硬青涩,贻害学子。他特别指出,这些范文问世时,作者大都不过二十来岁,处于写作初期,又正值白话文与文言的交替期,西化大举入侵,所以难免有"西而不化"的历史局限。

　　在指摘名家病句时,他也肯定了名家的成就,如说鲁迅,"在早期新文学作家中,文笔最为恣纵刚劲,绝少败笔,行文则往往文白交融,偶有西化,也不致失控"。评沈从文"小说产量既丰,品质亦纯,字里行间,有一种温婉自然的谐趣……在中国新文学史上,沈从文的小说自有其不可磨灭的地位"。对六十年代迄今港台作家的西化之病,余光中也不论亲疏,不遗余力地一一指摘。他常常应邀为许多台港作家的作品集写序文,这些序文总能摆脱应酬敷衍的通病,如他自己所说的那样"重点从中国传统序跋的'人本'移到西方书评的'文本'"。务求仔细分析作家的文体,必然要对作家的文学语言详加分析,其中自然有对文学语言"西而不化"或"西而化之"的考量了。

对前辈作家、当今同行作品中的恶性西化，余光中毫不留情；对自己笔下的"西而不化"，余光中也并不遮丑。最明显的例子是他多次修改自己的译作。如一九七八年修改自己六十年代翻译的《梵谷传》，自称因为"中文欠妥"和修改"占了十之六七"，"化解了不少繁复别扭的英文句法"。

余光中不仅针对具体作家作品中的西化之病详加纠正批评，还为中文恶性西化常见病作取样分析并指出化解之法。

在《翻译与创作》《从西而不化到西而化之》《中文的常态与变态》三篇长文中，余光中列举了恶性西化的病句，细加分析，一一指出病因，并加以评判修改。如仅《从西而不化到西而化之》一文，就摘出五十三个病句，归为十三类。

这十三类常见病包括：滥用"和"一类的连接词；滥用"关于""有关""对于""作为"这样的一些介词；滥用复数形式；滥用比较形式（如一定程度、之一等）；滥用被动句型；滥用时间状语；受英文抽象名词的影响，生造伪术语（如"××性""××度""××化""××型"等）；受英文 make 的影响，在许多动词前加上"作为"；"的"字成灾，造成冗长定语；语句冗赘以致定语后的名词不堪重负……

对以上种种病态他不厌其烦，详加诊断。照说这种临床报告是单调乏味的，可经他娓娓道来，竟趣味横生。例如，指陈"当……的时候"的西化句式泛滥成灾，他写道："五步一当，十步一当，当当之声，遂不绝于耳了。如果你留心听电视和广播，或者阅览报纸的外国消息版，就会发现这种莫须有的当当之灾，正严重地威胁美好中文的节奏。"

余光中论中文西化的另一个重要侧面是倡导善性西化。批评恶性西化是"破"，是"清除淤泥"，而倡导善性西化则是"立"，是"引来清水"。几十年来，余光中并不认为"破字当头，立即在其中"，他总是"破立并举"，清除垃圾与建设新居并重。

一九七七年，在《徐志摩诗小论》一文中，余光中指出："五四以来较有成就的新诗人，或多或少，莫不受到西洋文学的影响；问题不在有无欧化，而在欧化得是否成功……欧化得生动自然，控制有方，采彼之长，以役于我，应该视为'欧而化之'。欧化得拙笨勉强，控制无力，不但未能采人之长，反而有损中文之美，便是'欧而不化'。新文学作家中文的毛病，一半便由于'欧而不化'。"这是余光中第一次较完整而明确地提出汉文学语言应努力"善性西化"。

两年后，余光中更进一步阐明"善性西化"的意义。他说："如果六十年来的新文学在排除文言之余，只能向现代的口语，地方的戏曲歌谣，古典的白话小说之中，去吸收语言的养分——如果只能这样，而不曾同时向西方借镜，则今日的白话文面貌一定大不相同，说不定文体仍近于《老残游记》，也许有人会说，今日许多闻名的小说还赶不上《老残游记》呢。这话我也同意，不过今日真正杰出的小说，在语言上因为具备了多元的背景，毕竟比《老残游记》来得丰富而又有弹性，就像电影的黑白片杰作，虽然仍令我们吊古低回，但看惯彩色片之后再回头去看黑白片，总还是觉得缺少了一点什么。"

那么，现代中文"善性西化"的样品在哪里呢？余光中指出，一、在上乘的翻译里。二、在一流的创作中。一流的创作是样品好理解，上乘的翻译为何是善性西化的典范呢？我们来看余光中是怎样分析的："翻译，是西化的合法进口，不像许多创作，在暗里非法西化，令人难防。"余光中风趣地说："一篇译文能称上乘，一定是译者功力高强，精通截长补短、化瘀解滞之道，所以能用无曲不达的中文去诱捕不肯就范的英文。这样的译文在中西之间折冲樽俎，能不辱中文的使命，且带回俯首就擒的英文，虽不能就称为创作，却是'西而化之'的好文章。"

可以看出，余光中认为，能化解西方语汇句式，使之融入汉语的常态中的译文，便是善性西化，它增强了汉语的表现力。余光中在多篇文章中都摘引了一流的创作和上乘的译文，逐句加以评点。涉及的翻译家有乔志高、思果、夏济安、汤新楣等，作家有钱锺书、王了一、张爱玲、徐志摩、郑愁予等。

限于篇幅，无法将余光中对"善性西化"精妙的分析和举证一一列出，只能从中归纳出它的几个特征稍加分析，看看他心目中"善性西化"的样本。

上面说过，余光中认为，与此前几次汉语变迁不同，民初以来，英文对中文的影响已经渗入文法。文法，现代一般称作语法，最简单地说，就是语言中句式与词汇的问题。由此可知,"恶性西化"就是在词汇与句式上生搬硬用西方语法习惯,而"善性西化"就是在词汇和句式上能够"西而化之"。

余光中论述中文的"善性西化"正是从词法与句法这两个方面展开的。先说词汇和短语。余光中摘引了张爱玲《倾城之恋》的片段为例证:"流苏吃惊地朝他望望,蓦地里悟到他这人多么恶毒。他有意地当着人做出亲狎的神气,使她没法可证明他们没有发生关系。她势成骑虎,回不得家乡,见不得爹娘,除了作他的情妇之外没有第二条路。然而她如果迁就了他,不但前功尽弃,以后更是万劫不复了。她偏不! 就算她枉担了虚名,他不过口头上占了她一个便宜。归根究底,他还是没得到她,或许他有一天还会回到她这里来,带了较优惠的议和条件。"

余光中指出,张爱玲的文学语言做到了"多元的调和",即将白话、文言、西方词汇融为一体。其中"势成骑虎""前功尽弃""万劫不复"等都是文言的成语;"回不得家乡,见不得爹娘"近乎俚曲俗语;"蓦地里悟到""枉担了虚名"像来自旧小说;还有许多五四后西方语言渗入后产生的新词短语,如"发生关系""议和条件",被她熔为一炉。

再说句式,余光中指出上文最后一句,就很明显地有西方句法的影响,尤其是结尾的"带了较优惠的议和条件",明显是从英文的介词短语中转化而来,但却衔接自然。

为了更清晰地区分西化句法的善与恶,余光中特别摘引了钱锺书散文中的一段话:"上帝要惩罚人类,有时来一个荒年,有时来一次瘟疫或战争,有时产生一个道德家,抱着高尚到一般人所不及的理想,更有跟他的理想成正比的骄傲和力量。"

余光中说若依据"恶性西化"的公式,这句话则会写成:"当上帝要惩罚人类的时候,它有时会给我们一个荒年,有时会给予我们一次瘟疫或一场战争,有时甚至于还会造出一个具有着高尚到一般人所不及的理想的道德家——这个道德家同时还具有着和这个理想成正比例的骄傲与力量。"很显然,前者简洁,一气贯穿;后者化简为繁,夹缠拗口。并列对照,善恶立判。

在多年的观察和研究之后,余光中对当代中国汉文学语言的状况作出基本的评估,他说:"中文西化,虽然目前过多于功,未来恐怕也难将功折罪,但对白话文毕竟不是无功。犯罪的是'恶性西化'的'西而不化'。立功的是'善性西化'的'西而化之'以致'化西为中'。其间的差别,有时是绝对的,但往往是相对的。除了文笔极佳和文笔奇劣的少数例外,今日的作者大半出没于三分善性七分恶性的西化地带。"

这种估计,值得中国教育界、文学界和语言研究者注意和深思。

中文西化(或欧化)作为汉语语言学的问题,由来已久。三十年代末,著名语言学家王力对此极为关注。四十年代中期,王力将他在西南联大授课的讲义作了修改,分成《中国现代语法》《中国语法理论》两部交付出版,两书都特辟"欧化的语法"一章,对各类欧化中文细加分析。以后,许多语言学家都或深或浅地探究了这一问题。与他们相比,余光中的中文西化论具有下列鲜明的特点:

一、分析了更多的新的语言材料,尤其是汉文学语言。不仅分析了五四以来影响较大的名家名作,而且分析了六十年代至九十年代鲜活的文学语言。

二、与其他杰出的语言学家一样,余光中具有兼通中西文化的学术背景,熟悉中英语言文字。同时,他还身兼作家、文学批评家和翻译家。因此,他在中国文学语言与西化文学语言的比较和分析上,就远比一般语言学家更为精细深入。

三、一般的语言学家对中文西化问题不愿进行价值判断,只作客观描述。而余光中则在描述分析了西化语言现象后,更指出中文西化有善性、恶性之分。他身体力行,表明争取善性西化,防止恶性污染,正是中国文学家及语言学家的重要任务。

四、不同于许多科学主义的语言发展观,具有强烈的人文性。

语言学家申小龙曾经指出,一部中国现代语言学史是汉语的人文精神与汉语学的科学主义之间的矛盾冲突史。这种矛盾可以追溯到二十世纪初,当时,"科学救国"作为五四反传统的新文化设计的基本纲领,使中国的人文学科义无反顾地抛弃传统语文学,全盘引进西方语言学的科学传统,形式化的因果换算化为唯一的真理观,笃信形式化的有限原则可以作为分析理解汉语的普遍有效手段,畸形的"洋框框"成为"科学化"

的同义语。然而,他们未曾或很少考虑到汉语和西方的印欧语在结构形态、组织方略和文化精神上分别处于人类语言链上对立的两极。西方语言丰富的形态标志,使西方语言学较易形成一套形式化的分析程序和与形式化相对应的理论体系,但若是将它全盘搬来分析非形态而有很强人文性的汉语事实,就显得左支右绌,顾此失彼。

在中西文化冲突的背景上看余光中的汉文学语言发展观,就可以发现其特点在于:

首先,他尊重汉语所处的文化传统和中国古典的语言传统,在观察和分析汉文学语言现象的演变时,总是参照中国古代乃至现代汉文学语言的典范文本,如唐宋大家的诗文,《红楼梦》,钱锺书、张爱玲等人的作品,借重其中贴近中国人语感的语法特征。他总是以这些文本和语法特征而不是几条"洋框框"为依据,来分析当下急剧变动中的汉语现象,以此为标尺评定文学语言的高下。

其次,他不是把语言仅仅视作客观、静止、孤立、形式上自足的对象,而是把语言看作与人文环境互动的表达和阐述过程。因此,他对于汉文学语言的演变总能从更为广阔的历史文化背景加以把握,汉文学语言的交际功能、传达功能,汉文学语言与汉族深厚的文化历史积淀和汉族独特的文化心理特征都在他的研究视野中。在他看来,使用一种语言就意味着一种特定的文化承诺。

正是从这样的文化立场出发,余光中大胆地对汉文学语言的演变作出了自己的价值评判,他注意到了语言的差异性;充分了解语言的规则是约定俗成的,它与语言符号并不存在着必然的联系;明白地指出,五四白话文运动功大于过,肯定"缓慢而适度的西化是难以避免的趋势,高妙的西化更可以截长补短",倡导汉文学语言的"善性西化"。但是,他更为强调语言的规范性,强调汉文学语言在变中应保持常态,要在了解汉语的常态、尊重常态的基础上求变。他说:"中文发展了好几千年,从清通到高妙,自有千锤百炼的一套常态。谁要是不知常态为何物而贸然自诩为求变,其结果也许只是献拙,而非生巧。变化之妙,要有常态衬托才显得出来。一旦常态不存,余下的只是乱,不是变了。"

"只要仓颉的灵感不灭,美丽的中文不老,那形象,那磁石一般的向心力必然长在。因为一个方块字是一个天地。太初有字，于是汉族的心灵，他祖先的回忆和希望便有了寄托。"正是出于对民族文化强烈的责任感，余光中几十年来孜孜不倦，进行了大量细致的语言学研究，提出许多有见地的学术观点。它可以帮助我们撇除汉语史"短时段"中泛起的泡沫，把握汉语史"长时段"中稳定而不息的深流，让我们更深入地了解汉文学语言的建构特征及发展历程。

第十四章 以文为诗 诗文双绝

一种不灭的向往，向不同的元素

向不同的空间，至热，或者至冷

不知该上升，或是该下降

该上升如凤凰，在火难中上升

或是浮于流动的透明，一瞥天鹅

一片纯白的形象，映着自我

长颈与丰躯，全由弧线构成

有一种向往，要水，也要火

一种欲望，要洗濯，也需要焚烧

净化的过程，两者，都需要

沉淀的需要沉淀，飘扬的，飘扬

赴水为禽，扑火为鸟，火鸟与水禽

则我应选择，选择哪一种过程？

——《火浴》

　　半个世纪以来，余光中左手为文，右手写诗，为文坛奉献了一千余首诗歌，三百多篇散文小品。勤奋创作之际，他从不间断对古今中外诗文的阅读与评判，从不间断对诗歌和散文两种文类理论的潜心研究。在余光中一百多万字的文学论评中，诗论最多，其次是散文论，论及古今中外。为文学作品写序，也绝大多数是诗集和散文集。积以时日，终于成为当代华文文坛上极为熟悉中外诗文理论，自觉以多种方法推陈出新创作诗文的文学大家，以"诗文双绝"来评判他，他当之无愧。

　　"诗文双绝"的美誉，应该属于这样的文学家，他们不但在文学史上留下许多好诗，而且也为后世贡献出数量可观的美文。这项桂冠有数量和质量两个方面的要求，因此，并非易事，中国历史上诗文最为灿烂的唐宋朝，堪称"诗文双绝"的作家，严格说来，也就只有杜牧、韩愈、柳宗元、王安石和苏轼几位。李白和杜甫是我们民族历史上最伟大的两位诗人，然而，众口传诵流播至今的美文却并不多见。

　　"诗文双绝"的文学家为数寥寥的原因，大体言之，因为诗歌散文这两种不同的文类，分别要求不同的知识结构和创作才能，而文豪才士，大都性有所近，才有所偏，难以兼顾。若要二者兼顾，不但要对诗歌和散文二者的艺术创作规律有深入的感悟、理解与得心应手的把握，还必须善于在二者之间维持微妙的平衡。

　　这种平衡，并非要求作者有了题材就必须以诗文分别处理或同一作品中诗文并列，也不仅指作者在创作时间与心力上对二者的合理分配；这种平衡最主要的标志，应该是作家能在诗文创作中兼容二者之长——既能"以诗为文"，将诗歌意象、韵律和密度融入散文创作中，又能"以文为诗"，有意让诗歌借助散文的从容叙事亲切说理以及贴近生活的优势。

　　余光中正是自觉而且善于维持这种微妙平衡的作家，半个世纪以来，他"以诗为文"的试验和成就，早已为文坛学界所注目和肯定，有论者甚至认为，他的许多散文是长篇的散文诗；相比之下，他的"以文为诗"却少见深入而详尽的探究。

　　"以文为诗"是中国古诗的创作方法，一种有争议的创作方法。从中国古代诗话中可以看出，"以文为诗"一般指把古文的艺术手法引入诗歌创作中，例如有意加入议论说理或者使用市语村言的大众口语等。

对于"以文为诗"，历来有赞赏与反对两种态度。赞赏者常用韩愈、苏轼甚至杜甫在诗歌创作上的变格来证明这种艺术方法的成功。如赵翼在《瓯北诗话》中就说："以文为诗，自昌黎始，至东坡益大放厥词，别开生面，成一代之大观。"他们认为，诗文可以相互借鉴，取长补短，如宋代诗论家蔡梦弼说："然文中要自有诗，诗中要自有文，亦相生法也。文中有诗，则句法精确；诗中有文，则词调流畅。谢玄晖曰：'好诗圆美流转如弹丸。'此可谓诗中有文也。唐子西曰：'古文虽不用偶俪，而散句之中，暗有声调，步骤驰骋，亦有节奏'。此所谓文中有诗也。观子美到夔州以后诗，简易纯熟，无斧凿痕，信是如弹丸矣。"（《草堂诗话·卷一》）反对者则每每指陈这一技法的空疏与流弊，如宋代诗论家严羽在《沧浪诗话》中就痛批本朝诗人"以才学为诗，以议论为诗，夫岂不工？终非古人之诗也"。明代屠隆更加明确地坚守诗文有别之大防，他说："宋人多好以诗议论，夫以诗议论，即奚不为文而为诗哉……宋人又好用故实组织成诗……用故实组织成诗，即奚不为文而为诗哉？"（《由拳集》卷二十三《文论》）

关于"以文为诗"的争论一直延续到现代，成为新诗理论中的一个重要命题。

胡适曾大胆论断："我认定了中国诗史的趋势。由唐诗变到宋诗，无甚玄妙，只是作诗更近于作文，更近于说话……宋朝大诗人的绝对贡献，只是在于打破了六朝以来的声律束缚，努力造成一种近于说话的诗体。"朱光潜则极力反对这一观点，他认为："作文可如说话，作诗决不能如说话，说话像法国喜剧家莫里哀所说的，就是'做散文'。"与胡适相反，他把"以文为诗"的宋诗视为诗歌的衰落。

胡适和朱光潜都是余光中尊重的文学前辈，但是，他的"适度散文化"的诗观却不同于二位前辈。余光中在二十世纪提出的"适度散文化"的诗歌理论与中国古代诗论中的"以文为诗"这一命题有相当的关联，又有极大的不同：因为它既是一位浸润与酷爱本民族古典诗歌的中国诗人在艺术创造中对传统的回顾与借鉴，更是一位现代诗论家在中国现代诗的历史背景下，为促进现代诗创作的健康成长而提出的开拓性命题，它的理论重点在于倡导现代诗歌创作中对姐妹文体的兼容并包。"适度散文化"，在余光中那里具体表现为下列三个方面：为增强诗歌风格的多元性,超越狭窄的抒情,适度地融入叙事说理和对话;为增强诗歌节奏的弹性,挣脱拘谨单调的格律,适度引入奇偶相成、长短开阖的散文句法;为清除食古不化之陈腔,适度采纳现代人的鲜活口语。

余光中"适度散文化"的文学思想并非空穴来风突发奇想,而是有一个摸索、试验而逐渐成熟和完善的过程。

在余光中诗歌创作之初(也就是二十世纪五十年代创作的《舟子的悲歌》《蓝色的羽毛》《天国的夜市》三本诗集中),诗人大都采用豆腐干体的格律诗形式,多数篇章为两段或三段,每段四行,第二、四行押韵。遣词用字上也显得比较单调而拘谨,诗人此时基本上局限于五四格律诗"韵文化"的传统中,一些作品因为刻意追求形式美而牺牲了表情达意体物叙事,可以说,它们是因为写得太像诗了,反而失去诗意。

不过,诗人很快就从现代诗,特别是惠特曼和弗罗斯特的自由纵横中汲取养分,开始有意采用散文式的句法,其突出表现是《西螺大桥》。

诗句里采用了现代诗特有的"矛盾语"——"钢的灵魂"是"蠢然"却是"醒着","静"却"铿锵着";它以钢桥的意象——铁齿紧咬,铁臂紧握而铸起的"美的网""力的图案""意志之塔"来对应诗人的"必须渡河"的心像……同时又有"适度的散文化",比如,第二、三段两段的诗句,如果不分行来读,就像散文,它理路清晰,加入了关联词"而且""于是",也插入了口语"我知道"。

自此时起,诗人更多地使用长短交错的诗句,也更多地采纳了一些精心提炼和组织过的现代人的口语和语气。例如《五陵少年》一诗里虚拟醉汉的口语,《登圆通寺》中诗人对慈母的呼唤,《春天,遂想起》时时插入的口语旁白和娓娓倾诉,它们都造就了新的诗歌节奏。

当然,从整饬的格律中破关而出,也不免一度稍显混乱,创作于六十年代初期的诗集《天狼星》中的一些诗句就显得凌乱,令读者诵读起来感到节奏不畅,但诗人很快就作了调整,推出《莲的联想》那规整中有变化的三联句。

对于《莲的联想》,诗人自认:"无论在文白的相互浮雕上,单轨句法和双轨句法的对比上,工整的分段和不规则的分行之间的变化上,都是二元的手法。"所谓"二元的手法"说明作者有意识地在诗歌创作中糅合文言诗词与白话口语，散文句法与诗歌句式。这本诗集的许多篇章中，诗人有意在诗句中插入感叹词和语气词，如"诺""啊""嗯"（它们类似曲词里的衬字），让类似说白的句子与富于音乐旋律的三联句交错融合交相激荡。

《莲的联想》成功地吸纳了中国古典词曲中唱中有说、灵活多变的节奏，三联句的旋律将一种轻快的音乐性引入现代诗创作，但从"适度散文化"的三个方面看，发展得并不很充分。

有意识地在诗歌中引入散文的词汇、句法和风格，全面地试验创立一种句法、语气和风格都更加开阔舒展的新诗型，应该自《在冷战的年代》（一九六九）这部诗集始，到香港时期达到炉火纯青的境界。

从理论上看，余光中"适度散文化"的观点，发轫于二十世纪六十年代初，完成于八十年代。

倡导在现代诗创作中采用经过提炼的现代人的活语言，始于《现代诗的节奏》。余光中指出，现代诗节奏主要体现在句法和语气上，在现代诗的句法和语气中应该注意融入现代人的活的语言。他以古诗及现代诗为例，反复申明中国古典诗中各式惯用句法已经不能传达出现代人的口语节奏了（无论是知识分子的文艺腔或是大众的南腔北调），因此，现代诗应以经过提炼的现代人的活语言为基础，结合文言的含蓄简劲，发展出新节奏。他赞赏痖弦等台湾现代诗人那"最能把握口语风味"的现代诗，"趣味就在这点'白'上面"，但它又是提炼过的"白"，并非像"三轮车夫骂人这么'白'"。在《新诗的语言》里，余光中以自己的诗句为例，说明在诗歌创作中引入俗语的必要。他说："白话的辞汇较淡；文言较浓；白话的距离短，语气亲切；文言的距离大，语气幽远。白话虽俗，但可以安排得恰到雅处；文言虽雅，但陈腔滥调仍不免恶俗。"要缩短美感距离，超俗入雅，"往往需要俚尽俗绝的口语"。余光中还明确地指出语言的文白雅俗与文类之间的联系，他说："文学语言雅俗的程序，依次该是诗、散文、小说、戏剧。"这种融入经过提炼的现代口语于诗的诗观，正是诗歌适度散文化的萌芽。

一九六七年，余光中更加清楚地认识到，现代诗创作要发展得更为充实强健，他说："必须超越'第一人称的艺术'的狭隘诗观，向散文，甚至向小说和戏剧去收复诗的失土。"

　　同年，在《六千个日子》这篇全面回顾和总结自我创作经验的文章中，余光中第一次明确提出诗歌的节奏大略可分为两种类型：一是"唱"，"指较为工整而规则的音乐性"。二是"说"，"指近于口语的自然起伏或疾徐的腔调"。他明确指出这两者之间的区别在于"前者近诗，后者近散文"。

　　为了更清晰地认识诗歌创作中"说"与"唱"的来龙去脉与利弊得失，诗人对中西诗歌创作中的"唱法"进行了精细的分析和比较，并结合五四以来的新诗创作对自己的"新唱法"进行了说明："五四初期的新诗人，往往仅在字面上用了白话，而未在节奏上锻炼口语，也就是说，仍然在'唱'，而不'说'。身为中国人，只要一动笔，那些四言而对仗的句法便滔滔而下，结果是满纸的'花香鸟语'和'秦宫汉阙'。这便是中国式的唱。我的诗，在节奏上，仍然以'唱'为主。使它多少免于陈腔的，应该是它糅合中英'唱'法的新'唱'法，而且有时兼'唱'兼'说'，有时在'唱'的框子里'说'。"

　　这里提出的"兼'唱'兼'说'，有时在'唱'的框子里'说'"，正是对诗歌创作中"适度散文化"的形象概括。

　　一九八〇年在香港的一次演讲中，诗人更将"散文化问题"作为中国现代诗创作中的焦点问题明确提出，诗人特别点明中国古典诗歌创作中被人忽略的句法参差、平仄不拘、换韵自由的创作传统，以《离骚》《敕勒歌》以及李白苏轼的古风为例，说明在诗作中适度加入散文句法与词汇，与正统的"诗化句"相辅相成，可以增强诗歌的美感。他说："诗句的散文化，只要把握得好，确是变化诗体，重造节奏的妙法。"

　　同年发表的《缪思的左右手——诗和散文的比较》一文，在详尽论述了诗与散文的各种差异后，特辟一章论二者的相互影响和相互渗透，并且肯定了宋诗中"以文为诗"的手法，说它"但在语言上却比较多元，句法上可以巧拙相补，生熟相济，避免唐诗常有的滑利，风格上也可以扩大诗的经验，增加知性和实感，而避免一味地抒情"。

　　这里也应该指出，余光中诗歌创作的"适度散文化"有一个临界点，他从来不忘记"适度"，他时常提醒诗坛注意"以文为诗"存在这样的危险——"没有诗的紧凑和散文的从容，却留下了前者的空洞和后者的松散"。当许多诗人在创作中排斥或不敢引入散文句法时,余光中不但对"以文为诗"身体力行,而且在论评中多次倡导"适度散文化";当现代诗走向放纵,不知节制,呈现"过度散文化"的病态之时,避免"散文化",便成为余光中九十年代以后诗歌批评中的一个重心,在《诗与音乐》中,他指出:"用散文来写诗,原意只是要避免韵文化,避免韵文的机械化,避免陈腐的句法和油滑的押韵,而不是要以错代错,落入散文化的陷阱。"他拈出新诗"过度散文化"的具体病症:一、诗行长短无度。二、回行癖。三、分段零乱。在对敻虹、焦桐、陈义芝、斯人等几位诗人的评论中,余光中都强调了这一点。可见其"以文为诗"自有分寸,目的只是要"避免韵文的机械化,避免陈腐的句法和油滑的押韵",而非要"落入散文化的陷阱"。

我们从余光中诗歌词汇、句法、风格三方面更加细致地考察"适度散文化"。

首先,词汇的"适度散文化",主要要求在诗作里容纳更多的口语和俗语。余光中一方面认为,诗是诗人的独语,但它也不同于说话或者口语。他明确指出:"口语,在它原封不动的状态,只是一种健康的材料而已。作家的任务在于将它选择而且加工,使它成为至精至纯的艺术品。"另一方面,余光中也指出:"文字向语言吸收活力和节奏,语言向文字学习组织和品味,两者之间保持一点弹性,相异适足以相激相荡,相辅相成。"

艾略特在《诗的音乐性》一文中提出这样的观点:"诗的音乐性必须是一种隐含在它那个时代的普通用语中的音乐性……诗人不仅要根据他个人的素质,而且还要根据他处在什么时代来改变他自己的任务。在某些时期,诗人的任务是探索既定韵文惯用法关系式在音乐性上的可能性;在另一时期,他的任务是跟上口语中发生变化,这些变化从根本上说是思想和感受性方面的变化。"

深受艾略特诗学理论影响的余光中也要求引入口语来构筑现代诗的音乐性,但有别于五四时期的"我手写我口",它要求的是经过提炼的同时代人的鲜活语言。

这种鲜活的语言可以是诗歌的叙述语言。如:

"可是睡懒觉是不可能的/一大清早,太阳那厮/就尽在山坡下大声

喊我。"(《大度山》)

"断无消息,石榴红得要死。"(《劫》)"那就折一张阔些的荷叶/包一片月光回去/回去夹在唐诗里/扁扁地,像压过的相思。"(《满月下》)

上面所引的诗句中:"红得要死""阔些的""压过的"是活生生的口语,在诗人精巧的诗思中呈现,并不显得单调平实,反而收到巧拙相生之妙。"红得要死"是古诗"断无消息石榴红"的翻新,其他或者拟人或者虚实相生,都产生了摇曳多姿的诗意。

这种鲜活的语言也可以是诗中特定人物形象"他"或"我"的口吻模仿。

"他"有谨慎的医官:"那医官说/很理想的伤口呢/从此话要少说/也不宜咳嗽。"(《割盲肠记》)有下注的赌徒:"绝对可能,绝对/绝对可能!/且必须发生!"(《所罗门以外》)有愤怒的环保人士:"有时,还装出戒烟的样子/却躲在,哼,夜色的暗处/向我噩梦的窗口,偷偷地吞吐。"(《控诉一支烟囱》)有平静的飞机播音员:"'各位旅客,台北就要到了/当地的时间是十一点十分/下面的气温是华氏七十四度/正下着小雨'湿湿的流光中"(《降落》)还有《夜游龙山寺》中友人与家人的对话……林林总总,惟妙惟肖。

"我"就是诗人自我的口吻,如"下次进香的时候,能不能够/为我静止十分钟/像一尊凝定的观音磁像"。(《磁观音》)"输是最后总归要输的/连人带绳都跌过界去。"(《与永恒拔河》)又如"你问我香港的滋味是什么滋味/握着你一方小邮简,我凄然笑了/香港是一种铿然的节奏,吾友/用一千只铁轮在铁轨上弹奏"。(《九广铁路》)"樱桃呢总是今年更贵,比去年/去年是一树,今年是一篮/也许明年只剩下一颗,酸酸/的一颗,剩下来,给谁?给我。"(《樱桃呢总是》)"你说,锅铲刮锅底和驴子叫/是世上最最难听的声音/别这么说吧,我笑道/锅铲我管不着,可是驴子/那样嘶叫,一定有它的隐情。"(《小毛驴》)

这种口语节奏的最佳表现应该是《与李白同游高速公路》,全篇都以诗人与李白调侃的对话口吻写出,一气呵成,不加描述和说明。限于篇幅,这里仅录此诗的上半篇:

刚才在店里你应该少喝几杯的

进口的威士忌不比鲁酒

太烈了，要怪那汪伦

摆什么阔呢，尽叫胡姬

一遍又一遍向杯里乱斟

你该听医生的劝告，别听汪伦

肝硬化，昨天报上不是说

已升级为第七号杀手了么？

刚杀了一位武侠名家

你一直说要求仙，求侠

是昆仑太远了，就近向你的酒瓶

去寻找邋遢侠和糊涂仙吗？

——啊呀要小心，好险哪

超这种货柜车可不是儿戏

慢一点吧，慢一点，我求求你

这几年交通意外的统计

不下于安史之乱的伤亡

这跑天下呀究竟不是天马

跑高速公路也不是行空

速限哪，我的谪仙，是九十公里

你怎么开到一百四了？

　　此外，在诗中插入语气词，如"哎、咦、嘘、唉、啊、喂"，独置于两个分句间使节奏顿挫；喜好用质问、自问、反问等语气来抒情叙事，也是余光中常用的手法，是词汇"适度散文化"的一个侧面。如"上左端该绣着谁的？我的？名字"。（《与永恒拔河·天望》）"摇你的，吾友啊，我的记忆。"（《与永恒拔河·九广铁路》）"你一定全许了我吧，观音？"（《隔水观音·隔水观音》）"是上签呢还是下签，究竟？"（《香港四题·紫荆赋》）"放我一飞就出去了吗，头也不回？"（《老来无情·紫荆赋》）

　　口语词汇和语气词的加入，不但增强了诗歌的现场感、戏剧性，而且也使诗歌的节奏更为起伏多姿。

其次,句法的"适度散文化"。主要表现于,在工整凝练的诗句之外,大胆采用平铺直叙和长短错落的散文句法。

与诗歌句法相比,散文句法更加注重清楚地交代事物之间的相互关系,它不避平直甚至忌讳跳跃。余光中在诗歌的创作中大胆采用了许多这样平铺直叙的句法:"在渐暗的窗口赶写一首诗/天黑以前必须要完成/否则入睡的时候不放心。"(《在渐暗的窗口》)"中秋前一个礼拜我家厨房里/怯生生孤零零添了个新客。"(《蟋蟀吟》)"十年看山,不是看香港的青山/是这些青山的背后/那么无穷无尽的后土。"(《十年看山》)

以上三句,把它们从诗歌整体分割开来,如果再去掉分行,改为标点符号,就是典型的散文句;就从句子的意义上看,也是如此,第一、二句对时间地点有明确无误的交代。第三句对对象——"山"有精细的说明。值得注意的是,上面摘引的这些句子都是诗歌的开篇首句,诗人用这样的句法,为全诗定了沉潜或舒缓的诉说的基调。

诗句齐整而散文句则宜于长短开阖、错落有致,为了增加诗歌的张力,增强节奏上的突兀感,诗人时常有意以奇偶相成作为其基本句法。对此一手法,诗人曾拈出自己的诗作《五十岁以后》中的一段为例加以说明:

　　　　路遥,正是测马力的时候/自命老骥就不该伏枥/问我的马力几何?/且附过耳来,听我胸中的烈火。

他试改作:"路遥,正该测验马力/自命老骥就不应该伏枥/问我马力几何?附耳过来,听我胸中烈火。"

余光中解释说,改动以后,诗歌显得太过平滑流利,失去了句法相互激荡的盘郁感。什么是盘郁感,余光中未进一步解释,可能是与"顿"的改变有关。原作的"顿"是"路遥,正是—测马力—的时候/自命—老骥—就不该—伏枥/问我的—马力—几何?且附过—耳来,听我—胸中的—烈火"。改作后诗句的节奏则是"路遥,正该—测验—马力/自命—老骥—就不—应该—伏枥/问我—马力—几何?附耳—过来,听我—胸中—烈火"。仔细诵读，可以感觉到，原作的节奏有更多的参差变化（因为有三字组和二字组的交错，增强了节奏的起伏疾徐），改作后成双成对，太整齐了，不符合守常求变整齐中求变化的音调之道，听起来单调许多。

诗韵之妙，在于它既能以单调的重复维持严整的秩序，使人迷醉；又能以突兀的变化摇曳多姿，将人振醒。余光中深谙其道。在齐整的诗句中插入散文句法，是余光中常用的调整诗歌节奏的手法，例如："重九佳节，登高避难/多神秘而又美丽的传说啊/我也——虚应了故事/整天在幻蓝里御风飞行/时速七百里，攀高三千丈/把恒景一家人的野餐/抛在东汉的某一座山顶。"这是《登高》一诗的开篇，第一、五句是较齐整的"诗句"，而第二、三、四、六、七句则是诗人有意配上的"散文句"。

又如"你一走台北就空了，吾友/长街短巷不见你回头/又是行不得也的雨季/黑伞满天，黄泥满地/怎么你不能等到中秋"。这是《寄给画家》的下半段，其中第一、三、五句近于散文，第二、四句是近于工整凝练的"诗句"，二者结合，亦工亦拙，使诗歌更加富于弹性。类似的例子有《或者所谓春天》，其中插入"总是这样子"，"这件事，一想起就觉得好冤/或者所谓春天/最后也不过就是这样子"。这些接近口语的句子，穿插于那工整的"诗句"中，使节奏摇曳多姿。另一个调整节奏的特点是在二字词较多的诗行中，放入单音字"正、又、欲"等副词，如"正北来""又无山""更无地""欲连环""已彼岸""一回头"等使其更显错落有致。

最后，从风格上看。诗歌和散文的矛盾，应该是审美功能与表意功能的矛盾，是抒情性和叙事性的冲突，满足了抒情的幽婉与缥缈，散文的从容清晰则被舍弃；而迁就于叙事的细致完整，诗情又难逃一览无余的尴尬。在感伤滥情大行其道时，余光中为了走出抒情的小天地，在诗中加入许多叙事性因素。这表现在：

一、虚实并用，增加弹性。中文有实字虚字之说。实字指具体可见的名词、动词；虚字依附于实字，承上启下。诗贵精练，多用实字；散文往往虚实交错，显得伸缩自如。

二、对一个人和一件事或一样物品做详尽的叙述，如《透视》，上半部分是大夫对 X 光片上显影内容的详尽解说；又如《一武士之死》有蒙面人上坟、暴死和失剑的情节描述；《一枚铜币》中对铜币外貌、热度和气味的仔细刻画……

三、不避细节和过程，例如《漂水花——绝技授钟玲》：

> 石片要扁／形状要圆／拇指和中指／要轻轻地捏住／食指在后面／要及时推出／出手要快／脱手要平稳而飞旋／进去的角度／要紧贴而切入／才能教这片顽石／入水为鱼／出水为鸟／一眨眼几度轮回／波光闪闪之中／早已一扇扇推开／神秘的玻璃旋转门／水遁而去。

这首诗前面十一行是对漂水花技术要领的说明，从石片的选择到手指的拿捏和出手的动作一一述说，乍一看去，非常散文化，仔细分析，依然有它内在的音乐性：七个"要"字反复出现，加上长短句的参差交替（一、二、七、八行为单行一句，三行和四行，五行和六行，九行和十行为双行一句），形成特有的节奏感。诗歌的后半段则从细细解说转换为"意象呈现"——鱼、鸟、轮回、波光、玻璃旋转门、水遁。这首以琐事为题材的小诗，因为且"说"且"唱"，将舒缓与跳跃的节奏，知性叙述与感性场景的交错融和而显得张力饱满情趣盎然。

类似这样的诗歌至少还有《撑竿跳》。全文如下：

> 一路向高架门剧奔而来／挺着那件怪长的武器／忽然向浑茫的大地／那样精确而果决／选择最要害的一点／奋勇一刺／乘敌人来不及呼痛／已经用那把无弦之弓／自我激射向半空／／多么矛盾的敌我关系／要挣脱后土的囚禁／一面飞腾／一面却靠坚实的大地／将他托起／三秒钟凌空的自由／他倒走在云上／踢开挡路的天风／推开刚用过的武器／却听见过路的燕子说／好奇怪啊，为什么／飞翔还要靠一根拐杖？／而且刚起飞呢／怎么就急着要下降？

这首诗将撑竿跳选手纵身跃竿的刹那过程表述得非常细致，两岸评论家流沙河和李瑞腾注意到它，认为此一描述有如电影的慢镜头。不过，他们对诗中出现的说明性文字看法不同，流沙河是赞赏，他说："有些诗人缺乏语言表述的训练，或大而化之惯了，没法细致（不用说精确了）表述一个事象过程，总是借些通用词句，挪些成语，搪塞了事。请他来写撑跳过程，恐怕只有'挥竿猛刺，飞身跃过'八个字。余光中这首诗的秘密就在放慢时间，拉长过程，用慢镜头拍出诗意。"李瑞腾认为可以删去此诗前半段的说明性语句，因为后半段已经足以表明作者的创作意图。

　　对一首诗歌的增减，不单要考虑诗歌主题的传达，也要考虑作者为诗歌设定的语意和语气，考虑诗的节奏、气氛和情调。以此观之，《撑竿跳》如若删去前半段，虽然无碍于主题的表达，但诗歌节奏却有了很大的变化。上下两段并存，全诗节奏渐进而舒缓；仅存下半段，诗歌节奏则突兀而仓促，前者是说中有唱，唱中有说；后者是只唱不说。两位论者的分歧，隐含着对余光中诗歌"适度散文化"艺术方法的不同评判。

　　此诗不刻意追求字面的奇崛意象的怪诞，有意引入现代人的活语言以及平实的句法，突破和挣脱定型和格律的语脉、节奏，使诗歌意象变得更加自然亲切，意脉更加顺畅，意境冲淡内蕴，泯句于篇，达成整体的美学效果。

　　在追求诗歌的内在秩序和统一的大前提下，反抗种种定型的格律、节奏与成规，"出新意于法度之中"是余光中诗歌艺术创造宗旨，在此宗旨下，余光中博采古今中外之所长，"适度散文化"只是其中一格，对此不可忽略，亦不可以偏概全。展示此一历来为学界忽视的侧面，并不等于说，余光中最好的诗歌都是由此而来。

　　"适度散文化"的诗歌艺术不但为余光中诗歌多姿多彩的风格增光添彩，也提高了中国现代诗的表现力。在"以文为诗"的诗歌实践的同时，余光中在散文创作中也努力试验"以诗为文"，左手"以诗为文"，右手"以文为诗"，入而复出，出而复入，几度出入，余光中终于到达左右逢源得心应手的境界。他那突破文类、左右逢源的艺术实践，遥遥开启着后现代的精神；他那"诗文双绝"的成就也为当代华文文坛提供了新的标杆和范式。

第十五章　未拥抱死的，不能诞生

火的意象系统:阳光、火
把、灰、火焰、灯光、壮丽
的光中
火的心理印记和诗学
渊源
勇者乐火

在炎炎的东方，有一只凤凰
从火中来的仍回到火中
一步一个火种，蹈着烈焰
烧死鸦族，烧不死凤雏
一羽太阳在颤动的永恒里上升
清者自清，火是勇士的行程
……

火啊，永生之门，用死亡拱成

用死亡拱成，一座弧形的挑战
说，未拥抱死的，不能诞生
是鸦族是凤裔决定在一瞬
一瞬间，咽火的那种意志
千杖交笞，接受那样的极刑
向交诟的千舌坦然大呼
我无罪！我无罪！我无罪！　烙背
黥面，纹身，我仍是我，仍是
清醒的我，灵魂啊，醒者何辜
张扬燃烧的双臂，似闻远方
时间的飓风在啸呼我的翅膀
毛发悲泣，骨骸呻吟，用自己的血液
煎熬自己，飞，凤雏，你的新生！

乱曰：
我的歌是一种不灭的向往
我的血沸腾，为火浴灵魂
蓝墨水中，听，有火的歌声
扬起，死后更清晰，也更高亢

————《火浴》

　　许多我们非常熟悉的事物曾经有过丰富的含义，远远超出人们现在的理解。它们构成特殊的符号语言，世代相传，无论是艺术家还是手艺人都用它们来表现人生，传达对自然与超自然的理解。就像记号一样，符号也是一种视觉速记法，但它却比记号更能引起人们的情感、心理和精神上的共鸣。符号象征法是对某种物体、图表或礼仪形式的情感和精神升华，尽管这些东西本身可能非常简单。

　　尽管社会背景不同，但无论是在原始文化，还是在东亚、印度、中东、欧洲和中美洲的文明社会中，许多象征符号及其所代表的基本观点都一样。正是这种遍及全人类的统一性，启发了瑞士心理学家、精神病学家荣格，他认为符号，或说"原型"，深深植根于人们的心中，人们出于本能对其进行反应。

　　科学的发展大大压缩了远古符号美妙的想象空间，但艺术的创造仍不断地与之抗衡，创造和挖掘出魅力无穷的象征符号，以此维系和扩展人类的想象力，为人们的精神生活增添亮色。我们这里要提到的"火"的意象创造，就是这种力图突破科学拘囿解放想象的艺术结晶。

　　火的意象，在余光中的创作中，不断重复出现。它包括太阳、太阳鸟（凤凰）、太阳花（向日葵）、火焰、火把、火炬、灰、烛、灯以及许多燃烧发光之物，它们的一再重复与互相辅佐陪衬，而且在人与物（动物、植物、景物）之间、在各种官能感觉之间、在语义（词源）之间相互转换，成为余光中创作中独特的景观。

　　诗人性灵的发展过程，即是他构造新意象追求新象征的历险。尝试着捕捉这些意象中闪烁的象征意义，加以梳理，显示出它们的内在系统。通过对它们的分析，进一步了解余光中创作的主题和变奏，从一个特殊的切面窥视余光中不断成长变化的人生观和艺术方法。

　　在余光中的作品中，火，是太阳，是光明的象征。最早的《扬子江船夫曲》用"初升的太阳是何等的雄壮"的反复咏唱定下了诗人初期创作的主旋律。接着，《海燕》有旭日，《信徒之歌》有灵光；从《远洋有台风》《重上大度山》一直到一九七二年的《山盟》，一九八六年写的《垦丁的一夜》，都热烈描摹初升的太阳，其中兼有对父亲形象的崇拜。《夸父》一诗更重塑夸父新形象——"何不回身挥杖／迎面奔向新绽的旭阳／去探千瓣之光的蕊心"，传达出诗人对光明无休止的追求。

　　火，还是火炬、火把，它是文明、文化尤其是民族文化的象征。《钟乳石》首次"擎起了火把"，以后，在《燧人氏》《火把》《诗人》等诗歌中又不断地点燃。

　　燧人氏是中国神话人物，他钻木取火，开创华夏文明，《燧人氏》一诗借此象征现代诗人继往开来的奋发精神；在《火把》和《诗人》中，火把，"赫赫自洪荒""霍霍传来""从燧人氏的手掌""从汨罗江边，从一间峨伟草堂""一手手，从前接来／一手手，向后传去"，余光中把诗人描写成传薪人，接过文明的火把，往后传，前有古人，后有来者，不须怆然而涕下。

　　火的这两种象征意义比较一般，前人也时常采用。余光中作品中火的意象最突出之处，是火焰的焚烧，它象征着生命，尤其是艺术生命的热烈、紧张、蜕变、升华，这是余光中最常使用，也是最夺目攫魄的意象。

　　一九六二年，余光中在一篇评论的末段写道："中国诗就像一只不朽的凤凰，秦火焚之，成吉思汗射之，凤凰仍然是凤凰。经过现代诗的火葬，新的凤凰已经诞生，且将振翼起飞了。"

　　但在六十年代中期之前的诗作中，火焰仍然时生时灭，并未形成燎原之势，仅是神奇而多姿。

　　《莲的联想》中，莲是"红焰"，是"淋不熄的／自水底升起的烛焰"；热恋是燃烧——"集我的期待于一个焦点，可以焚你的发／焚所有邮局，于你的石榴裙下／／那该是最壮烈的一次火葬……"；"当你望我，灵魂熊熊自焚"……

　　火，男性般的刚强，也有女性般的柔韧；西方的炼金术曾把火区分为雄性的火和雌性的火。雄性的火是自然的火，这种火在金属中是如此萎靡，又是如此集中，若无坚忍不拔的劳作，就不可能使这种火行动起来；雌性的火是非自然的火，它是万能溶解液，呈现为白色的烟气，像白衣女士夜访，行踪飘忽，梦幻一般无常，往往由于术师的一时疏忽而烟消云散。雄性的火与雌性的火也可以从发热的角度来区分。雌性的火燎烤着事物的外部；雄性的火，在核心中攻击事物的内部；雌性的火是表层，是怀抱，是隐蔽处；雄性的火是中心，是活力，是突发性。

　　火，在《莲的联想》中也是阳刚阴柔兼具，它不仅是冲动的火焰，也是持续的热力。热，满足人的欲望，发热是一种快感，也是归属感；热是一种财富、一种占有，可以珍藏，可以赠予。热能深入，深入灵魂深处。

"曾幻想焚心的烈焰，可以炼/炼顽固的洪荒。"

余光中试图在爱情之火中忘却身边的战火劫火，然而，又不免怀疑："一枝短烛哭不哭得亮深邃的历史？"诗中没有回答，但是出现否定性的意象，"灰"的意象——"泪滴在地上，把春天灼伤，成灰"；"甄甄啊，看蜡炬成灰，不久/我们亦成灰"……

火焰熄灭后成了灰。"火"字被不明之物遮蔽则成为"灰"字。"灰"成了生命之火低落的形象，让人看到它就想起中国诗人的"蜡炬成灰泪始干"，想起西方诗人的忧伤诗句："我的心？胸腔里没有心。/充塞皮囊的只是生命之灰。"

此时，"灰"不仅是爱情之火熄灭的表象，也是生命之火低落的象征。因此，用作者自己的话说，《莲的联想》"既热且冷"。

在《天狼星》组诗中，也出现许多"灰"的意象：我们看到骨灰——"一种氧化了的慈爱，一个无可奈何的手势"，这是母亲；"在天狼星下，梦见英雄的骨灰在地下复燃"，这是先贤。看到民族文化之灰——"焚厚厚的二十四史，取一点暖"；看到虚无的烟灰——"烟灰缸火葬了徐志摩"，"任一枝新乐园/把石像的心事烧成烟灰"。其中还有炮灰、劫灰……

当然，在《天狼星》中，诗人的火焰并未熄灭，他这样自信地写道："我们采一捧野菊花/一种非卖品的清芬，一种尊贵的颜色/具辐射的图案美，自炮火中昂起"，"天狼星恒射着炯炯的白热……将火的方程式冷藏在燧石的肺内"，意在唤醒光族。

一九六四年，余光中更写下那有名的警句："敢在时间里自焚，必在永恒里结晶。"

到了《敲打乐》时期，由于外在的刺激

　　诗人说："那时我正在壮年，但世界正在动乱。海峡对岸，'文革'正剧，劫火熊熊……海的对岸，越战方酣，新闻图片里闻得到僧尼自焚的焦味。"

诗人更为坚决地选择了自焚而升华为归宿。他终于摆脱中国人浪迹新大陆的失落感,开始以自拯来保持灵魂的完整。他写下:"层层的忧愁压积成黑矿,坚而多角/无光的开采中,沉重地睡下/我遂内燃成一条活火山带。"这预示着他蕴积已久的生命之火艺术之火即将喷发。

果然,自美归台以后,他的诗歌被人格的内在火焰点燃,《在冷战的年代》中自焚的意象空前绝后——在《火浴》《想起那些眼睛》《九命猫》《如果远方有战争》《白灾》《乾坤舞》《弄琴人》等一系列诗歌中,火的意象或为主题,或为副题,一时火光熊熊,蔚为奇观。

在这些诗中,火的意象的中心象征是通过自焚而升华。《如果远方有战争》中尼姑的自焚,虽然在诗中只是副题,用来衬托战争的灾难,但诗里写她"寡欲的脂肪炙响绝望/烧曲的四肢抱住涅槃",已有焚后升华的隐喻。

《火浴》中反复激辩,要选择哪一种人生——淡泊纯净如隐士,或热烈飞扬如勇士? 通过水的洗礼,或者通过火的炼狱? 最终,诗人选择了火,以凤凰涅槃式的自焚而升华生命。

在《火浴》中,火焰的象征含义得到多层次的展示:一、火焰的考验是一种痛苦的极刑(第四段后半段),隐喻生命的洗礼必得经过煎熬。二、唯火焰有力量考验出是鸦族还是凤裔。三、火浴比水浴更为艰难,是死中求生,是勇士的选择,是入世而非避世。四、追求火浴,不仅仅是外界对生命的挑战,也是自我对自我的挑战——"张扬燃烧的双臂……用自己的血液煎熬自己"。五、火焰是不灭的,火浴也永不止息,对于艺术家,生前火浴灵魂;死后,其艺术也还要在火中才能高扬。这种丰富多向的象征含义在一九七四年的《小小天问》中得到重申。

围绕着《火浴》自焚升华,《在冷战的年代》中其他诗歌对于火的意象,不断展开和补充,比如,《想起那些眼睛》中的大学教授,维持自己不熄的火灾,放射智慧之光。《弄琴人》"坐在火上",以殉道者的温存奏乐,艺术的时间"愈炙愈芬芳"。诗人巧妙地用"久"的谐音"炙",暗示着献身艺术的时光就是一生燃烧。《乾坤舞》把舞者欢愉的动作形容为"他的发引燃/引燃了她的眼""成一丛火焰",成为"美丽的火灾"。《白灾》更加鲜明地表白自己"头静结冰,心热扇火";生命如"一座雪火山的升起"……

火焰意象在七十年代的诗作中得到延续，在《白玉苦瓜》中，有《八卦》《乡愁四韵》《小小天问》。

《小小天问》基本上是《火浴》的小型翻版；《乡愁四韵》和《八卦》中的火焰意象，则在《火浴》的各种含义上又增添了新的内涵，它的范围扩大，在前一首诗中，它成了乡愁的烧痛；在后一首诗里，它不仅是个人艺术生命的升华，而且与风、雷一起象征着时代、社会的巨大变革。

八十年代初期，《石胎》一诗显示出诗人火浴的升华过程。"我"在"一整座火山的压力和热力"中，"生出最最紧张的金刚石"。这种金刚石不但无惧烈焰和熔浆，"且对不同方向的压力／用最冷最清纯的光／射出那么多面的反抗"。

自此，随着诗人生命的日见炉火纯青，熊熊的火焰意象在香港时期以后就较少出现，更多的时候，火的意象转变成稳定持续乃至永恒的光，它是自焚的结晶，也是压力的反光；在诗歌意象中，它经常是灯光，有时也是霞光、星光、月光……

灯是诗人不屈的意志，与永恒拔河的象征。这种象征，最早出现在《九命猫》中："但死亡不能将我全吹熄／九条命，维持九盏灯／一盏灯投九重影，照我／读一部读不完的书／黑暗是一部醒目的书／从封面到封底，我独自读。"

以后在《守夜人》里，更加鲜明——"五千年的这一头还亮着一盏灯"，五千年是中华文化，"这一头"是诗人创作生命此时此地的位置，"一盏灯"在这里当然就是民族文化的传灯人引燃延续的智慧之光了。虽然，作者也自问，"一盏灯，推得开几尺的混沌？"性灵的一线灯火在混沌的愚昧欲望中，常常显得微弱孤单，如诗中所说，"围我三重／困我在墨黑无光的核心"，可诗人绝不退却。

自香港时期，余光中诗歌中灯出现的频率大幅提高。有写实的描绘，让我们看到，此时诗人书桌上用的是一盏有红色流苏的台灯；更多的是象征的歌咏，它是文明的象征——"灯，烛光的孩子，火把的远裔／仿佛几千年也未曾熄灭过"（《苍茫来时》）。"灯有古巫的召魂术……一召老杜／再召髯苏，三召楚大夫"（《夜读》）。它是诗人艺术生命的象征，如《一灯就位》中，"只留下这一盏孤灯／把夜的心脏占领"。《木兰怨》中写灯的冷焰，"是我不朽的寂寞所燃烧"。《独白》里有"等星都溺海，天上和地下/鬼窥神觊只最后一盏灯"。它更是清醒的标志，相对于昏睡的做梦的床——"无论多夜深/四面鼾息多酣多低沉/总有几盏灯醒着灿然/把邃黑扎几个洞，应着/火把诞生前荒老的星穹"。

有时也用光来表达上述几种象征含义。《所谓永恒》说永恒并不是夜行人怕鬼壮胆的口号，不是火把熄灭的暗夜里那动人传说，它是逼近璀璨文明接引传薪者的路——"那路，原来是一道光"。《长跑选手》则以长跑选手自喻——"你背上那号码/近看黯然/愈奔愈远愈发光/在森罗的众星之间/终于就位"。

高雄时期，灯仍然频频出现于诗中。

灯不但是永远的陪伴，"桌灯照顾着他，像一只老犬眷眷守候老去的主人"（《后半夜》），也是诗人心血的凝聚："凡我要告诉这世界的秘密/无论笔触多么地轻细/你都认为是紧要的耳语/不会淹没于鼾声，风声/更保证，当最后我也睡下/你仍会亮在此地，只为了/守在梦外，要把我的话/传给必须醒着的人。"

灯不仅是清醒的象征，还是划破暗夜的指南——"灯塔是海上的一盏桌灯/桌灯，是桌上的一盏灯塔"。

诗人对自己艺术光芒的自信在他对灯光的象征隐喻中表露无遗。他在诗中有意将自己的名字嵌入，隐喻自己是发光体，映照暗夜。

早在《白玉苦瓜》诗中，就有"在时光以外奇异的光中/熟着，一个自足的宇宙"。

《第几类接触》中提到甲虫冲入灯下，惊扰了诗人——"强光中"。《问烛》又说："又怎能指望，在摇幻的光中/你也认得出这就是我。"这种将自我生命与永恒艺术之光文明之光合二为一的歌咏，在《五行无阻》中发展得最为强烈：

> 任你，死亡啊，谪我到至荒至远
> ……
> 任你，死亡啊，贬我到极暗极空
> ……

　　　　也不能阻拦我

　　　　回到正午,回到太阳的光中

　　诗中描写了诗人设想的六种突破死亡、永恒放光的方法。土遁——从犁间和大地的亲吻中跃出;金遁——从鹤嘴啄开矿石的火花中降世;火遁——从惊雷和迅电的宣誓中胎化;木遁——从锯齿缝和枝柯的激辩中迸长;水遁——从海啸和石壁的对决中破羊;风遁——突破黑色旗阵披发而飞……全诗以"你不能阻我,死亡啊,你岂能阻拦我/回到光中,回到壮丽的光中"告终。

　　火焰,在余光中童年的记忆中早已烙下,从未消失。三十年代,抗战烽烟四起,逃难的日子三十年后他仍记忆犹新。在苏皖交界的高淳县碰上大批日军,日军就驻扎在他们躲避的佛寺中。母子只能相拥在佛寺的香案下,度过惊惧无眠的一夜和一个上午,直到日本骑兵队离开古刹。余光中清晰地保留了那个晚上的恐怖印象——"火光中,凹凸分明,阴影森森,庄严中透出狞怒的佛像。火光抖动,每次都牵动眉间和鼻沟的黑影,于是他的下颚向母亲臂间陷得更深"。

　　到了晚年,还屡屡提及:"抗战的两大惨案,发生时我都靠近现场。南京大屠杀时,母亲正带着九岁的我随族人在苏皖边境的高淳县,也就是在敌军先头部队的前面,惊骇逃亡。重庆大轰炸时,我和母亲也近在二十公里外的悦来场,一片烟火烧艳了南天。"

　　"火光"在诗人最初的心理记忆中是灾难的象征,所以,在《时常我发现》一诗中,他说女儿眼中的反光是阳光,而自己"眼中,也曾有反光,但反映的不是阳光,是火光"。

　　火光是灾难的象征,但它也使茱萸的孩子早早地成熟,作为一个重大的心理印记和诗人后来的一系列感知融合。青年时期,五四诗人的作品,如郭沫若的《凤凰涅槃》、闻一多的《红烛》,一直到三十年代臧克家的《自己的写照》、艾青的《太阳》……一系列诗歌里火的意象,想必对余光中都有潜移默化的影响,在他的心里烙下火中起飞求取光明的印记。成年后,火焰依然四布,但诗人已经有能力去接受它并追求一种自焚。

　　自焚是殉道的象征。这里当然也有西方文学和艺术家的影响,特别值得注意的是诗人弗罗斯特和叶慈,前者的《火与冰》和后者的《航向拜占庭》里都有火的意象,也都给余光中留下深刻的印象。

还要提到的是梵高和阿拉伯的劳伦斯。

劳伦斯是英国军官。他是一个有着超人成就的军事家和战士,也是大胆探索灵魂的作家和翻译家,他更是一个勇敢的冒险家,为了阿拉伯人的解放,他长期在沙漠中跋涉,忍受常人无法忍受的苦痛。

梵高也是殉道者,他有一头红发,像金黄的火焰,他画的向日葵(在英文和法文中就是太阳花),洋溢着普罗米修斯情结迸发而出的精神光辉,冲破火的禁忌,冒着危险,追求火的光明……梵高画的许多景物都具有火的形态。火,对于他,不只是具体的自然现象,而且是热情理想的召唤。

余光中说:"太阳、向日葵、梵谷,圣三位一体","梵谷是拜日教徒"。

对于劳伦斯,余光中在《史前鱼》中赋予他自焚的形象,"天谴的情人以炼狱为床,天谴的战士/娶沙漠为新娘","当铜钲盈耳,太阳炉熊熊烧起/晕眩的炎流幻成黄焰,炼意志之丹","情欲,灵魂的脂肪,唯太阳/可以焙净"。

而梵高的画,那热烈燃烧的笔触与色彩,就像一段难忘的旋律一直震撼着余光中的心房。梵高笔下的向日葵、星光夜、鸢尾花组成的耀眼世界,也早在余光中灵魂中不可磨灭。他为梵高写过四首诗,其中每首都有热烈燃烧的火光:"你奋张狮鬣的姿态/俨然烙自日轮的母胎……为了追光,光,壮丽的光/转面,扭颈/一头赤发的悲哀与懊恼/被同样的烈焰烧焦。"

雨果在小说《笑面人》中有这样的句子:"任何植物都是一盏灯,香味就是光。"如果同意香味是光,那么,花朵就是火苗了。梵高的《向日葵》用绘画语言向我们证明了这种熊熊之火的生成;余光中则用文学语言把花朵、火焰、星光、燃烧的生命连接成一片璀璨:

> 赫然你来了,天外的远客
> ……
> 一朵向日葵恋母成病

转身寻你光灿的故乡

回头的彗头青发飞扬

被抚于太阳风炎炎的火掌

……

你我原都是宇宙的过客

在真空的戈壁偶然过夜，就着

太阳的风火炉烘手取暖

你逆风刷发，我探火炼诗

我以七十岁为一夜，你以四千年

……

而这风火炉，当初，开天辟地

是谁造的呢　还能烧多久

该谁来负责？而我又是谁呢，终究

不休的太空客啊，而你，又是谁？

　　诗人把海尔·鲍普彗星视为飞行的向日葵，和一切艺术家一样，它们都是在永恒星空中燃烧不熄的生命。

　　余光中说过："对于一位诗人，发现一个新意象，等于伽利略天文望远镜中，泛起一闪尚待命名的光辉。一位诗人，一生也只追求几个中心意象而已。"可以看出，余光中对寻求和创造新意象极其重视。

　　余光中一生追求的中心意象有几个呢？我觉得，就是两个——火与水（水的意象系统包括泪、酒、雨、雪、江、河、湖、海）。也许，有人还会提出"山"的意象，但在余光中的创造中，"山"也可以视为"火"的旁支，中国发掘出来的甲骨文上，"火"字犹如山的形状，这不奇怪，山是宇宙中熄灭了的火焰，火是熔岩中燃烧的山。对山的征服，是勇者的象征。

　　"水"与"火"意象的形成可以追根溯源至余光中童年的心理积淀，这在"江南水与火"的命意和论述已可见。

　　但是，在水和火这两个中心意象中，余光中更多地偏于火。林语堂在《苏东坡传》中说苏东坡是火命，因为苏东坡为官之时不是治水，就是救旱；更因为苏东坡一生精力旺盛，他的气质，他的生活，就犹如跳动的火焰。余光中也是如此，他的执着性格，他的不息奋斗，他的挑战丑恶，就像一团团火焰，能给人温暖，同时也会把丑恶毁灭。他的热烈汇聚了儒家"知其不可而为之"和西方的普罗米修斯的精神，因此，既有坡翁的旷达坚毅，又有为东坡所不及的炽热用世。

叶慈说过："人人都有一个神话，如果我们懂得它，就能理解那人的所思所为。"

在余光中的创作中，火的意象从早期的道具变为后期的象征，从单一平面成为立体辐射，正鲜明地显示出他一生的精神生活形态。

他的精神形态犹如火苗，它是孤独的，是沉默的，是遐想的。据说，在古代，一位研究火苗的学者曾使两支蜡烛的烛芯对着烛芯，但这两支蜡烛并不愿融合，而是沉醉于自身的扩大和上升，以自己为中心，保持垂直，维护精致的火舌。

余光中的精神状态又如火焰，它是运动不止的，是永远上升的，其最高点是纯洁化。火燃烧着爱和恨，在燃烧中，人就像凤凰涅槃那样，烧尽污浊，获得新生。情感只有经过火的纯化，才能变得高尚，真正的爱必须经过火的燃烧，才能升华，才能经久不衰，生命永续。正像黑格尔在《精神现象学》中说的那样："精神的生活不会因为害怕死亡而幸免于蹂躏，只有敢于担当死亡才能在死亡中得以自存。精神只有在绝对的支离破碎中维持圆融无碍才赢得它的真实性……精神之所以有力，是因为它敢于面对面地正视否定的东西并停留在那里。精神在否定之物上停留，这是一种魔力，这种魔力把否定的东西转化为存在。"

考古学家认定，中国人的先祖，周口店猿人早在五十万年前就学会了用火。人类最初接触火时，它是能够取暖、煮烤食物的神秘自然的一部分，它是磷火、雷电之火或者火山之火，人们对它怀有本能的热爱和敬畏，一种复杂交织的情感——它是善的象征，能够把天堂照亮；它也是恶的毒咒，在地狱之中腾烧。熊熊之火引人震撼，微微火光令人遐想，在佛教中，光是大彻大悟的智慧；在基督教中，光是上帝对有灵性生命的神启。从远古起，火光成为深入人类潜意识的为数不多的原始意象。因此，对火的探究和歌咏也成为原始歌谣直到现代诗歌不断变更而永不消逝的诗题。

　　火在许多原始群落里成为一种图腾，更在现代诗歌中成为常见的母题，这不奇怪，火对人有极其强烈的影响——火舌舔过的食物尝起来有另一种滋味；火照亮的事物在记忆里总是鲜明的颜色。火灾，淘汰了老弱的禽兽，却留下了更加强健的动物；烧毁了树林，却使万物重生。火是任性的，义无反顾的，燃烧的生命既是辉煌，也意味着失去。

　　仰望连绵群山亘古屹立，人会变得博大宽厚；俯瞰淙淙流水百回千转，人会思绪灵动飘逸不滞；然而，与火相比，山和水都显得静止甚至是松弛。火总是更加引人注目或令人激动的现象。古人说，仁者乐山，智者乐水；我还想加一句：勇者乐火。

　　未拥抱死的，不能诞生；敢在时间里自焚，必在永恒里结晶。

余光中大事年表(一九二八至二○一七)

一九二八年

重九日生于南京。祖籍福建永春,父余超英(一八九五——一九九二),母孙秀君(一九○五——一九五八)。幼时就读于南京崔八巷小学(今秣陵路小学)。寒暑假常回江苏武进漕桥镇外婆家,也曾与父母回永春桃城镇洋上村老家。

一九三七年

日军进逼南京,随母逃难,流亡于苏皖边境。

一九三八年

随母逃往上海,半年后乘船经香港抵越南海防,再经昆明、贵阳到重庆,与父团聚。

一九三九年

因日机经常轰炸重庆,无法正常上课。

一九四○年

入四川江北县悦来场南京青年会中学。

一九四五年

抗战胜利,随父母由四川回南京。仍在迁回南京的青年会中学就读。

一九四七年

毕业于南京青年会中学，分别考取北京大学及金陵大学。因北方不宁，就读金陵大学（该校后并入南京大学）外文系。

一九四九年

年初内战转剧，随母自南京迁往上海，二月去厦门，转读厦大外文系二年级。在厦门《星光》《江声》二报发表新诗及短评十余篇。七月，随父母迁香港，失学一年。

一九五〇年

五月底，到台湾。在《新生报》副刊、《中央日报》副刊、《野风》等报刊发表新诗。九月，考入台大外文系三年级。

一九五二年

台湾大学毕业。译海明威《老人和大海》，于台湾《大华晚报》上连载。处女作《舟子的悲歌》诗集出版。

一九五三年

入"国防部"联络官室服役，任编译。

一九五四年

与覃子豪、钟鼎文、夏菁、邓禹平共创蓝星诗社。出版诗集《蓝色的羽毛》。

一九五六年

退役。在东吴大学兼课。九月，与范我存女士成婚。

一九五七年

在台湾师范大学兼课，主编《蓝星》周刊及《文学杂志·诗辑》。译作

《梵谷传》与《老人和大海》出版。

一九五八年

六月,长女珊珊出生。七月,母亲去世。十月,获亚洲协会奖学金赴美进修,在爱荷华大学修习文学创作、美国文学及现代艺术等课程。

一九五九年

获爱荷华大学艺术硕士学位。六月,次女幼珊出生。十月,回台任师范大学英语系讲师。主编《现代文学》及《文星》之诗辑。加入现代诗论战。

一九六〇年

诗集《万圣节》及《英诗译注》出版。诗集《钟乳石》在香港出版。主编《中外》画刊之文艺版。

一九六一年

英译《中国新诗选》在香港出版。在《现代文学》发表长诗《天狼星》,发表《再见,虚无》与洛夫论战。与林以亮、梁实秋、夏菁、张爱玲等合译《美国诗选》。与国语派作家在《文星》展开文白之争。赴菲律宾讲学。在台湾东吴大学、东海大学和淡江大学兼课。五月,三女佩珊出生。

一九六二年

获文艺协会新诗奖。赴菲律宾出席亚洲作家会议。翻译毛姆小说《书袋》,连载于《联合报》副刊。

一九六三年

散文集《左手的缪思》及评论集《掌上雨》出版。《缪思在地中海》中译连载于《联合报》副刊。十二月,一子夭折。

一九六四年

诗集《莲的联想》出版。于耕莘文教院举办莎士比亚诞生四百周年现代诗朗诵会。应美国国务院之邀，赴美讲学一年，先后授课于伊利诺伊、密歇根、宾夕法尼亚、纽约四州。

一九六五年

散文集《逍遥游》出版。任美国西密歇根州立大学英文系副教授一年。三月，四女季珊出生。

一九六六年

返台。升任师大副教授。在台大、政大、淡江三校兼课。当选"台湾十大杰出青年"。

一九六七年

诗集《五陵少年》出版。

一九六八年

散文集《望乡的牧神》先后在台港出版。《英美现代诗选》中译二册出版。主编"蓝星丛书"五种及"近代文学译丛"十种。

一九六九年

诗集《敲打乐》《在冷战的年代》《天国的夜市》出版。主编《现代文学》双月刊。应美国教育部之聘，赴科罗拉多州任教育厅外国课程顾问及寺钟学院客座教授两年。

一九七一年

英译《满田的铁丝网》及德译《莲的联想》分别在台湾及联邦德国出版。由美返台。升任师范大学教授，在台大、政大兼课。主持寺钟学院留华中心及台湾中国电视公司《世界之窗》节目。推广摇滚乐。

一九七二年

散文集《焚鹤人》及中译小说《录事巴托比》出版。获澳洲政府文化奖金,暑假应邀访澳洲两个月。应世界中文报业协会之邀,赴港演讲。转任台湾政治大学西语系主任。

一九七三年

主编政治大学《大学英文读本》。应香港诗风社之邀赴港演说。赴首尔出席第二届亚洲文艺研讨会,并宣读论文。

一九七四年

诗集《白玉苦瓜》及散文集《听听那冷雨》出版。主编《中外文学》诗专号。主持雾社复兴文艺营。

应聘转任香港中文大学中文系教授。举家迁往沙田中文大学宿舍。

一九七五年

《余光中散文集》在香港出版。每月为《今日世界》写专栏。六月,回台参加"现代民谣演唱会"。与杨弦合作的《中国现代民歌集》唱片出版。任香港中文大学联合书院中文系主任。

一九七六年

出席伦敦国际笔会第四十一届大会,并宣读论文《想象之真》。《天狼星》出版。

一九七七年

散文集《青青边愁》出版。于《联合报》副刊发表《狼来了》。

一九七八年

《梵谷传》新译本出版。五月,出席瑞典国际笔会第四十三届大会,游丹麦及联邦德国。

一九七九年

诗集《与永恒拔河》出版。黄维樑编著《火浴的凤凰——余光中作品评论集》出版。

一九八〇年

九月起休假一年,回台担任师大英语系主任,兼英语研究所所长。担任《中国时报》及《联合报》文学奖评审。

一九八一年

《余光中诗选》、评论集《分水岭上》及《文学的沙田》(任主编)出版。六月三十日离台返港。九月,出席在法国里昂举行的国际笔会年会。十二月,出席香港中文大学举办的"四十年代中国文学研讨会",初晤柯灵与辛笛,并宣读论文《试为辛笛看手相》。

一九八二年

发表长文《巴黎看画记》及论文《山水游记的艺术》《中国山水游记的感性》《中国山水游记的知性》《论民初的游记》。赴吉隆坡与新加坡演讲。《传说》获金鼎奖歌词奖。担任《中国时报》文学奖评审。

一九八三年

诗集《隔水观音》出版。中译王尔德喜剧《不可儿戏》在台出版。赴委内瑞拉出席第四十六届国际笔会年会。

一九八四年

中译《土耳其现代诗选》在台出版。赴东京出席第四十七届国际笔会年会。

余译王尔德《不可儿戏》由香港话剧团演出,杨世彭导演,演满十三场。

获第七届吴三连文学奖散文奖,诗歌《小木屐》再获金鼎奖歌词奖。

一九八五年

发表论文《龚自珍与雪莱》。为《联合报》副刊写专栏《隔海书》。

出席新加坡国际华文文艺营,担任新加坡金狮文学奖评审。先后赴马尼拉及旧金山主持文学讲座。

《不可儿戏》在港演出十四场,场场满座,随后在广州公演三场。暑假偕妻遍游英国、法国、西班牙一个半月。

九月十日,离港返台,定居高雄,任台湾中山大学文学院院长兼外文研究所所长。

获《中国时报》新诗推荐奖。《香港文艺》(季刊)推出《余光中专辑》。《春来半岛——余光中香港十年诗文选》在港出版。

一九八六年

担任"木棉花文艺季"总策划,发表主题诗《让春天从高雄出发》。

六月,偕妻赴德国汉堡出席国际笔会大会并畅游联邦德国。

九月,诗集《紫荆赋》出版。

一九八七年

散文集《记忆像铁轨一样长》出版。《不可儿戏》由中国友谊出版公司出版。主持高雄"木棉花文艺季"。五月,赴瑞士出席国际笔会大会。

一九八八年

一月二十六日,与文友在台北北海墓园以余光中主编《秋之颂》一书焚祭梁实秋先生。五月,为纪念五四运动,应《世界日报》之邀,赴曼谷演讲。

六月,赴港,在中文图书展览会上演讲。

重九日,六十大寿,在五家报纸发表六首诗。

散文集《凭一张地图》出版。

流沙河编《余光中一百首》由四川文艺出版社出版。

本年起主持"梁实秋翻译奖",担任评审。

一九八九年

一月,《余光中一百首》在香港出版。赴吉隆坡,主持中央艺术学院讲座。

五月，余光中主编十五卷《中华现代文学大系——台湾：一九七〇——一九八九》出版，并获本年金鼎奖图书类主编奖。主持"五四，祝你生日快乐"之多场演讲会及座谈。《鬼雨：余光中散文》由花城出版社出版。

八月，《我的心在天安门》出版。

九月，赴加拿大参加国际笔会大会，并应"加京中华文化协会"之邀在渥太华演讲。

一九九〇年

一月，《梵谷传》重排出版。散文集《隔水呼渡》出版。

七月，往荷兰参观梵高逝世百年纪念大展，并在巴黎近郊奥维凭吊梵高之墓。

八月，《不可儿戏》在台北剧院演出十二场。

九月，获选为中华笔会会长。

一九九一年

二月，参加台湾中山大学访问团赴南非各大学访问。

四月，应邀赴港参加"山水清音：环保诗文朗诵会"。

五月，《不可儿戏》在高雄演出三场。

六月，应美西华人学会之邀，赴洛杉矶发表演讲，并接受该会颁赠"文学成就奖"。

重九生日，在五家报纸发表诗五首。

十月底，参加香港翻译学会主办的翻译研讨会，并获该会颁赠荣誉会士名衔。

十一月，赴维也纳参加国际笔会大会，并游匈牙利。

一九九二年

二月，父亲余超英逝世。

四月，赴西班牙巴塞罗那出席国际笔会大会。

九月，应中国社会科学院之邀，往北京，演讲《龚自珍与雪莱》，并访故宫,登长城。

十月,参加珠海市"海峡两岸外国文学翻译研讨会"。应聘担任香港中文大学新亚书院"龚氏访问学人"。

应英国文艺协会之邀,参加"中国作家之旅",在英格兰、苏格兰、北爱尔兰六城市巡回朗诵并与听众座谈。

中英对照诗选《守夜人》出版。余译王尔德《温夫人的扇子》出版,并在台北、高雄先后演出六场。

十二月,赴巴西出席国际笔会大会。

一九九三年

一月,福州《台港文学选刊》推出《余光中专辑》。

二月,香港中文大学联合书院邀请担任"到访杰出学人",为期两周。

四月,与大陆歌手王洛宾会面,并由王洛宾将《乡愁》一诗谱曲。

五月,赴港参加"两岸及港澳文学交流研讨会",发表论文《蓝墨水的上游是汨罗江》。

六月,《二十世纪世界文学大全》(*Encyclopedia of World Literature in the 20th Century*,Continuum,New York,一九九三)第五卷纳入一整页余氏评传,由钟玲执笔。

八月,担任《联合报》短篇小说奖及《中国时报》散文奖评审。

九月,赴西班牙圣地亚哥,出席国际笔会大会。

十月,诗文合集《中国结》由长江文艺出版社出版。

一九九四年

一月,应菲律宾中正学院之邀赴马尼拉讲学一周,在菲律宾大学演讲。

评论集《从徐霞客到梵谷》出版,并获本年联合报《读书人》最佳书奖。

六月,参加苏州大学"当代华文散文国际研讨会",发表论文《散文的知性与感性》。继访上海作协,与作家柯灵、辛笛会面。

七月,在台北举行之"外国文学中译国际研讨会"上发表专题演讲

《作者、学者、译者》。

八月，在台北举行的第十五届"世界诗人大会"上作专题演讲 *Is the Muse Dead*。

九月，被台湾中山大学聘任为"中山讲座教授"。

重九日，黄维樑主编《璀璨的五采笔：余光中作品评论集（1979—1993）》由九歌出版社出版。

十月，赴布拉格出席国际笔会大会。

一九九五年

四月五日，应母校厦门大学邀请返校演讲，被聘为客座教授。此为阔别母校四十六年后首度返校。

十一月十日，台大五十周年校庆，文学院邀请杰出校友演讲，主讲《我与缪思的不解缘》。

中译王尔德《理想丈夫》出版，并由台湾艺术学院在庆祝四十周年校庆晚会上演出。

诗与散文纳入哥伦比亚大学出版的《现代中国文学选》。

一九九六年

一月，散文选《桥跨黄金城》由人民日报出版社出版。

四月，赴香港参加翻译学术研讨会，发表论文《论的的不休》。

六月，参加《中央日报》举办的"百年来中国文学学术研讨会"。诗集《安石榴》出版。

十月，《井然有序》出版，并获联合报《读书人》本年最佳书奖。

十一月，应四川大学之邀前往成都演讲，首次与流沙河会面。

一九九七年

一月，香港举办"香港文学节"研讨会，应邀发表论文《紫荆与红梅如何接枝》。

二月，应马来西亚沙巴留台同学会之邀前往马来西亚演讲。

六月，应高雄市政府之请拍摄《正港英雄——打拼在高雄/诗人篇》，在 TVBS 电视台播出。

七月，赴英国爱丁堡出席国际笔会大会，全家三代齐聚，畅游英国。余氏伉俪继游比利时、卢森堡。

八月，长春主办全国书展，时代文艺出版社出版《余光中诗歌选集》及《余光中散文选集》共七册。应邀前往长春、沈阳、哈尔滨、大连、北京等五大城市为购书读者签名。八月三十日，在吉林大学演讲《诗与散文》，并获颁该校客座教授名衔。

九月，在东北大学演讲《现代主义在台湾的发展》，获颁该校客座教授名衔。

十月，获中国诗歌艺术学会颁赠"诗歌艺术贡献奖"。"文建会"出版《智慧的薪传——大师篇》纳入余氏评传。

十二月，香港中文大学举办"两岸翻译教学研讨会"，应邀发表主题演说。

一九九八年

一月五日，台湾广电基金会拍摄《诗坛巨擘——余光中》影集。

三月十一日，高雄市政府主办"港都有约系列演讲"，应邀主讲《旅行与文化》。

四月，香港电台（RTHK）为香港文学节活动拍摄余光中诗作《珍珠项链》。参加两岸中山大学联合在台湾中山大学举办的中国文学研讨会。

五月，获颁文工会第一届五四奖之"文学交流奖"。

六月，获颁台湾中山大学"杰出教学奖"。获颁"斐陶斐杰出成就奖"。

吉隆坡马来西亚留台校友总会举办文化节，应邀前往发表专题演讲《国际化与本土化》。

七月一日，参加香港文学节，发表论文《一枝紫荆伸向新世纪》。

九月六日，赴芬兰出席国际笔会大会年会，游俄罗斯圣彼得堡。

十月九日，获颁新闻局"国际传播奖章"。

十月二十三日，台湾中山大学文学院举办"重九的午后——余光中作品研讨暨诗歌发表会"，金圣华、黄国彬、郑慧如诵诗翁之诗，殷正洋唱杨弦所谱诗翁诗作之曲。

十月二十八日（重九日），七十大寿，同时在《联合报》《中国时报》《中央日报》《中华日报》《自由时报》《新闻报》《联合文学》《幼狮文艺》《明道文艺》上共发表十五首诗、一篇散文。本月《联合文学》《幼狮文艺》《明道文艺》三份文学月刊均开辟余光中专辑贺寿。

九歌出版社出版诗集《五行无阻》、散文集《日不落家》、评论集《蓝墨水的下游》及庆祝余氏七十岁生日诗文集专书《与永恒对垒》。洪范书店出版《余光中诗选第二卷：一九八二—一九九八》。

七十大寿发表新作及出版新书等活动，被台湾电视公司"人与书的对话"选为一九九八年"十大读书新闻"之第六。

十二月，散文集《日不落家》获颁联合报《读书人》本年最佳书奖。

一九九九年

一月，傅孟丽著《茱萸的孩子——余光中传》由台湾天下文化出版社出版。

二月，应聘为台湾中山大学"光华讲座教授"。

二月，黄维樑、江弱水编《余光中选集》由安徽教育出版社出版。

六月，苏其康编《结网与诗风——余光中先生七十寿庆论文集》由九歌出版社出版。

八月，上海文艺出版社出版余光中诗集《与海为邻》、散文集《满亭星月》、评论集《连环妙计》。

九月，应湖南省作家协会之邀，访长沙、汨罗、岳阳、常德、张家界，并于岳麓书院"千年论坛"演讲，题为《艺术经验的转化》。

十月，散文集《日不落家》荣获第十六届吴鲁芹散文奖。

二〇〇〇年

五月，往莫斯科出席国际笔会年会，发表长篇游记《圣乔治真要屠龙吗》。

七月，刘登翰、陈圣生编选之《余光中诗选》（海峡文艺社版）经数十位文学家评定，入选《百年百种优秀中国文学图书》，由中国青年出版社再版。本月获"高雄市文学成就奖"。为上海《收获》撰写《隔海书》专栏。

十月,应邀赴波兰,在华沙波兰科学院发表论文 *To Make a Globe of Two Hemispheres*。

重阳,应邀到南京,在南京大学讲演。出席南京文化界举办的"余光中文学作品研讨会",重上中山陵并作诗。旋往武汉参加"余光中暨沙田文学国际学术研讨会",被聘为华中师范大学客座教授并作学术讲演。

十二月,出版诗集《高楼对海》,获联合报《读书人》本年最佳书奖。

二〇〇一年

一月,江堤编选《余光中:与永恒拔河》由湖南大学出版社出版。

二月,应邀访问西雅图华盛顿大学,演讲《时空之外:中国诗画概要》。

三月三十日至四月九日应邀到山东大学讲演,并被聘为山东大学客座教授。登泰山。

六月,香港阳光卫视主持杨澜采访,录制专题节目。

七月,赴瑞士参加"世界对话会议"。

八月,赴新加坡参加"国际作家节",任"金笔奖"评审,于新加坡大学讲演。

九月,黄维樑编《大美为美——余光中散文选》由海天出版社出版。访问广西,在广西大学及广西师范大学发表学术演讲。

十月,应江苏省社会科学联合会和江苏省作家协会之邀,参加江苏籍作家采风团,与夫人前往南京、扬州、江阴、无锡、苏州、周庄,并回常州老家。

十二月,获香港"霍英东成就奖"。

二〇〇二年

赴厦门大学、山东大学、香港理工大学、东南大学演讲。

二〇〇三年

九月,赴福州参加"余光中诗歌研讨会",游武夷山,回泉州永春桃城家乡祭祖。

十月，主编《中华现代文学大系·台湾 1989—2003》，由九歌出版社出版。

十月，回母乡常州，被常州大学城六所高校合聘为客座教授。

十二月，被香港中文大学授予荣誉文学博士。

二〇〇四年

一月，百花文艺出版社出版《余光中集》全九卷。

七月，中译王尔德喜剧《不可儿戏》在香港演出，连演十八场，场场满座。

八月，任泉州市"魅力都市"推荐人，赴中央电视台录制推荐泉州节目。

二〇〇五年

五月，担任台湾"抢救国文教育联盟"总召集人。

五月，散文《青铜一梦》《余光中幽默文选》出版。

六月，参加岳阳端午节祭屈原大典，并在汨罗江畔"国际龙舟比赛"现场主持诵诗，以新作《汨罗江神》献给屈原，观礼者三十万人。

十月，应重庆工商大学之邀，与夫人、徐学同赴重庆。此为离开重庆六十年后重返故地。访母校悦来场青年会中学校址与抗战旧居，与初中同学九人欢聚。作长篇散文《片瓦渡海》记其事。观大足石刻。

《自豪与自幸：二十堂名家的国文课》出版。

二〇〇六年

一月，公开批评台湾教育主管部门行政负责人杜正胜"删减文言文政策"。《起向高楼撞晓钟：二十堂名家的国文课》出版。

二月，在美国洛杉矶市与休斯敦市演讲及诵诗，在休市主持"余光中之夜"和"余光中日"活动。

四月，参加母校厦门大学八十五周年校庆，作演讲并获厦大荣誉教授名衔。

十月，在北京大学以《当中文遇见英文》为题主持讲座。二十日，上海《东方早报》的"人物·大家"版刊出余光中专访。

二〇〇七年

二月,在香港参加国际笔会会议,作主题演讲。

《铁肩担道义:二十堂名家的国文课》出版。

二〇〇八年

三月,由徐州师范大学、香港大学等联合主办的"余光中与二十世纪华文文学国际研讨会"在徐州开幕,数十位学者发表论文。论文结集成为《余光中文学研究特辑》,为《韩国语言文化研究》第十六辑。

五月下旬,台湾政治大学授予余氏名誉文学博士学位,举行"余光中八十大寿学术研讨会"。《联合文学》《印刻文学生活志》分别推出余光中专辑。

十月十九日,台湾中山大学附中的"余光中诗园"建成开放,园中刻铸余氏自选诗二十首。

二〇〇九年

一月,《沙田山居》由香港商务印书馆出版。

二月,香港《明报月刊》刊出"八秩诗翁"余光中特辑。

五月,台湾东华大学诗墙揭幕,上刻余氏诗篇《台东》。

十二月,《梵谷传》由九歌出版社重排出版。

二〇一〇年

六月,在湖北省秭归参加纪念屈原大型活动,在大典上朗诵其新作《秭归祭屈原》。

二〇一一年

三月二十四日,台湾中山大学图书馆余光中特藏室揭幕。

四月六日,《他们在岛屿写作》在台北举行发布会,余光中传记电影《逍遥游》首次上映。

四月二十二日,余光中一行拜谒福建省泉州市蔡襄祠。

十二月十三日,第一届全球华文文学星云奖颁奖,余光中获得贡献奖。

二〇一二年

一月一日,高雄市澄清湖畔举行余光中的诗《太阳点名》立碑仪式。湖畔长约三百米的绿荫幽径新命名为"诗人之路"。

冬至,余光中偕夫人回永春洋上村祭祖。参加余光中文学馆奠基仪式。余光中文学馆位于桃溪镇桃溪南岸,依山面水,总用地面积一万五千三百一十六平方米,总建筑面积五千二百七十五平方米。

二〇一三年

三月二日,赴香港出席"诗人的缪思:余光中诗歌音乐会"。

五月,《阿里山赞》一诗被刻成诗碑,立于阿里山沼平公园。

十一月,台湾中山大学"余光中人文讲座"邀请导演李安与余光中对谈。

十二月,澳门大学授予余光中荣誉文学博士。

十二月,《余光中研究资料汇编》由台湾文学馆出版。

二〇一四年

春,到洛阳游龙门石窟,作诗《卢舍那》。

八月,到西安参观兵马俑,登大雁塔。

十月,在厦门参加北美华文女作家会谈,作主题演讲。

二〇一五年

六月,诗集《太阳点名》由九歌出版社出版。

八月,散文集《粉丝与知音》由九歌出版社出版。

二〇一六年

七月十五日,在高雄左岸寓所楼下摔倒,血流不止,昏迷一天。

二○一七年

一月,增订新版《守夜人》由九歌出版社和江苏凤凰出版传媒集团分别出繁体字版与简体字版。

十月,参加台湾中山大学举办的九十大寿庆生会。

十二月十四日,病逝于高雄医学大学附属医院。

十二月十五日,台湾《联合报》发表遗作《蓝星曾亮半边天》,为最后一篇文章。

十二月二十九日,台湾举行公祭。

余光中著译书目

诗　集

舟子的悲歌	野风出版社	一九五二
蓝色的羽毛	蓝星诗社	一九五四
钟乳石	中外画报	一九六〇
万圣节	蓝星诗社	一九六〇
莲的联想	文星书店	一九六四
	大林书店	一九六九
	时报出版公司	一九八〇
五陵少年	文星书店	一九六七
	大地出版社	一九八一
天国的夜市	三民书局	一九六九
敲打乐	蓝星诗社	一九六九
	纯文学出版社	一九八四
白玉苦瓜	大地出版社	一九七四
天狼星	洪范书店	一九七六
与永恒拔河	洪范书店	一九七六
余光中诗选（1949—1981）	洪范书店	一九八一
隔水观音	洪范书店	一九八三
紫荆赋	洪范书店	一九八六
余光中诗选	海峡文艺出版社	一九八八
梦与地理	洪范书店	一九九〇

安石榴	洪范书店	一九九六
双人床	洪范书店	一九九六
余光中诗歌选集(三卷)	时代文艺出版社	一九九七
五行无阻	九歌出版社	一九九八
余光中诗选(1982—1998)	洪范书店	一九九八
与海为邻	上海文艺出版社	一九九九
余光中选集(诗集)	安徽教育出版社	一九九九
高楼对海	九歌出版社	二〇〇〇
悦读余光中:诗卷	九歌出版社	二〇〇二
余光中精选集	九歌出版社	二〇〇二
余光中经典作品	当代世界出版社	二〇〇三
左手的掌纹	江苏文艺出版社	二〇〇三
余光中经典	海峡文艺出版社	二〇〇七
藕神	九歌出版社	二〇〇八
余光中六十年诗选	台北印刻文学社	二〇〇八
余光中幽默诗选	台北天下文化出版社	二〇〇八
余光中集	台湾文学馆	二〇〇八
余光中诗丛(四册)	南京大学出版社	二〇一三

散文集

左手的缪思	文星书店	一九六三
	大林书店	一九七〇
	时报出版公司	一九八〇
逍遥游	文星书店	一九六五
	大林书店	一九七〇
	时报出版公司	一九八四
	九歌出版社	二〇〇〇

余光中幽默文选	台湾天下文化出版社	二〇〇五
情人的血特别红	百花文艺出版社	二〇〇五
寸心造化	香港天地图书	二〇〇五
余光中精选集	燕山出版社	二〇〇六
悦读余光中：散文卷	尔雅出版社	二〇〇八
沙田山居	香港商务印书馆	二〇〇九

评论集

掌上雨	文星书店	一九六四
	大林书店	一九七〇
	时报出版公司	一九八〇
分水岭上	纯文学出版社	一九八一
从徐霞客到梵谷	九歌出版社	一九九四
井然有序	九歌出版社	一九九六
缪思的左右手	湖南人民出版社	一九九七
蓝墨水的下游	九歌出版社	一九九八
连环妙计	上海文艺出版社	一九九九
余光中选集（文学评论集）	安徽教育出版社	一九九九
余光中选集（语文及翻译论集）	安徽教育出版社	一九九九
余光中谈翻译	中国对外翻译出版公司	二〇〇二
含英吐华：梁实秋翻译奖评语集	九歌出版社	二〇〇二
余光中谈诗歌	江西高校出版社	二〇〇二
语文大师如是说——中和西	香港商务印书馆	二〇〇六
举杯向天笑	九歌出版社	二〇〇八
余光中卷	台湾文学馆	二〇一三

翻译

梵谷传	重光文艺出版社	一九五七
	大地出版社	一九七八
老人和大海	重光文艺出版社	一九五八
英诗译注	文星书店	一九六〇
美国诗选（林以亮编）	香港今日世界社	一九六一
	台湾英文杂志社	一九八八
New Chinese Poetry （中国新诗选）	The Heritage Press	一九六一
英美现代诗选	学生书局	一九六八
	时报出版公司	一九八〇
	水牛出版社	一九九二
Acres of Barbed Wire （满田的铁丝网）	美亚出版公司	一九七一
录事巴托比	香港今日世界社	一九七二
不可儿戏	大地出版社	一九八三
土耳其现代诗选	林白出版社	一九八四
温夫人的扇子	大地出版社	一九九二
The Night Watchman （守夜人）	九歌出版社	一九九二
理想丈夫	大地出版社	一九九五
温夫人的扇子	辽宁教育出版社	一九九七
理想丈夫与不可儿戏	辽宁教育出版社	一九九八
余光中选集（译品集）	安徽教育出版社	一九九九
不要紧的女人	九歌出版社	二〇〇八
梵谷传（重排出版）	九歌出版社	二〇〇九
济慈名著译述	九歌出版社	二〇一二

余光中研究学位论文篇目

大陆部分

张笑堃	余光中诗论	苏州大学二〇〇二年硕士学位论文
白春超	再生与流变——现代中国文学中的古典主义	河南大学二〇〇二年博士学位论文
韩彩虹	翻译家余光中研究	四川大学二〇〇三年硕士学位论文
钟丽阳	在永恒里结晶——论余光中的乡愁诗文	华南师范大学二〇〇二年硕士学位论文
钱　江	论余光中诗艺成熟的轨迹	安徽大学二〇〇四年硕士学位论文
梁笑梅	壮丽的歌者:余光中诗论	苏州大学二〇〇四年博士学位论文
黄海晴	余光中新古典主义诗学论	华中师范大学二〇〇四年博士学位论文
杨　娟	论余光中散文的中国文化情结	华中科技大学二〇〇四年硕士学位论文
郑劭清	失却与复归:余光中三地二十年（一九六四——一九八五）	华侨大学二〇〇四年硕士学位论文
张黎黎	在永恒中结晶——论余光中散文理论及创作实践	苏州大学二〇〇五年博士学位论文

蔡　菁	灵思遄飞妙语解颐——余光中诗美创造论	华侨大学二〇〇五年硕士学位论文
陈舒劼	批判的与阐释的——大陆九十年代学者散文与香港沙田学者散文文化批评母题的比较与精神分析	福建师范大学二〇〇五年硕士学位论文
王育洪	诗意的栖居——生态批评视阈中的当代台湾散文	华侨大学二〇〇六年硕士学位论文
张　超	目的论和戏剧翻译——《温夫人的扇子》两个中译本的对比研究	广东外语外贸大学二〇〇六年硕士学位论文
吕保军	余光中诗歌乌托邦论	山东大学二〇〇六年硕士学位论文
李　慧	浅析文化背景下篇章翻译中的衔接的因素	山东师范大学二〇〇六年硕士学位论文
江春平	余光中散文二律背反现象论	福建师范大学二〇〇六年硕士学位论文
朱智伟	感性与知性的相融及其艺术表现——论余光中诗歌	湖南师范大学二〇〇六年硕士学位论文
张　清	以目的论分析戏剧翻译——兼评 *The Importance of Being Ernest* 三个中译本	苏州大学二〇〇六年硕士学位论文
黄　丽	传统与现代的契合——论余光中诗歌创作道路	南京师范大学二〇〇七年硕士学位论文
鲍佳对	余光中翻译主张的思考	河北大学二〇〇七年硕士学位论文
王稷频	为病了的中文把脉开方——从"名家求疵"看余光中的文学语言观	浙江大学二〇〇七年硕士学位论文

白　天	译者主体性研究	南京师范大学二〇〇七年硕士学位论文
兰　岚	余光中现代散文理论研究	河南大学二〇〇七年硕士学位论文
綦天柱	古典汉诗的可译性问题研究——"译"与"创"边界的译介学考量	吉林大学二〇〇七年硕士学位论文
田　华	台湾文学中的乡愁诗	四川大学二〇〇七年硕士学位论文
杨　明	一九四九年大陆迁台作家的怀乡书写	四川大学二〇〇七年博士学位论文
谌峥嵘	《不可儿戏》两中译本比较	上海外国语大学二〇〇七年硕士学位论文
孙晓娅	目的论与戏剧翻译——对奥斯卡·王尔德 The Importance of Being Ernest 三个中译本的对比分析	上海外国语大学二〇〇九年硕士学位论文
王　欣	余光中诗歌的回归意识	山东大学二〇〇九年硕士学位论文
余健明	海明威风格汉译研究——以《老人和大海》为例	上海外国语大学二〇〇九年博士学位论文
孙治国	主述位理论在唐诗英译中的应用研究	中国海洋大学二〇〇九年硕士学位论文
杨丽敏	余光中文学创作与翻译的互动关系	上海外国语大学二〇〇九年硕士学位论文
朱　恒	现代汉语与现代汉诗关系研究	华中科技大学二〇〇八年博士学位论文
江　艺	对话与融合:余光中诗歌翻译艺术研究	华东师范大学二〇〇八年博士学位论文

张　颖	论余光中的诗性散文	苏州大学二〇〇八年硕士学位论文
牟洪建	余光中、余秋雨散文比较论	山东师范大学二〇〇八年硕士学位论文
吴晓燕	从"目的论"角度浅析戏剧翻译——以王尔德《不可儿戏》三译本为例	上海外国语大学二〇〇八年硕士学位论文
张晓雪	论翻译中的说服因素：理论溯源与实例分析	复旦大学二〇一〇年博士学位论文
温　彤	美学视阈下的戏剧翻译研究——*The Importance of Being Earnest* 两个中译本比较研究	山东大学二〇一〇年硕士学位论文
鞠玲英	中国凤凰意象的诗意流播之研究	暨南大学二〇一〇年硕士学位论文
游　晟	"文学"与"反文学"的对话——余光中译 *The Old Man and the Sea* 个案研究	湖南大学二〇一〇年硕士学位论文
郑清斌	妥协、互动、融合——余光中翻译艺术研究	上海外国语大学二〇一〇年硕士学位论文
郭文姝	余光中诗歌修辞艺术探究	长春理工大学二〇一〇年硕士学位论文
张　敏	从互文性视角研究文学翻译——以《老人和大海》汉译本为例	浙江财经学院二〇一〇年硕士学位论文
范　娟	学位论文学形式在翻译中的陌生化——以王尔德戏剧作品《认真的重要性》之中译本为比较研究	南京大学二〇一一年硕士学位论文
周及时	期待视野视角下戏剧翻译研究——以《不可儿戏》中译为例	中南大学二〇一一年硕士学位论文

陈　曦	接受美学视角下中国古诗意象英译的审美对等	华中师范大学二〇一一年硕士学位论文
张慧颖	台湾当代诗化散文研究	华侨大学二〇一一年硕士学位论文
张萌萌	台湾"民歌运动"的文化意蕴研究	首都师范大学二〇一二年硕士学位论文
刘灿忠	余光中散文的比喻研究	扬州大学二〇一二年硕士学位论文
王悦论	语言外壳剥离在商务英汉翻译中的运用	天津财经大学二〇一二年硕士学位论文
丁玥澍	离散与乡愁：后殖民语境下的身份认同	云南民族大学二〇一二年硕士学位论文
王和平	狄金森诗歌汉译中的意义流变	北京大学二〇一二年硕士学位论文
刘雅嫦	余光中《守夜人》诗歌自译的多元调和	湖南大学二〇一二年硕士学位论文
陈　蓉	基于翻译美学的余光中《守夜人》自译中的"变通"研究	湖南大学二〇一二年硕士学位论文
邱　俊	戏剧翻译过程中的话语对话性分析研究——以余光中汉译戏剧为例	湖南大学二〇一二年硕士学位论文
蔡筱雯	从主体间性研究余光中的创作与翻译	上海外国语大学二〇一二年硕士学位论文
史天天	接受理论下《老人和大海》两个中译本对比研究	西安工业大学二〇一三年硕士学位论文
阴燕茹	语用学视角下余光中戏剧翻译研究	太原理工大学二〇一三年硕士学位论文

郑雅妮	《理想丈夫》三汉译本比较研究	华侨大学二〇一三年硕士学位论文
余知倚	从翻译语境视角看余光中对《老人和大海》的重译	电子科技大学二〇一三年硕士学位论文
刘　瑶	文化语境视角下《老人和大海》三个中译本比较研究	湖南工业大学二〇一四年硕士学位论文
余行强	阐释学视角下的译者主体性研究——以《老人和大海》两个中译本为例	湖北工业大学二〇一四年硕士学位论文
张瑞建	高中生作文语言的过度欧化及对策研究	河北师范大学二〇一四年硕士学位论文
徐　悦	从女性主义翻译理论的角度比较 *Lady Windermere's Fan* 的两个中译本	北京外国语大学二〇一四年硕士学位论文
王亚男	目的论观照下的戏剧翻译——以王尔德《理想丈夫》为例	南京农业大学二〇一四年硕士学位论文
林美强	台湾前行代诗歌的庄禅时空研究	暨南大学二〇一四年硕士学位论文
杨文茜	以舞台呈现为目的：王尔德戏剧 *The Importance of Being Earnest* 两个中译本的比较	华中师范大学二〇一四年硕士学位论文
向　立	论余光中笔下的乡愁书写	重庆师范大学二〇一四年硕士学位论文
杨金月	作家与职业译者的翻译——《老人和大海》汉译本译者群的译者风格研究	安徽大学二〇一四年硕士学位论文
王竹君	从审美再现看狄金森诗歌的两个译本	北京外国语大学二〇一五年硕士学位论文

何敏芳	余光中诗歌在大陆的接受研究	安徽师范大学二○一五年硕士学位论文
裴　彧	论余光中的翻译对创作的影响	广西师范大学二○一五年硕士学位论文
汪　超	余光中翻译思想与实践研究	湖南师范大学二○一六年硕士学位论文
周　盈	接受美学视角下余光中的《守夜人》自译研究	四川外国语大学二○一六年硕士学位论文
焦文文	《乡愁》课例比较研究——基于教学价值生成的视角	山东师范大学二○一七年硕士学位论文
张　轩	论余光中译《老人和大海》的译者主体性	青岛大学二○一七年硕士学位论文
孙依静	《老人和大海》余光中重译本的风格再现研究	北京外国语大学二○一七年硕士学位论文
李　琳	意象图式视角下戏剧翻译研究——以余光中译《不可儿戏》为例	四川外国语大学二○一七年硕士学位论文

香港部分

| 钱学武 | 《余光中诗主题研究》 | 香港中文大学一九九七年硕士学位论文 |
| 史　言 | 《身体感与想象力的辩证:论余光中诗的嗅觉书写与梦想意识》 | 香港大学二○○九年博士学位论文 |

台湾部分

| 陈玉芬 | 余光中散文研究 | 台湾大学一九九二年硕士学位论文 |
| 陈秀贞 | 余光中诗的语言风格研究 | 中正大学一九九三年硕士学位论文 |

张嘉伦	以余译《梵谷传》为例论白话文语法的欧化问题	东海大学一九九三年硕士学位论文
汤玉琦	诗人的自我与外在世界——论洛夫、余光中、简政珍的诗语言	东华大学一九九四年硕士学位论文
范姜秀鹤	《不可儿戏》的原著、仿谐等三个版本中语言的探讨	淡江大学一九九七年硕士学位论文
冷蜀懿	余光中之《理想丈夫》	淡江大学一九九七年硕士学位论文
林文婷	评王尔德《理想丈夫》二中译本	辅仁大学二〇〇一年硕士学位论文
谢家琪	余光中诗中的文化认同研究	中正大学二〇〇三年硕士学位论文
陈葆玲	余光中高雄时期现代诗创作之研究	高雄师范大学二〇〇四年硕士学位论文
刘淑惠	现代散文风貌研究——余光中散文新探	台湾师范大学二〇〇四年硕士学位论文
曾香绫	余光中诗研究	台湾师范大学二〇〇四年硕士学位论文
杨宗颖	余光中游记研究	云林科技大学二〇〇六年硕士学位论文
简惠贞	余光中文学理论研究	高雄师范大学二〇〇六年硕士学位论文
郑祯玉	余光中与中国古典诗歌	佛光大学二〇〇七年硕士学位论文
陈依琳	余光中译《梵谷传》之艺术翻译方法	辅仁大学二〇〇七年硕士学位论文

钟丽芬	王尔德戏剧中译本之比较研究：余光中的《不可儿戏》和张南峰的《认真为上》	高雄第一科技大学二〇〇七年硕士学位论文
林光扬	译者能见度之探讨：以《老人和大海》余译及张译本为例	长荣大学二〇〇八年硕士学位论文
廖敏村	《文星》时期的余光中	政治大学二〇〇九年硕士学位论文
林美慧	余光中旅游文学研究	玄奘大学二〇〇九年硕士学位论文
罗春菊	余光中《莲的联想》中国古典意象研究	台湾师范大学二〇〇九年硕士学位论文
陈杏芬	余光中海洋诗研究（一九四八—二〇〇八）	台湾海洋大学二〇一〇年硕士学位论文
陈俐萦	自我翻译的转喻自由：余光中在《守夜人》的诗歌翻译/创作与跨国认同	高雄第一科技大学二〇一〇年硕士学位论文
林秀华	余光中乡愁诗修辞美学探析	台湾师范大学二〇一一年硕士学位论文
刘国鼎	旅游文学视域下之余光中研究	佛光大学二〇一一年硕士学位论文
翁佳佑	余光中及其诗的意象研究	高雄师范大学二〇一一年硕士学位论文
许淑椒	余光中诗中的台湾书写研究	高雄师范大学二〇一三年硕士学位论文
王雅芳	余光中纪游诗研究	台中教育大学二〇一三年硕士学位论文

　　台湾部分选自《台湾现当代作家研究资料汇编·余光中卷》，陈芳明编选。

初版后记

对一位文学家的敬意，最好的表达方式是为他的思想和作品拂去历史的尘埃和偏见的积垢，使其在世人面前大放光彩。记得郁达夫在悼念鲁迅时说过大意如此的话，没有杰出人士的民族是不幸的，有了杰出人士而不知爱惜和褒扬，这样的民族则更加可悲。

在过去半个世纪中，无论从创作的质量和数量，还是从文学活动的多样性和影响力，余光中在当代中国作家中无疑都位居前列，然而深入详尽地阐释这位杰出文学家生平和艺术的著述尚属空缺。为此，我扔下所有的工作，耗时一年，撰写了这部评传。

贯穿本传的脉络，是余光中对艺术和时代的挑战。有了个性的张扬不羁和生命的超拔坚毅，才有艺术的升华与蜕变。从大陆到台湾，从台湾到新的大陆和一个半岛，再从那个半岛回到海港……几十年，余光中走过的道路，都是生命与艺术开拓二者合一的道路。

因此，本传撰写中努力兼顾的是传主生命与艺术统一，遵循的是学术性和艺术性合一的写作准则。

坚持学术性就必须与历史文学、传记文学划清界限。对传主的生平事迹和思想观点不作任何虚构，言必有据，尽可能避免悬拟和"合理想象"的场景描绘。凡传主的神情笑貌、言行举止都力求与可资核查的作品、访谈和回忆录完全一致。幸好在求取实证上，我们并不苦于资料欠缺，虽然，传主未出版过日记、自传、书信等私密性的文件，但传主作品前序后跋和自述自剖的散文极其丰富。需要下苦功的只是熟读和消化这大量的材料，将传主的诗、文、论、译以及文学活动、日常生活熔为一炉，相互生发，细针密线地将其融入传主生命蜕变进程中去。基于此，我在撰写之前必不可少的一个准备工作，是将这一时期传主所有的文字集中起来，编出每年每月的写作年表，并与所有该时期的回忆口述相参照，以求得真实而立体的观照和评述。

学术性的另一面是述中有"评"，力戒泛述草评，力求细述精评。学术性当然不排斥主观性，选择、理解、分析和评论都需要主观臆断，不言而喻地含有某种假定性，这无损于学术。相反，如果不坚持"评"，以作者之是为是，以作者之非为非，甚至将作者的自剖全然照搬生吞活剥，那才是对学术的伤害。应该承认，传主的认真、谨严、渊博和勤于自省勇于自剖，使他的生平自述创作自省相当真实中肯，超越其上并非易事。但是许多传主点到即止的关节处，还是需要加以生发和挖掘，本传在这方面也用力甚勤。

艺术性指的是对艺术作品的分析要能通透个中玲珑文心。传主诗文双绝，即便是评文论译，也灵动绝妙。要将其丰富的诗文在小小的一本书中艺术再现，除了忍痛割爱，斟酌引用，也需要生发和引申。为此，我在评析时，哪怕面对的是一首小诗，有时也反复阅读不下十遍，瞻前顾后，琢磨字句，不敢恣肆，唯恐唐突。即便只是概述和论说事件与背景，也力求行文活泼精当。在章节的安排和标题选用上，也煞费苦心，甚至多番改动，战战兢兢，唯恐酷嗜传主锦心绣口的读者怪我佛头着粪。

尽管如此，还是无法尽善尽美。余光中的艺术创造属于当代中国文学中最为精致的部分，它是一个艺术宝库，琳琅满目，蕴藉丰厚。进入其中，我是目迷五色，目不暇接。书是写完了，作为传，自信已经相当完整而丰满地勾画出传主的生命年轮；作为评，自信本书在游记、评论、语文论、性爱诗和闲适诗的研究上也具有开拓之功，但对于余光中创作这么一个巨大的艺术宝库，还是有许多课题尚未深入或者未及涉猎。比如，《圣经》乃至西方的宗教，特别是它"救赎"的思想，是如何通过西方的文学艺术（梵高的画、梅尔维尔的《白鲸》等）影响诗人；又如，对于余诗"以乐为诗"的特点，或者"以文为诗"（诗歌的散文化）的变化，都有待进一步的探究。另外，细心的读者也不难发现此书有赶工的痕迹，特别是最后一章还大有伸展的余地，我希望将来能有机会对全书再作修订。

一年来，追随传主足迹，走过了长长的岁月，有如一次艺术洗礼，一场文化沐浴。我希望朋友也能从此书中分享我的愉悦和体悟，也希望朋友推敲我的评析并多多指教。

感谢厦门大学台湾研究中心为我提供充分而便利的科研环境，感谢海内外众多朋友提供书刊、资料，在此无法一一罗列他们的姓名，但我会将他们的帮助铭记在心。

二〇〇二年一月
于厦门大学敬贤楼

五千年这头还挺着一支笔

一

听到先生过世的消息，头脑一片空白。

去年年底去高雄看他，他虽然摔倒住院后出院不久，却依然思维敏捷、谈吐自若，走时还一定要把我送到家门口。

今年五月，收到他的新书和信札，字迹依然刚劲有力，信里谈的很多，信末还说大陆的连续剧《琅琊榜》精彩，不可错过。

九月，他以"抢救国文教育联盟"总召集人的身份，发起并参加反对"课审会"删减高中教材中的文言文的活动，共有四万多人响应联署。

十月底，出席台湾中山大学为他举办的九十大寿庆生会，亲友济济一堂，诗翁精神矍铄，谈笑风生，念古诗自娱，还以闽南话自我调侃"头壳坏去"，引来一阵笑声。

十一月，听说他住院了，心里相信，先生一定能平安回家，以他的坚强、他的平和、他的信念。况且，岛屿是孕育高寿中文作家之处，王鼎钧、洛夫、齐邦媛……都年高笔健。

十二月十三日凌晨三点，我在梦中突然惊醒，在微信朋友圈里发了两首余诗《一夜的雨声说些什么》《守夜人》，是诗翁自己吟诵的。发后，心头一颤，预感到隐隐不祥。

十二月十四日上午噩耗传来。

他真的离我们远去了？看着书架上他先后签名相赠的五十多本诗文论译，想着相交三十年来音容笑貌一幕幕，我恍惚如梦,哀痛阵阵。

看着相片上他坚毅的眼神,想起传记中的一段:

作为大诗人,他善于将观察泯入沉思,写实化为象征,区域性扩展成宇宙性,个人的扩展为民族的。避免与自然、社会脱节而一味追逐都市生活的纷纭细节,避免自语而趋向对话,创造出一种以现代人鲜活语言腔调为骨干的诗歌新节奏,一种朴实而有韧性,平凡中见奇异,刚毅里有幽默的诗风。当然,在这一切之后的,最可贵的,智者兼勇者的大家风范——独立而不孤立,赞美并不纵容,警告而不冷峻;不喜工业社会和冷酷的都市,但也知道反对现代文明的徒然;信仰民主与自由,也警觉大众的盲从及无知;不做招之即来挥之即去的御用文人,也不做媚世取宠的流行作家;犹如皑皑雪峰,令人仰止,可又让人感到峰顶也有春天。

电话从东南西北打来,有上海《三联生活周刊》、《北京日报》、《潇湘晨报》和福建众多媒体,中新社和北京《环球人物》的记者还特地赶来面访:他有什么故事? 他是一个怎样的人……话语中满是不舍与关切。

然而,亦有人频发微信,以台湾文坛或者左翼文坛的名义,要先生去天国悔过。

二

一个价值混乱众声嘈杂的时代! 卖弄且嚣张,不是加上"过渡""多元""开放"这些美丽的词语,就可以让人心安理得地去拥抱它。

他生在这么一个时代,长在这么一个时代,坚持了近一个世纪,依然还未跳出这个时代。

他曾这样描述自己所置身的这混乱而矛盾的时代。

"这是一个旧时代的结尾,也是一个新时代的开端,充满了失望,也抽长着希望;充满了残暴,也有很多温柔,如此逼近,又如此看不清楚。一度,历史本身似乎都有中断的可能。"

他说:

"他似乎立在一个大漩涡的中心,什么都绕着他转,什么也捉不住。所有的笔似乎都在争吵,毛笔和钢笔,钢笔和粉笔。毛笔说钢笔是舶来品;钢笔说毛笔是土货,且已过时。又说粉笔太学院风,太贫血。但粉笔不承认钢笔的血液,因为血液岂有蓝色。于是笔战不断绝,文化界的巷战此起彼落。他也是火药的目标之一,不过在他这种时代,谁又能免于稠密的流弹呢?他自己的手里就握有毛笔、粉笔和钢笔。"

"他相信,只要那是一支挺直的笔,一定会在历史上留下一点笔迹的,也许那是一句,也许那是整节甚至整章,至于自己本来无笔而要攘人、据人甚至焚人之笔之徒,大概是什么标点符号也留不下来的吧。"

这些写于五十年前,有如先知,正可回应所谓这个坛那条翼。

三

追忆先生,最先跳出的是他少年时期的画面。

一个人的故乡并不一定是他的籍贯所在,也不必然是他的出生地,而应该是他少年时代生活和成长的地方。在那里,他的性格、志向从萌芽到成形,因此,成长的地方才是真正意义上的故乡。

余光中生在南京,抗战时期随父母到重庆读中学。七年战时乡村生活,从十岁到十七岁,他亲近大自然,了解并热爱乡土中国,终生不渝。抗战胜利后,他与当年的表妹现在的夫人相遇,一见面就以川语交谈,一生不变。

二〇〇五年十月十九日至二十六日,重庆市政府邀请先生和夫人到重庆,让我作陪。我问余先生,古今中外的大作家有没有人把自己六十年前的少年生活写到作品中?在我的记忆中,李杜、白居易都不曾有过。余先生说:"这需要有两个条件,必须活得长,必须赶上太平盛世。"我点头称是,但以为还有第三个条件——必须对故乡有着强烈而执着的情感,才能不辞辛劳,以高龄重回故土。重庆八天,我目睹了诗人如何圆他的乡愁梦。

先生的《乡愁》脍炙人口。有次武汉开会,有留学德国的教师起立,未曾言语先哽咽,她说留学前读过《乡愁》,没有强烈的感受,到了异国他乡,乡愁转浓,再读这首诗,抑制不住地悲从中来,才知道为什么这首诗能撼动海内外无数华人的心。在重庆,余先生刚从机场出来就被认出,矮小的个子、睿智的双眼、花白的头发,多次在大陆电视上亮相,于是识者马上吟诵《乡愁》来欢迎诗人;游历重庆古镇瓷器口时,我们突然被一群小学生包围,他们认出了余光中,开始七嘴八舌争先恐后地念起《乡愁》。演讲时有学生提问《乡愁》是怎么写成的,余先生说:"写《乡愁》只花了二十分钟,但是这情感在我心中已酝酿了二十年。《乡愁》有很多写实成分,第一段:'小时候/乡愁是一枚小小的邮票/我在这头/母亲在那头。'邮票是写实,那时寄宿于学校,离家十几里山路,有时周末没回家,就写信与母亲联系。第二段:'长大后/乡愁是一张窄窄的船票/我在这头/新娘在那头。'我新婚不久,便出国留学,也从美国坐船回基隆(我私下问余先生,为什么是船票,而不是机票、车票,他说船票有古典意味,像童谣"摇啊摇,摇到外婆桥"比较适合这首诗的风格,机票和车票太现代了。船票同时又对应了后面"浅浅的海峡")。第三段:'后来啊/乡愁是一方矮矮的坟墓/我在外头/母亲啊在里头。'母亲去世后就放在矮矮的坟墓里,所以这也是写实。"有学生问:《乡愁》写了小时候、长大后、现在,没有写未来,为什么没有写未来？可不可以连接上未来的一段？余先生立刻吟出："未来啊，乡愁是一座长长的桥，我来这头，你去那头。"

在重庆，先生起初与父母住在重庆悦来场镇朱家祠堂，不久，寄宿于南京迁来的青年会中学，距朱家祠堂十里。

重回悦来场坐汽车，离重庆市区有三十多里，然后走半小时的山路。山路或者用青石板铺成，或者完全是黄泥土路。秋季雨多晴少，雾茫茫，余先生说，这让他回想起童年，也是雾茫茫、恍恍惚惚的。担心年近八十的他和夫人走山路不小心滑倒，我扶着他，遇小路只能一人独行，无法并排，只能在他前后小心翼翼地看着他。当地百姓准备了两架滑竿，请他们坐上去，余先生不肯，他说，我是以朝圣的心情回故乡的，我要一步一步走上去。我想起他散文里的文字："游历了大半个世界，有时坐火车，有时搭飞机，有时自己开车，走过多少名山大川著名都市，但我在四川的青石板上一步一步走过的路才是最亲切的。"

六十年前的房子早已被拆毁，屋旁几棵大银杏树和黄桷树也被砍掉了，先生指指点点，依稀想见旧时面貌。一个古稀的童年玩伴挽着先生的手，并肩而行，说道："我还记得你，你当时不是一个嫌贫爱富之人。"先生说："我也不是富人，我是一个小难民，我记得当时叫我们下江人，就是脚底下的人。"乡亲都很感慨，说，悦来场的风水很好，出了大作家。余先生用地道的乡音说："'少小离家老大回，乡音无改鬓毛衰'，你们看我真的是鬓毛衰了，但是我的乡音未改，今天这一屋子的人，除了几位老同学，是我来得最早，我来这里你们还没有来呢！"众人开怀。先生来凭吊少年时代的记忆，也追寻和母亲共同生活过的记忆。桐油灯下母亲扎鞋底，先生吟诵古诗。每次上学，母亲都送一程，便站在山头那里目送，先生下了坡又转了个弯，转头去，还看见母亲远远地看着。先生指着一块石头，说那不是望夫石,是望子石。

镇长请赐墨宝,余先生写:"六十年的岁月走遍了天涯海角,无论路有多长,嘉陵永恒的江声,终于唤我回到记忆起点的悦来场。"认识余先生多年了,少见到他如此兴奋,不喜饮酒的他喝得满脸通红,他拿着当地自酿的米酒,一桌挨一桌地去敬酒,和同学拥抱合影,留下了地址,答应回去一定把新书寄给他们。

朗诵者用川语朗诵了余光中写四川的许多诗歌,其中有《扬子江船夫曲》,读到那川江号子时,下面的听众就用乡音齐声应和,"嗨哟,嗨哟"的号子在礼堂里此起彼伏,回荡不息。

四

先生是行吟诗人,关里关外,江河南北……新大陆他踹过三十多个州,五大洲他走过四十几个国。但他更是乡土的歌手,出自闽南江南,长在悦来场,是闽南土著金陵子弟川娃儿,后来又成了台北街坊、香港山人、高雄西子湾永久居民。他追忆童年就来段常州话绕口令,念及同学就唱一曲川江号子,上课说粤语笑话逗得满堂笑声,夜深闽南语吟唱唐诗为伴,东北人听他唱《松花江上》而落泪,北京人喜欢这位北大的老校友笔下的长城故宫,楚人更因为一句"蓝墨水的上游是汨罗江"而引之为屈原以后最可亲近的大诗人,几十万人聚集起来听他江上吟诵……

他就是这么一个扎根乡土大地有血有肉的大诗人。

大诗人是自觉的乡土诗人,一辈子以乡土情结为荣,感恩每一处抚育他成长的百姓和大地,他不断地说,中国的乡土是他未出娘胎的子宫,儿时的摇篮,成人后的床和枕。八十九岁那年他用苍劲的嗓音,通过《朗读者》这举国瞩目的节目,吟诵《民歌》,这在他心中回荡不息萦绕不绝的民歌,这以黄河的肺活量，长江母性的鼻音，诗人国人呼啸的红海连成的大合唱！他以这个挥别的手势，向各位乡亲同胞做最后祝福，一个永恒的定格。

　　早在一九七二年，在那场至今还有人不依不饶纠结纠缠的乡土文学论争展开之前五年，他就清楚指出，"相对于'洋腔洋调'，我宁取'土头土脑'。此地所谓'土'，是指中国感，不是秀逸高雅的古典中国感，而是实实在在纯纯真真甚至带点稚拙的民间中国感。……不装腔作势，不卖弄技巧，不遁世自高，不滥用典故，不效颦西人和古人，不依赖文学的权威。不怕牛粪和毛毛虫，更不愿用什么诗人的高贵感来镇压一般读者，这些，都是'土'的品质。要土，索性就土到底。拿一把外国尺来量中国泥土的时代，已经是过去了"。

　　也就是这一年，著名的中国现代文学研究家、哥伦比亚大学夏志清教授慧眼独具地写下，"怀国与乡愁"是余光中文学创作特色。

　　"怀国"和"乡愁"可以说是诗人的学名，"在地""本土"才是他的俗名。学名是文明的，科学的，用于书面交流，但由于缺少血液和活力，和大众有隔膜，久而久之，也许就死在了书卷中；俗名则是祖先的，土著的，民间的，它出自民众无羁的心，在乡土大地上世代相沿，既体现事物自身的原始形象，又流露出一方人对故土万象的亲昵与随意。它饱含泥土气息。无论何时，无论走到哪里，只要我们听到这种称呼，眼前便会浮现我们的故乡和土地，那里是我们的母体和出发点。当然，我们知道，大诗人所写所居这地并非一隅一地，而是广阔的中国大地，更延伸汇入千秋万载的华夏天地。

　　一九七二年至今，余光中的乡土经验不断拓展，乡土情怀愈加浓烈，乡土书写出类拔萃。从少年时写《扬子江船夫曲》到过世前不久写永春荔枝，凡七十年。在当今中国，像他这样持久不断地深入故地脚踏乡土,不断地将各种民间情景族群风物化为诗文的作者,少之又少。

"文革"时期,打手们大批文艺界写帝王将相才子佳人,不写工农,殊不知爱看帝王将相才子佳人是民间习俗,如今,《金光大道》等样板文学已不知所终,而悲欢离合忠孝节义依然与中国百姓不离不弃。

一些提倡乡土文学的文人,有太多"应该"的观念而无深厚的观察和体验,作品往往缺乏感人的力量,只是一种表态,流于姿态。

对于这一偏颇,余光中有清醒的剖析:"其实,为大众写的作品,尤其是强调某些社会意识的东西,未必真是大众喜欢的读物,许多感时忧国或者为民请命的作品,其实只有高级知识分子自己在读,自己在感动。有些社会学批评家,自己写不出雅俗共赏的文章来……他们强调的大众化,恐怕也只是企图使大众接受他们认为正确而健康的那一类文学而已。这种充满革命热忱的浪漫主义,真要贯彻的话,只恐既非文学,也非大众之福。"

不需论辩不言自明,余光中就是一个脚踏实地的诗人,是把诗歌和大众平凡普通生活联系在一起的诗人。他不在意他的诗是不是先锋,他也不喜用文字倾泻或者夸张一己痛苦,他是生活和行吟在养育了自己的大地上的本土诗人。他了解普通人的简朴和尊严,他懂得家园的意义,他熟知大地的脉络、河流的走向,他通晓农事的细节和朴实的庭院。所以,他能够在诗中葆有一份质朴,一份不被喧嚣的工商社会所污染了的纯净。

静下心来读读先生的诗,总让我想起《诗经》,想起乐府,想起竹枝词,想起从古及今,无数寻常街巷中平头百姓的忧患和痴爱,他们如垄亩上的青青春草,虽然微小,无意夺目,却是生命真相。

五

今天,已经没有多少人会怀疑中国文学殿堂将要为他辟出一席,由于他对自己的民族和人民,始终坚定不移全心拥抱;由于他的诗文论译在艺术上的卓越超拔,开拓了方块字的表现力。他的抱负和胸襟构成他名气的骨干,他的文学艺术是他名气的血肉。他的地位是那么坚固和饱满,在经历过那么多兵荒马乱的年代,见证了太多浮游的情感和短促的艺术流星,有这么一支挺立的笔半个世纪屹立不倒,真是中国人的幸事。

民族的统一和强盛一直是他梦寐以求的。六十年代,他在文章里说,他的读者会有十几亿,大陆和全世界的华人都会是他的读者。八十年代初期他写哈雷彗星,诗中说:"下次你路过,人间已无我/但我的国家,依然是五岳向上/一切江河依然是滚滚向东方/民族的意志永远向前……"当时,改革开放才起步,他也已有三十多年没回来,可是笔下自然而然、不经思索地就流露出这热情,它来自长期对中国历史文化的热烈追寻。

乡愁不仅是先生对生活过的故乡、故居、故人的怀念,更是一种浓缩了整个中国历史整个传统文化的故土时空。它不仅是地理的,更是历史的。它不仅是抗战时期的嘉陵江,也是屈原的汨罗江,苏东坡的长江;不仅是半个世纪前的江南,厦门,也是杜甫的江南,李白的龙门。

先生对我说过,他的乡愁可分成三个层面:第一层是亲友、乡亲、同胞;第二层是故园情景、故土山河、旧时风景;第三层是历史文化。历史在心中,文化在中国文字里。像他诗中写的:"我的怒中有燧人氏,泪中有大禹,我的耳中隐隐有逐鹿的鼓声……"非常肯定自己的中国心。他在创作中直接写亲身所历的故乡故土记忆是乡愁,在海外写满中国古典意象的诗歌与散文,也是一种间接、婉转的怀乡。

先生对我说过，他在对乡愁的抒发中找到了释放和安顿，也获取了支持和力量。中国古典文学传统文化，在他的创作中，与其说是一种技巧，不如说是一种心境，一种情不自禁的文化孺慕，一种历史归宿感。就哲学的意义而言，精神上没有归宿，就是乡愁。

是的，精神家园的追求是永恒的，乡愁便是永恒的。

六

方块字是先生九十年不变的安身立命的精神家园。

多年前，先生这样说过："这世界，我来时收到她两件礼物，一件是肉身，一件是语文。走时这两件都要还她。一件已被我用坏，连她自己也认不出来，另一件我越用越好，还她时比领来时更新更活。纵我做她的孩子有千般不是，最后我或许会被宽恕，被她欣然认作自己的孩子。"

为此，先生日日在灯下与永恒拔河。

"但死亡不能将我全吹熄／九条命，维持九盏灯／一盏灯投九重影，照我／读一部读不完的书／黑暗是一部醒目的书／从封面到封底，我独自读。"

"五千年的这一头还亮着一盏灯"，五千年是中华文化，"这一头"是诗人创作生命此时此地的位置，"一盏灯"在这里当然就是民族文化的传灯人引燃延续的智慧之光了。虽然，"一盏灯，推得开几尺的混沌？"，性灵的一线灯火在混沌的愚昧欲望中，常常显得微弱孤单，如诗中所说，"围我三重／困我在墨黑无光的核心"，可诗人决不退却。

"灯有古巫的召魂术……一召老杜／再召髯苏，三召楚大夫"（《夜读》）。它是诗人艺术生命的象征，如《一灯就位》中，"只留下这一盏孤灯／把夜的心脏占领"。《木兰怨》中写灯的冷焰,"是我不朽的寂寞所燃烧"。《独白》里有"等星都溺海,天上和地下/鬼窥神觊只最后一盏灯"。它更是清醒的标志,相对于昏睡的做梦的床——"无论多夜深/四面鼾息多酣多低沉/总有几盏灯醒着灿然/把邃黑扎几个洞,应着/火把诞生前荒老的星穹"。

多年前先生写下凭吊屈原的诗:

> 亦何须招亡魂归去
> 你流浪的诗族诗裔
> 涉沅济湘,渡更远的海峡
> 有水的地方就有人想家
> 有岸的地方楚歌就四起
> 你就在歌里、风里、水里

今天,先生也已走入自屈原以来的华夏星空星光灿烂的诗人群体中,他必将化为华夏诗魂,随着风,随着水,随中国人的足迹,随着中国人的歌,遍布世界,不须为他招魂,蓝墨水的上游是汨罗江。他在方块字里永存不朽!

二〇一七年十二月十四日夜

二〇一一年《火中龙吟》答记者问

记者：你选择当代作家为传主，出于怎样的考虑？这样的写作角度会不会增加写作的难度？

徐：一般而言，为当代人写传比较冒险，原因有二：一是距离太近，未经历史的检验和淘洗，倘若作者没有眼光或曲学阿世，便成赝品。二是比起古人，材料更多，对写传者的学、识、才有更高的要求。我写余光中，也看到这两个难点。首先，我相信余光中必将在文学史上留下笔迹。他在中国文坛上的影响力，已有三四十年，他的许多诗文一版再版，在有华人的地方广泛传播，长销不衰；许多诗被著名音乐家，如罗大佑、王洛宾、杨弦谱上曲，口口相传，家喻户晓。余光中的艺术活动长达半个世纪，活动范围大，创作品类多，课题巨大，为此，我做了长期的准备工作，潜心于他的著述不少于十年，不敢说是烂熟，至少是全盘通晓，传主的性格特征、艺术特色在心中酝酿已久。因此，能在一年的时间里，近三十万字，一挥而就。

当然，为当代人作传，禁区肯定多于古人。但是，避开不等于歪曲。本书中传主的形象是真实而丰满的，我相信，本书至少在十年内有不错的销路，在三十年内对文学研究有参考的价值。

记者：在写作过程中，哪一点给你感触最深？

徐：是余光中那种"敢在时间里自焚，必在永恒里结晶"的艺术献身精神。余光中几十年处于商风炽烈的都市中，却能保持写作的热情，在繁忙的教学、评审、编辑、翻译之余，能为文坛贡献出近千万字的精美诗文,靠的就是焚膏继晷。他的生活非常清教徒,不烟不酒,难得看电视剧,每天工作十几个小时。而且异常严谨,他的手稿全是非常工整的楷书,几百万字都是如此,签名售书一次几百本,也是横平竖直。

记者:你说,余光中是集种种矛盾于一身的人物,应如何理解他性格中的矛盾,你想要告诉读者一个怎样的余光中?

徐:我想让读者知晓,和其他大作家一样,余光中的生命境界也是立体的、多元的,但同时又能保持微妙的平衡。

对余光中影响最大的三个城市是,四十年代的陪都重庆、五六十年代的台北和七八十年代的香港。这几个城市在余光中生活的时期,都是汇聚了大量移民的地区,也是集结激荡了多种文化成分的城市。尤其后两个城市,更是那一时期华人地区里东方与西方、传统和现代最为剧烈碰撞的漩涡地带。同时,余光中三度赴美,前后历时五年;中年以后,频繁游历世界,这些经历使敏感的诗人不可能不感受到剧烈的文化冲突,以及冲突与压迫之下,自己肩负民族文学乃至文化现代化的重大使命。当然,余光中开始也经历过自我内心的激辩,也曾免不了偏激、摇摆,甚至挣扎,最后终于能够含英咀华,在各种文化中入而复出,出而复入,自由出入。

这种对多元文化的吸纳和融汇反映在他的性格、生活和创作中,看起来矛盾,实则统一,就是我在本书前言所列举的那些。当然,在一本书里不可能把传主的各个侧面都充分表现,本书主要突出了余光中性格里熊熊燃烧的侧面。林语堂在《苏东坡传》中说苏东坡是火命,因为苏东坡为官之时不是治水,就是救旱;更因为苏东坡一生精力旺盛,他的气质,他的生活,就犹如跳动的火焰。余光中也是如此,他的执着性格,他的不息奋斗,他的挑战丑恶,就像一团团火焰,他的热烈汇聚了儒家"知其不可而为之"和西方的普罗米修斯的精神。

所以,当出版社要我选几句话印在封底,我选了余光中的一段诗:"暴风雨之下,最宜独行/电会记录雷殛的一瞬/凡我过处,必有血迹/一定,我不会失踪。"

记者:此书的学术意义是什么?

徐:华文文学的研究中,缺乏对中西融合具体过程的冷静客观的分析研究,特别缺乏认真扎实的个案研究。这种研究需要平心静气的心态,纯学术的科学态度,到研究对象内里去刨根问底的精神,同时,更需要深厚的学养和广阔的视野,不是心浮气躁,汲汲于名利和"话语权"者所敢于问津的。

余光中与余光中传

——关于余光中信札的说明

　　先生倏然而去,巨星陨落,震撼华人世界。众多"余粉"悲痛之余纷纷问询家属,何时出版余光中的传记,家属的回答是,不准备自己写,纪念先生,最好是读他的作品。

　　是的,了解作家,最好的方式就是细读他的作品。但是,每一位大艺术家,都是作品多,跨度长,内涵丰富,风格多样且多变。这时,读者就需要一本翔实可靠且慧眼独具的传记,作为阅读的支撑,入室的阶梯。先生一辈子喜欢阅读艺术家的传记,在青年时就下苦功,全译了《梵谷传》,晚年百忙中还念念不忘,要把他心仪的一些西方艺术家的传记译出,这些传记都是他从年轻时期就桌头常放烂熟于心的,可见先生深知大艺术家的传记对于青年(尤其对那跃跃欲试,正欲踏上朝拜缪思征程的文青)的重要性,好的传记一定是青年孤独跋涉长途中必备的干粮。

　　所以,当厦大出版社愿意重印余传时,我是赞同欢喜的,作品重印多拿版税当然暗自窃喜,可以和众多读者交流余光中其人其文的乐趣,尽享方块字,这仓颉所造许慎所解李白所舒放杜甫所旋紧义山所织锦雪芹所刺绣的中文,有怎样的危机有怎样的新机,更能获得惊天动地的大喜悦。

　　这里最要感激的是先生,也即传主,对我撰写传记的鼓励、支持和肯定。为了证明此言不虚,我选出先生的若干信札,在此略作说明。

　　第一封，写于一九九三年五月，先生指出，台湾文学研究不易，或限于才学，或因于资料，或蔽于意识，或徇于私情，而对我的一些研究台湾文学的论文给予鼓励。不久，又应我不情之请，给联合报系文化基金会写推荐信。此案申请成功，但当时两岸情势不如现今开放，最终不能成行，辜负了余先生和痖弦先生的美意。

　　二〇〇〇年开始写评传，写了开头两章，就打印寄去给先生。字打得小，先生却不但在文稿上做了改动，还专门写了两大张订正。信末先生动情地说："能这么'以诗证史'，把内心感受与外在生活穿针引线，编织成锦，令我感动！"他的话让我感动并更加用功。

　　二〇〇二年，此书由广州花城出版社出版。应我的要求，责编詹秀敏把校样寄去给先生，先生作了若干改动，写下他一九九九年到二〇〇一年的大事年表，一并寄回给出版社，后来小詹把此一校样寄给我，作为纪念。

　　最后两封信，是先生分别写给福建泉州市和永春县领导的。先生把原件给了我，信中说，我对他素有认识，研究颇深，值得托付。这是鼓励，更是殷殷嘱托，我看信后暗暗发誓，此生不负所托。

　　二〇一四年，余传准备修订再版，先生也很高兴。他告诉我，我寄给他的二十多本花城版余传，已陆续分赠给余学的专家，如陈芳明、黄维樑等，自己手头只剩下一本。同济大学喻大翔教授来高雄探望他，想要一本，也只能拿去复印。他还嘱咐他的助理整理出一些相片供我使用。对于余传的修订，他也提了一些意见。

　　修订本出版后寄去给他，他也高兴，尤其满意图书的装帧，因为花城版余传的相片处理不太好，他有些意见。

徐学：

　　五月底在港开会，能和你見面，十分高兴，可惜未能多谈。你对台湾文学，尤其是散文与评论的研究，相当深入，颇具創見，而且是隔海观察，又能摆脱意识形態的拘束，更具有客观性，值得台湾文壇注意。两岸文学交流，迄今不过十年，大致成就高下不一，纷然雜陈，仍屬过渡时期。目前較差的评論，或限於才学，或困於资料，或蔽於意识，或徇於私情，常不能擦入作品的核心，更不能掌握文学史的真象，未来的折舊率甚至淘汰率必然可观。相信在進入廿一世纪之际，两岸对望所得，将不但能調整空间的隔阂，也能够澄清时间的煙塵而呈现清晰的透视。

余光中给徐学的信（徐学提供）

香港会後，我和内人飛去温哥華访友一週，再去纽约女兒家数日才回台。在港患上感冒，轉為頑咳，長途飛行，二豎更劇，回来後許久才算康復。所以你的信延今始复，很是抱歉。瘂弦先生處，已经去信為你推荐，不过目前两岸交流日频，「擁挤」①難免，一處不成，一时不成，当有其他机会，我会尽力而為。

多谢你拟撰写评传的美意。以你的才学与细密，评传由你来做，可以令我放心，一笑。唯我著译不少，而人缘文缘牽涉颇多，心力投入必甚可观。也许可以先就文类，主题，地缘，分期之类著手。

厦大是我母校，厦门则兼有故居与故鄉的双重感情。当年在厦门，我读大二下学

余光中给徐学的信（续）（徐学提供）

期，正是文艺青年的成長期，有強烈的創作慾，却不知该如何著手，不过当时的回憶却是深遠的。如果时间配合，很想回去短期访問。你在港给我的剪报，夏菁的《余光中在厦门的文学活動》令我重温当年的少年遊，很是珍貴。

　　重庆的西南師範大学新诗研究所，拟於九年初召開「'93华文诗歌国际学术研讨会」，邀我赴会並尋访故居。我也十分想去，但是九月初我必须领隊去西班牙Santiago de Compostela開國際筆会，不克分身了，十分可惜。匆此即祝

　　　近佳

　　　　　　　　　　　　　光中
　　　　　　　　　　　　　1993. 7. 24

余光中给徐学的信（续）（徐学提供）

推荐書

厦門大学台灣研究所副研究員徐学

先生，研究台灣文学多年，对台灣散文及

文学評論尤具卓見，且多論述，成績可

观。尤為可貴者，其著作多篇均能超

越意識形態，就学術而論学術，且能貫

串今古，兼及中西，誠為彼岸少壯学人

之新秀，故樂為之鄭重推荐，此致

（知其由清末足交流）

聯合報文化基金會

余光中謹啟

八十二年六月一日

余光中为徐学写的推荐信（徐学提供）

徐先生大鑒：

三月十三日大函敬悉。

您申請本會「短期研究」之計劃，業經評審委員會審核通過，並企盼您於一九九四年年底之前來台進行兩個月的研究。

除往返機票外，本會另將負擔您在台停留兩個月期間的食宿、交通費與資料蒐集費。請填妥所附相關表格，並檢附所需證明文件，儘速寄回本會，俾便為您辦理申請來台各項手續。如有不明之處，請與本會張玉華祕書聯繫，電話：八八六—二—七五六—九○六三，傳真：八八六—二—七五六—九○七○。

　　　　耑此　順頌

道安

　　　聯合報系文化基金會　謹上

　　　一九九四年四月八日

联合报系文化基金会的函（徐学提供）

此样为余光中先生亲手改动山校样，印者要求留印纪念。请交由责编处理，谢谢。　　庞※※　2002.3.13

献给，一切

因仓颉文发烫的唇

为方块字锐啸的血

以中文，最美丽的母语

歌哭吟啸的灵魂

广州市 环市东水荫路11号

花城出版社

《火中龙吟》校样，红笔为余光中改动（徐学提供）

《火中龙吟》为余光中评传花城版。上面文字为该书责编詹秀敏所写，
下面花城地址为余光中字迹。余光中看完校样，写好出版社地址让学生寄回。

　　近代以来的民族屈辱不可避免斫伤了美丽中文的生机，仓颉无颜，李杜蒙尘，优美方块字累积而成曾经辉耀星球的文明天空，一度倾颓了崩坍了，就像六十年前，那位敏感恣肆上海才女的忧伤断言，它已经在毁坏中，更大的毁坏还要到来。余光中如同当代女娲，呕心沥血，焚膏继晷，炼方块字为五彩石，让中文世界天空再度矗立再度璀璨：

　　　　"五千年的这一头还亮着一盏灯，
　　　　七十岁后还挺着一支笔
　　　　……
　　　　最后的守夜人守最后一盏灯
　　　　只为撑一幢倾斜的巨影"

神情

撑

　　他的一生就是不断练石补天的自焚，而他的文学艺术，就是他自焚一生之结晶。因此，要了解我们这位传主，孟夫子"读其书，颂其诗，不知其人可乎？"的反问，隔了千年，依然是掷地有声，"知人论世"，不，知人论文，堪为本书之写作宗旨。

　　因此，本书写作就有了两个重点，一为传，一为评，前者钩勒其生平细节，*音容笑貌*；后者阐发其创作艺术与创作思想。前者多些情节和趣味，后者着重思辩与定位，二者侧重不同，但力求融合，打通艺术与生活。一面力戒巨细无遗，与艺术创造无关之生活细节，即使有趣也将舍弃；一面避免生硬晦涩，不附注解，少用术语。将可读性与思辩性结合。这样应该可以向众多"余迷"，交待得过去了罢。

　　最后，就"火中龙吟"的书题命意略加说明。

　　龙，夭矫蟠蜿于几千年的华夏文明史中。在中国人心目

6

"音容"乃悼亡者用语

《火中龙吟》校样（续），红笔为余光中改动（徐学提供）

在七十岁生日的诗歌朗诵会上，余光中再次亲自高诵《母难日》三首，纪念七十年前的那一个登高的日子。

除了文静内敛坚韧不拔临难不惧承传自母亲的性格，余光中在语言方面也从母亲那里受益不少，这就是吴语。

吴语在中国南方的六大方言中最为古老。它是一种在语音、词汇和修辞上都极具特色的方言，千年以来，产生了许多优秀的诗歌和小说，从《子夜吴歌》一直到《海上花列传》，绵绵不绝……

吴语具有婉转柔媚，珠圆玉润的语音特色。林语堂先生曾把它和北京话相比，认为前者宏亮，后者甜蜜轻柔。语言学家赵元任先生更以常州话为例说明吴语的特点，说它的韵律微妙，诗人可以用来象征言外之意。他说，"北风卷地白草折，胡天八月即飞雪，忽如一夜春风来，千树万树梨花开"，用常州话念，"头两句收迫促的入声，后两句收平声，这种变化暗示着从冰天雪地到春暖花开的两个世界。"吴语语音特点也带来一些语法上的特色，如为了充分表现绵软悠扬的语音，吴语中的许多形容词后面加上重叠成分，象：绿沉沉、亮化化、凉咻咻、空落落、急吼吼、狠霸霸、胖笃笃……

也略谙

余光中不仅能说英语、西班牙语，更能细微体察和把握吴语、蜀语、粤语、闽南语等多种汉语方言，鲜活汉语方言的语音语调以及词汇修辞，是这位语言大师的源头活水，这其中，吴语应该是最根本的一种，因为它不仅仅是一种方言，它更是母亲的音容笑貌，童年的温馨记忆，是生命的血脉和根基。

*或深或浅地能
使用*

13

大多数杰出的文学家的童年身边，都有一位优秀的成熟女性引导，这是中外文学史上常见的现象，孟子、歌德、周树人兄弟、高阳……他们的少年时代都是寡母给予他们良好的情感

《火中龙吟》校样（续），红笔为余光中改动（徐学提供）

台湾现代音乐的奠基人许常惠、现代绘画的前驱刘国松同为《文星》重要撰稿人，三位艺术家时常相聚切磋，为文相互支持，"像隔行而不隔山的三泉汇成一水"，齐心协力推动在台湾的中国艺术家去创造中国特有的现代艺术。

此时，余光中的主战场在现代诗，但也时时腾出手来，为现代绘画助阵，1961－1963年，他每年都为台湾现代画家主要团体"五月画会"写一篇年度创作综述。后来，他对这一段经历有动情的追述，他说，"挣扎求存的穷画家"和"出道未久的青年诗人"，"两股刚刚出山的泉水，清流淙淙，都有奔赴大海的雄心，到了历史转折的三角河洲，自然便合流了……波涛相激，礁石同当。在共有的两岸之间向前推进，以寻找中国现代文艺的出海口相互勉励"。（沙田七友记）

西方现代绘画以印象主义为发端和标志，印象主义指19世纪下半期，以法国为中心风靡全欧并具有世界影响的艺术运动，它经历了印象主义（Impressionism）、新印象主义（Neo—Impressionism）和后印象主义(Post－impressionism)几个阶段。其代表人物分别是德加、马奈、莫奈、雷诺阿、毕沙罗；（印象主义）修拉、西涅克；（新印象主义）塞尚、高更、梵高；（后印象主义）。印象主义画派对现代欧美绘画艺术的各种流派，如立体派、野兽派、达达主义都有极大影响，因此有论者道，"自印象主义崛起，绘画艺术的现代风采方见端倪，导致了对传统艺术的全面突破"。"可以把印象主义看作是文艺复兴以来幻觉写实主义艺术观的结束和以形式和结构为中心新艺术观的开始"。

余光中对西方现代绘画艺术的汲取，主要对象就是法国印象主义画家群及现代绘画艺术集大成者毕加索。

1958年，余光中去美国爱荷华大学修读艺术硕士，在那

（Post-Impressionism）

121

横线缩为一格即可

（Neo-Impressionism）

《火中龙吟》校样（续），红笔为余光中改动（徐学提供）

　　余光中试图在爱情之火中忘却身边的战火劫火，然而，又不免怀疑，"一枝短烛哭不哭得亮深邃的历史"？诗中没有回答，但是出现了否定性的意象，"灰"的意象——"泪滴在地上，把春天灼伤，成灰"；"甄甄啊，看蜡炬成灰，不久／我们亦成灰"……

　　火焰熄灭后成了灰。"火"字被不明之物遮蔽则成为"灰"字。"灰"成了生命之火低落的形象。让人看到它就想起中国诗人的"蜡炬成灰泪始干"，想起西方诗人的忧伤诗句："我的心？胸腔里没有心。／充塞皮囊的只是生命之灰。"

　　此时，"灰"不仅是爱情之火熄灭的表象，也是生命之火低落的象征。因此，用作者自己的话说，《莲的联想》"既热且冷"。

　　在《天狼星》组诗中，也出现了许多的"灰"的意象：我们看到了骨灰——"一种氧化了的慈爱，一个无可奈何的手势"，这是母亲；"在天狼星下，梦见英雄的骨灰在地下复燃"；这是先贤。看到民族文化之灰——"焚厚厚的二十四史，取一点暖"；看到虚无的烟灰——"烟灰缸火葬了徐志摩"；"任一枝新乐园／把石像的心事烧成烟灰"。还有炮灰，劫灰……当然，在《天狼星》中，火焰并未熄灭。诗人自信地写道："我们采一捧野菊花／一种非卖品的清芬，一种尊贵的颜色／具辐射的图案美，自炮火中昂起"。"而天狼星恒射着炯炯的白热……将火的方程式藏在燧石的肺内"，这些诗句都潜藏着蓄势待发之火。

　　1964 年，余光中更提出那有名的警句："敢在时间中自焚，必在永恒里结晶"。

　　到了《敲打乐》时期，由于外在的刺激，（诗人说，"我

327

《火中龙吟》校样（续），红笔为余光中改动（徐学提供）

验的转化"。

十月，散文集《日不落家》荣获第 16 届吴鲁芹散文奖。

二零零零年

五月，往莫斯科出席国际笔会年会，发表《圣乔治真要屠龙吗？》长篇游记。

七月，刘登翰、陈圣生编选《余光中诗选》（海峡版）经数十位文学家评定，入选《百年百种优秀中国文学图书》，由中国青年出版社再版。本月获"高雄市文学成就奖"。开始为上海《收获》撰写《隔海书》专栏。

十月，应邀赴波兰，在华沙波兰科学院发表论文《To Make a Globe Two Hemispheres》

重阳，应邀到南京在南京大学讲演，出席南京文化界举办的《余光中文学作品研讨会》，重上中山陵并作诗。旋往武汉参加《余光中暨沙田文学国际学术研讨会》，被聘为华中师范大学客座教授并作学术讲演。

十二月，本年出版诗集《高楼对海》获《联合报·读书人》2000 年最佳书奖。

二零零一年

一月，江堤编选《余光中：与永恒拔河》由湖南大学出版社出版。

二月，应邀访问西雅图华盛顿大学，并演讲《时空之外：中国诗画概要》

三月三十日至四月五日九日应邀到山东大学讲演，《诗与音乐》，《中文与英文》并被聘为山东大学客座教授。登泰山。

《火中龙吟》校样（续），红笔为余光中改动（徐学提供）

近三年記事

1999年

1月　•傅孟麗著:《茱萸的孩子——余光中傳》,天下文化出版社,共349頁。

2月　•应聘為高雄市中山大学"光華講座教授"。

•黄維樑、江弱水編《余光中選集》五冊(詩集、散文集、文学評論集、語文及翻譯論集、譯品集》由安徽教育出版社出版,共1678頁。

6月　•蘇其康編《結網与詩風——余光中先生七十壽庆論文集》由九歌出版社出版,有专論余氏作品之論文五篇,由金聖華、焦桐、黄国彬、鄭慧如、錢学武执笔,274頁。

8月　《与海為鄰》(詩集)、《滿亭星月》(散文集)、《連環妙計》(評論集)三冊由上海文艺出版社出版,共1200頁。

9月　应湖南作協邀请,访長沙、汨罗、岳陽、常德、張家界各地,演讲,並在岳麓书院←

10月　《日不落家》獲第16届吳鲁芹散文奖。

余光中为余光中评传花城版所增补的大事记（徐学提供）

2000年

5月　•出席莫斯科国际笔会年会,发表〈圣
　　　乔治真要屠龙嗎?〉長篇游记。

7月　•刘登翰,陈圣生(选)编《余光中诗选》
　　　獲选为《百年百种优秀中国文学图书》
　　　由中国青年出版社出版,384頁。

10月　•应邀赴華沙,在波蘭科学院发表一篇
　　　文"To Make a Globe of Two Hemispheres."

　　　•应江苏省台港澳暨海外华文文学研
　　　究会之邀访问南京,並参加"余光中文
　　　学作品研讨会。"会上曾提论文6篇。

　　　•应武汉华中师范大学之邀,参加"余光中
　　　暨沙田文学国际学术研讨会。"会上提
　　　出论文二十餘篇。

7月　•獲"高雄市文学成就獎。"
　　　开始在上海《收藏》月刊发表专榈
　　　〈隔海书〉。

12月　•诗集《高樓对海》獲联合报《读书人》
　　　2000年最佳书獎。

余光中为余光中评传花城版所增补的大事记（续）（徐学提供）

2001年

1月 • 江堤编选：《余光中：与永恒拔河》，《岳麓书院千年论坛丛书》二，湖南大学出版社，346页。

2月 • 应邀访问西雅图华盛顿大学，並演讲 "Out of Place, Out of Time — an Outlook on Chinese Poetry and Painting."

4月 • 应邀访问山东大学，並演讲"诗与音乐，"及"中文与英文"。

1月 • 陳君華著《望郷的牧神——余光中传》，北京团结出版社，370页。

7月 • 赴瑞士参加"世界对话"会議。（评审"金笔奖"）

8月 • 赴新加坡参加"國際作家節，"並在國立新加坡大学演讲。

9月 • 应邀访问廣西，並在南宁廣西大学及桂林師范大学演讲。

10月 • 应邀参加江苏籍台湾作家访问团访问南京、扬州、無錫、常州。

12月 • 獲香港"霍英東成就獎"。

9月 • 黄维樑編《大美為美》（余光中散文选），"当代中国散文八大家"之一，深圳海天出版社。

6月 • 香港陽光电视台楊瀾访問録影。

余光中为余光中评传花城版所增补的大事记（续）（徐学提供）

徐学：

评传前两章仔细看过，觉得十分细致，不但文笔好，而且能适度地用作家的自述来印证作家的生平与观点，使内证与外证呼应，收到立体的功效。大致说来，相当接近我的「真相」，有深度，也有情趣，比北京团结出版社的那本当然高出许多。

其中若干细节，容我分述于后：

第一页，「地盘」一词常有不好联想，或可用普通的说法，例如「土地」或「领土」。

第二页，「争斗」不如「竞争」。

第三页，引用诗句，不妨再低二、三格，当较醒目。又「知晓多种外国语言」，不实。除英文外，我只略知西班牙文，至于其他欧洲文字，多会发音，但所学有限，不值一提。

第四页，「动荡的漂泊生涯」，意有重複。

余光中对评传的意见（徐学提供）

第五頁,「节律」一词似乎少见。

第六頁,引诗宜低(缩入)几格。第九頁亦然。

第十二頁,我当时的历史老师陈梦佳,並无文名,与新诗名家陈梦家非一人也。又「俄苏」当作「帝俄」。and 当大写作 And。

第十四頁,「這种颜色」。

第十五頁,「五个志愿」应作「两个志愿」。我一生考取过五个大学(包括厦大,台大,台湾师范学院及金陵大学),但当年在南京,仅考了北大及金大。

为了写我的评传,你一定花了不少心血,才能这么「以诗征史」,把内心感受与外在生活穿针引线,编织成锦,令我感動。如尚欠缺资料,盼再告诉我。祝

撰安

光中 2001.8.5

又及:近有长文《山东甘旅》将刊上海《收穫》双月刊。

余光中对评传的意见(续)(徐学提供)

余光中书房的书架，其中徐学的余光中评传放在醒目的位置
（同济大学文学院喻大翔教授摄）

徐學：

今天永春县的几位领导来我高雄寓所看我。包括县長王志剛在內,他们再三強調兴建"余光中馆"的誠意,並告诉我第一期硬体建築即將动工。我当場把附上的逆信给了他们,嘱咐他们盡量听取你的意見。

十月底我去了一趟上海,參加了所謂"台灣电影节,"因為我的纪錄片同时在 並博会三中國馆上映。十二月初(五日至九日)会去澳门,接受澳大颁赠荣誉学位。匆此即祝

秋安

光中
2013.11.4

余光中致徐学的信，谈文学馆的设立（徐学提供）

　　故鄉永春桃溪鎮有意闢地規画人文公園，並於其中興建"余光中文学館"藉以展示我的手稿書刊並舉办各种相関活動。鄉親盛情令我深感荣幸，自當盡力配合。

　　惜我年事已高，在台事務已繁，且仍在中山大学外文所授课，海峽之隔，未能经常返鄉共襄盛举。所幸近在厦門大学担任台湾研究所長之徐学教授，对我文学事業素有认识，且曾出版我的泙傳《火中龍吟》。因此為我建館之事，若能就近多向徐教授请教，當能事半功倍，最令我放心。謹此提出，尚盼玉成。

　　　　　　　　　余光中 2013.11

余光中致徐学的信，谈文学馆的设立（续）（徐学提供）

淡江大學中國文學系

台北縣淡水鎮251英專路151號
Department and Graduate Institute of Chinese
Tamkang University, Tamsui, Taipei, Taiwan25137 R. O. C.
Tel:886-2-26215656ext2330　Fax:886-2-26209930
http://www.chinese.tku.edu.tw E-mail : chinese@mail.tku.edu.tw

庆宗部長：

　　茲建議此劇宜仔細修改。厦門大学台灣研究所"長徐学,对我研究颇深,甚至出版过《火中龍吟——余光中评传》一册。此劇若能请他修正润色,当较合用。

　　又,此劇採用我的诗、文多篇,為尊重著作权,似应付作者適度之使用費。如请徐学所長润色,也宜酌致酬劳。谊在鄉情,信筆直书,尚望妥加考慮。耑此即頌

　　　春安

　　　　　　　　　　余光中拜啟

　　　　　　　　　　2012.5.12

余光中给泉州市领导的信，附上对徐学的评价（徐学提供）